Tre vant carambole: Hjørne til hjørne diagonale mønstre

Fra profesjonelle mesterskapsturneringer

Test deg selv mot profesjonelle spillere

Allan P. Sand
PBIA Sertifisert Biljard Instruktør
Oversatt med Google Translate.

ISBN 978-1-62505-318-3
PRINT 7x10

ISBN 978-1-62505-482-1
PRINT 8.5x11

First edition

Copyright © 2019 Allan P. Sand

All rights reserved under International and Pan-American Copyright Conventions.

Published by Billiard Gods Productions.
Santa Clara, CA 95051
U.S.A.

For the latest information about books and videos, go to: http://www.billiardgods.com

Acknowledgements
Wei Chao created the software that was used to create these graphics.

Innholdsfortegnelse

Introduksjon **1**
Om bordoppsettene 1
Tabelloppsett 2
Formål med layoutene 2
A: Enkel diagonal **3**
A: Gruppe 1 3
A: Gruppe 2 8
A: Gruppe 3 13
A: Gruppe 4 18
A: Gruppe 5 23
A: Gruppe 6 28
B: Enkel diagonal (modifisert) **33**
B: Gruppe 1 33
B: Gruppe 2 38
B: Gruppe 3 43
C: Parallell diagonal **48**
C: Gruppe 1 48
C: Gruppe 2 53
C: Gruppe 3 58
C: Gruppe 4 63
C: Gruppe 5 68
D: Dobbel diagonal **73**
D: Gruppe 1 73
D: Gruppe 2 78
D: Gruppe 3 83
D: Gruppe 4 88
D: Gruppe 5 93
D: Gruppe 6 98
D: Gruppe 7 103
E: Dobbel diagonal (modifisert) **108**
E: Gruppe 1 108
E: Gruppe 2 113
E: Gruppe 3 118
E: Gruppe 4 123
E: Gruppe 5 128
E: Gruppe 6 133
F: Trippel diagonal **138**
F: Gruppe 1 138
F: Gruppe 2 143
F: Gruppe 3 148

Other books by the author ...

    3 Cushion Billiards Championship Shots (a series)

    Carom Billiards: Some Riddles & Puzzles

    Carom Billiards: MORE Riddles & Puzzles

    Why Pool Hustlers Win

    Table Map Library

    Safety Toolbox

    Cue Ball Control Cheat Sheets

    Advanced Cue Ball Control Self-Testing Program

    Drills & Exercises for Pool & Pocket Billiards

    The Art of War versus The Art of Pool

    The Psychology of Losing – Tricks, Traps & Sharks

    The Art of Team Coaching

    The Art of Personal Competition

    The Art of Politics & Campaigning

    The Art of Marketing & Promotion

    Kitchen God's Guide for Single Guys

Introduksjon

Dette er en av en rekke Carom Biljardbøker som viser hvordan profesjonelle spillere tar avgjørelser, basert på tabelloppsettet. Alle disse layoutene er fra internasjonale konkurranser.

Disse oppsettene legger deg inne i spillerenes hode, som begynner med ballposisjonene (vist i første tabell). Den andre tabelloppsettet viser hva spilleren bestemte seg for å gjøre.

Om bordoppsettene

Dette er de tre ballene på bordet:

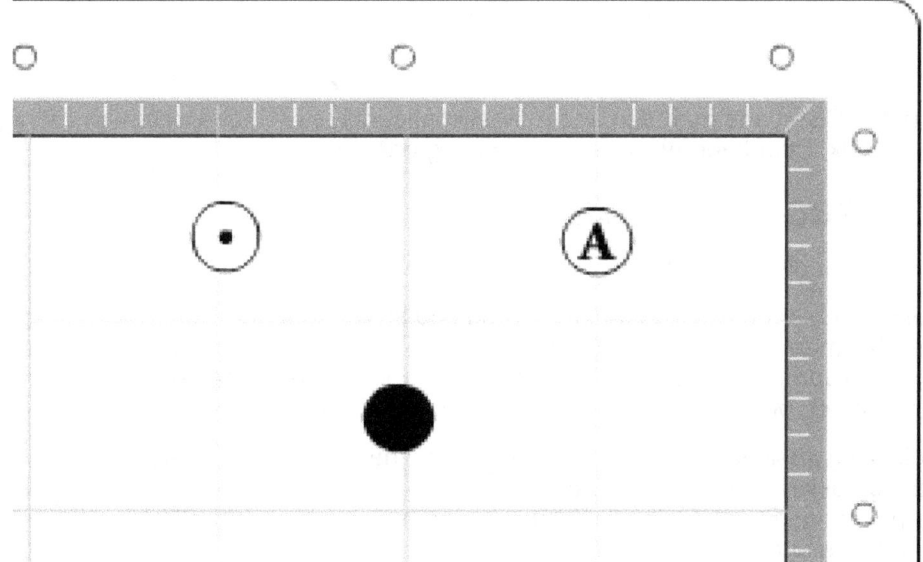

(A) (CB) (biljardkulen din)

(•) (OB) (motstander biljardball)

● (OB) (rød biljardball)

Hver konfigurasjon har to tabelloppsett. Den første tabellen er ballposisjonene. Det andre bordet er hvordan ballene beveger seg på bordet.

Tabelloppsett

Bruk papirbindingsringer for å merke ballposisjonene (kjøp hos enhver kontorforretning).

Plasser en mynt ved hver pute som den (CB) vil berøre.

Sammenlign din (CB) -bane med den andre tabellkonfigurasjonen. For å lære kan det hende du trenger flere forsøk. Etter hver feil, foreta justering og prøv igjen.

Formål med layoutene

Disse oppsettene er gitt for to formål.

- Din analyse - Hjemme kan du vurdere hvordan du spiller konfigurasjonen på den første tabellen. Sammenlign dine ideer til selve mønsteret på den andre tabellen. Tenk på løsningen, og vurder alternativer. Fra det andre bordet kan du også analysere hvordan du følger mønsteret. Mentalt spiller skudd og bestemmer hvordan du kan lykkes.

- Øv tabellkonfigurasjonen - Legg ballene på plass, i henhold til den første tabellkonfigurasjonen. Prøv å skyte på samme måte som det andre bordmønsteret. Du må kanskje ha mange forsøk før du finner den riktige måten å spille på. Slik lærer du og spiller disse skuddene under konkurranser og turneringer.

Kombinasjonen av mental analyse og praktisk praksis vil gjøre deg til en smartere spiller.

A: Enkel diagonal

Disse er et sett med ballbaner som beveger seg fra det ene hjørnet mot det motsatte hjørnet. (CB) reiser over bordet fra ett hjørne til motsatt hjørne.

Ⓐ (CB) (biljardkule) - ⊙ (OB) (motstander billiardball) - ● (OB) (rød biljardball)

A: Gruppe 1

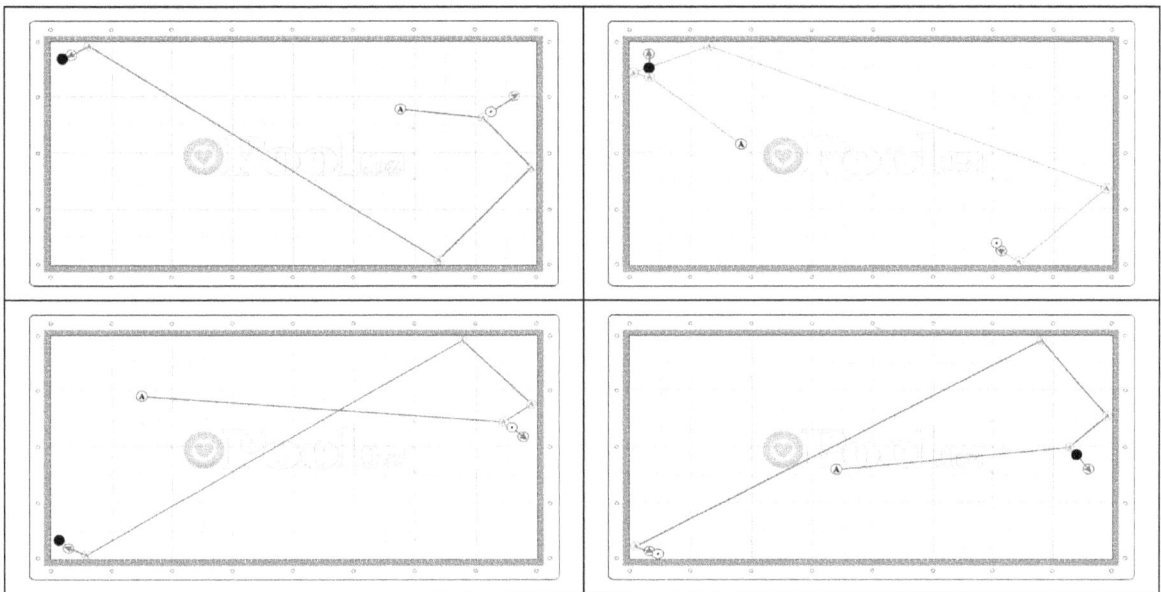

Analyse:

A:1a. _____

A:1b. _____

A:1c. _____

A:1d. _____

A:1a – Setup

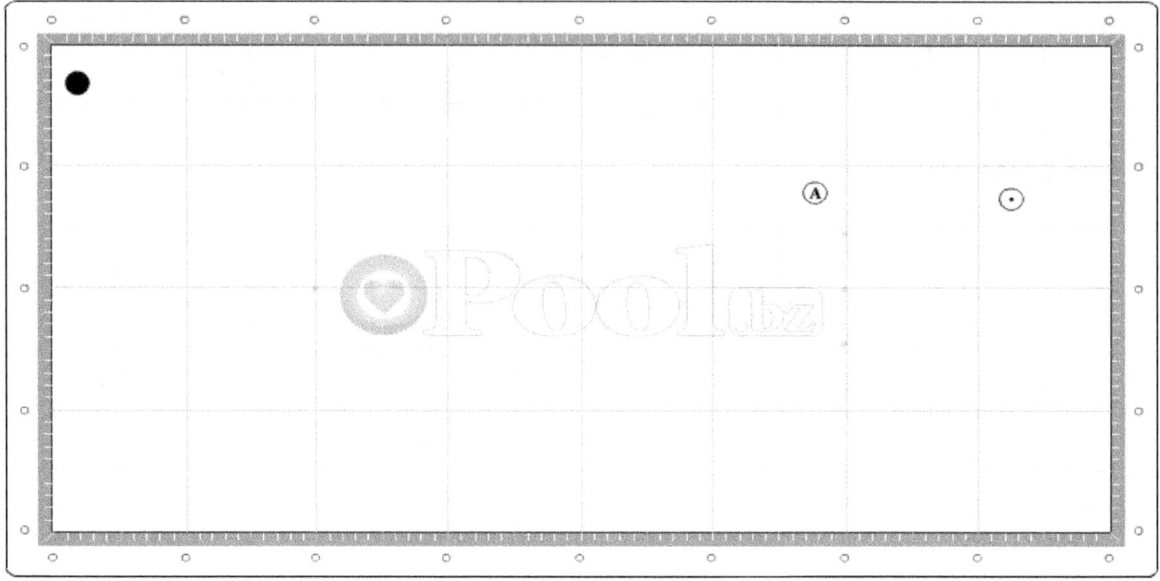

Notater og ideer:

Skudd mønster

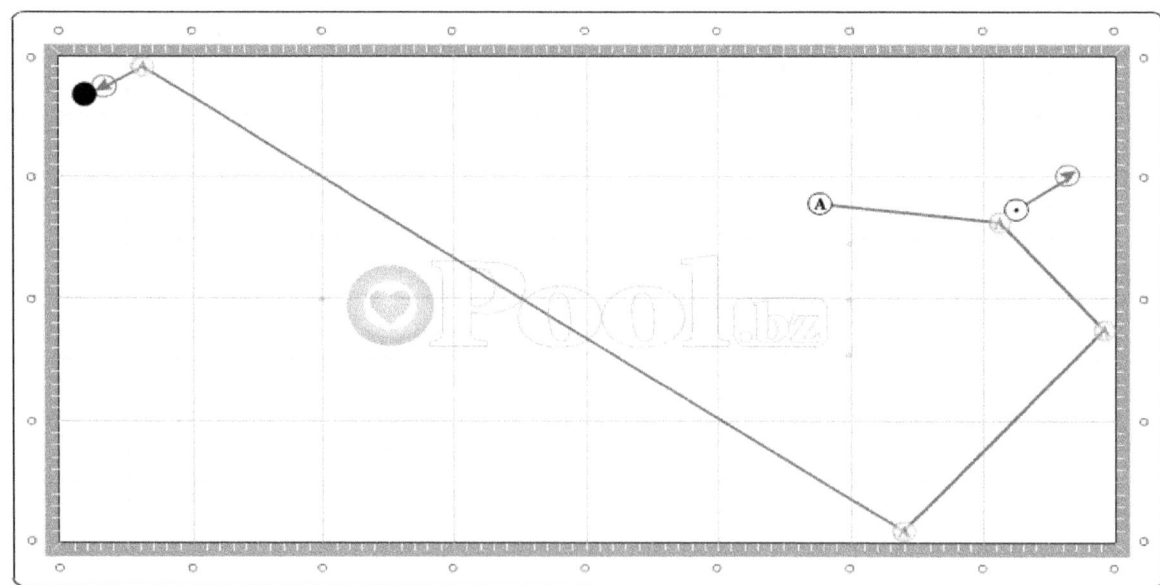

A:1b – Setup

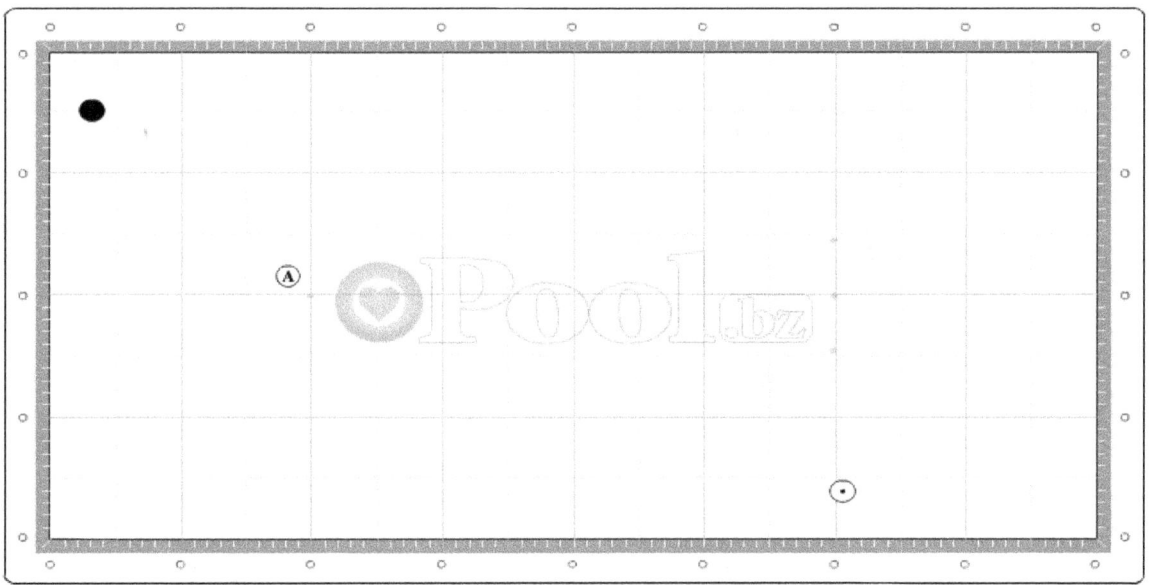

Notater og ideer:

Skudd mønster

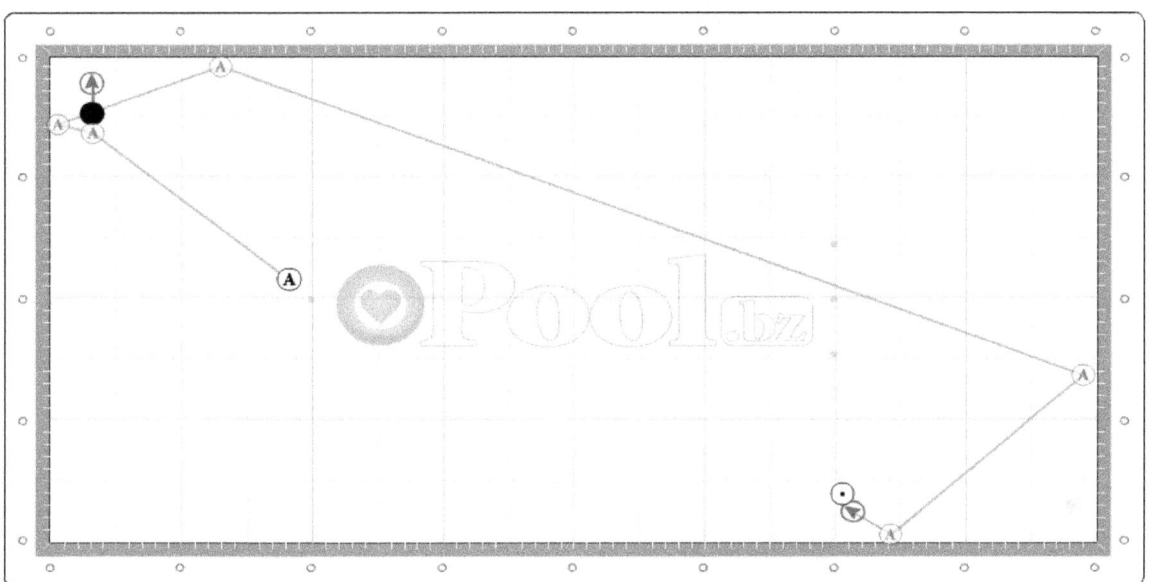

Tre vant carambole: Hjørne til hjørne diagonale mønstre

A:1c – Setup

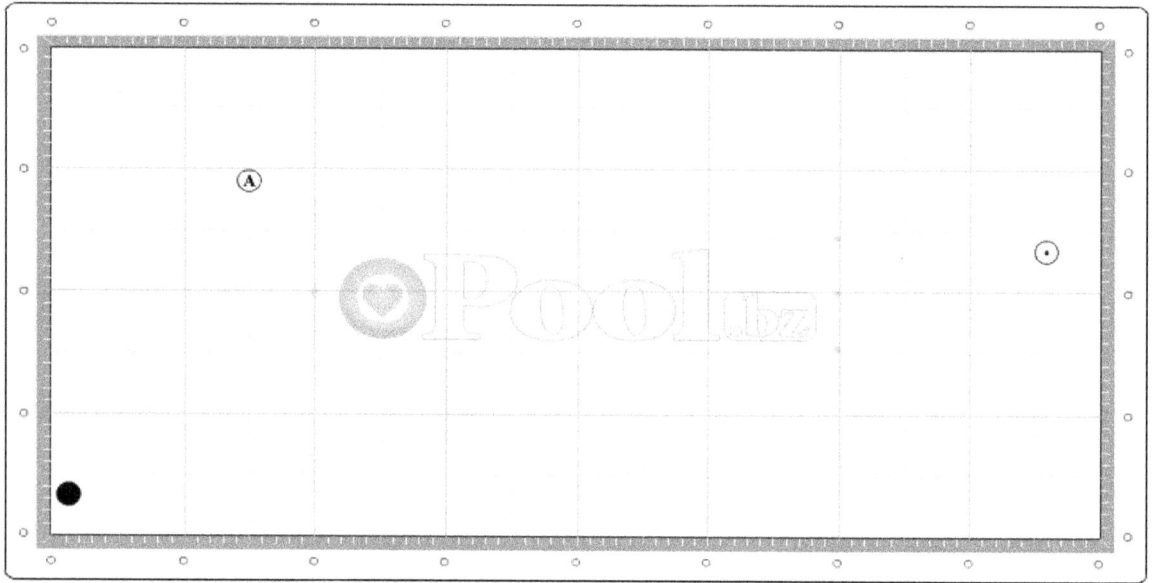

Notater og ideer:

Skudd mønster

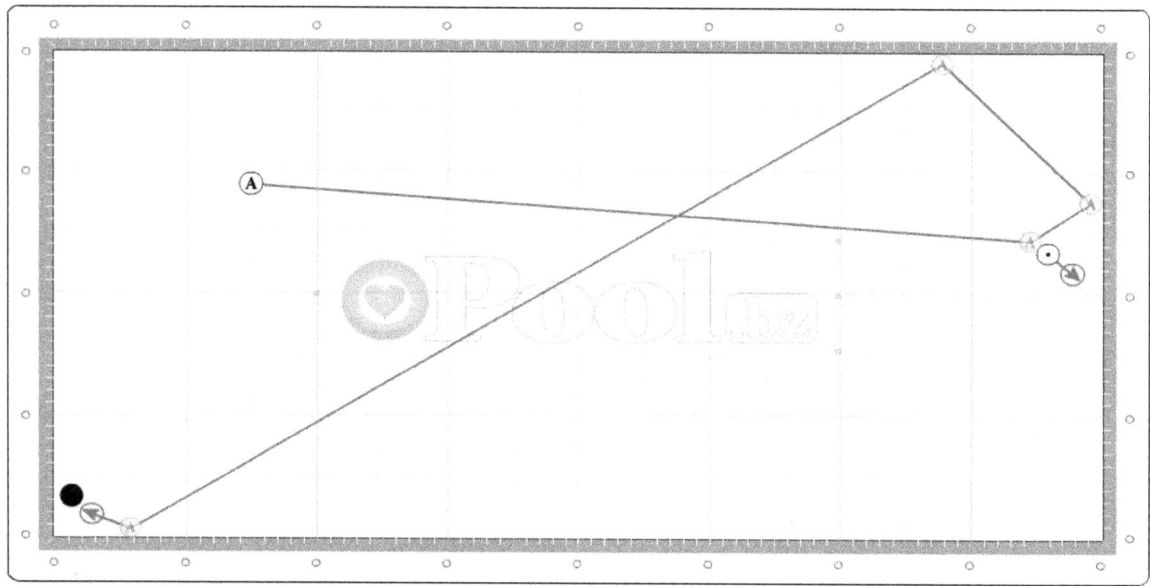

A:1d – Setup

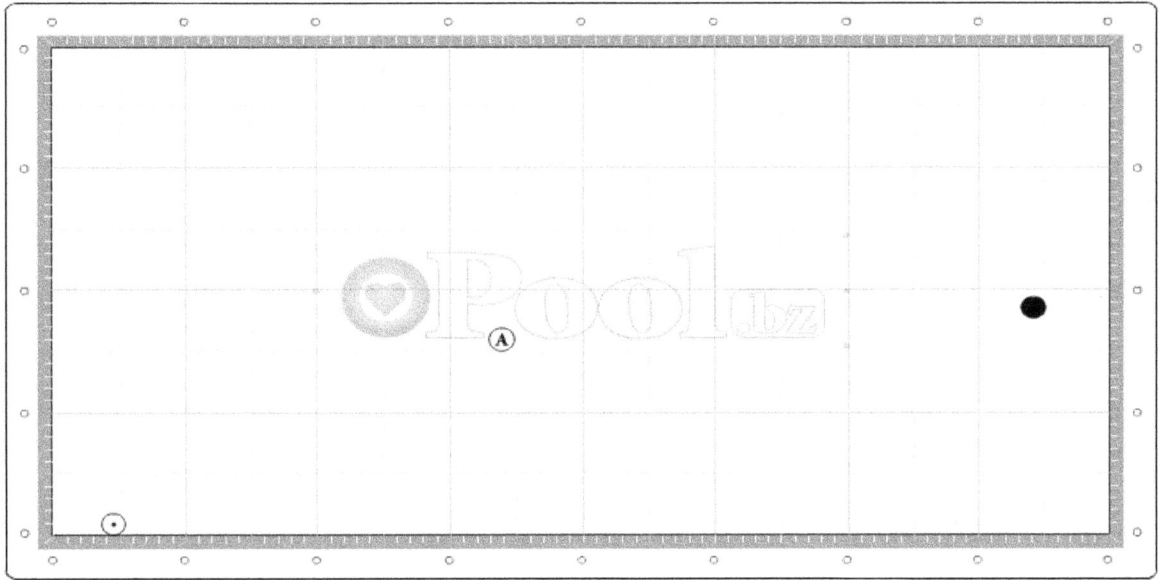

Notater og ideer:

Skudd mønster

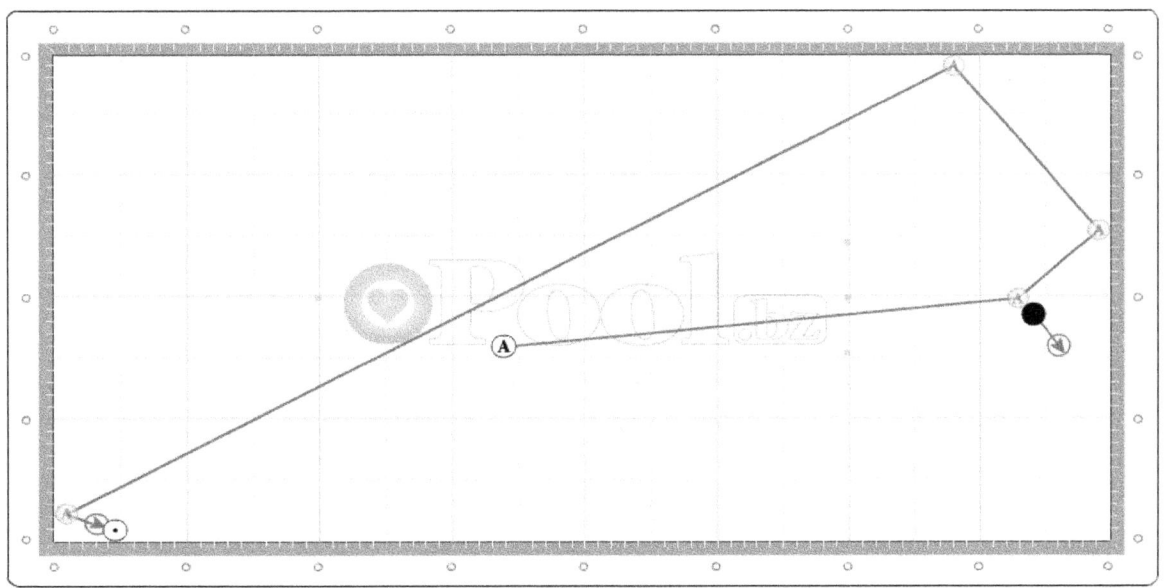

A: Gruppe 2

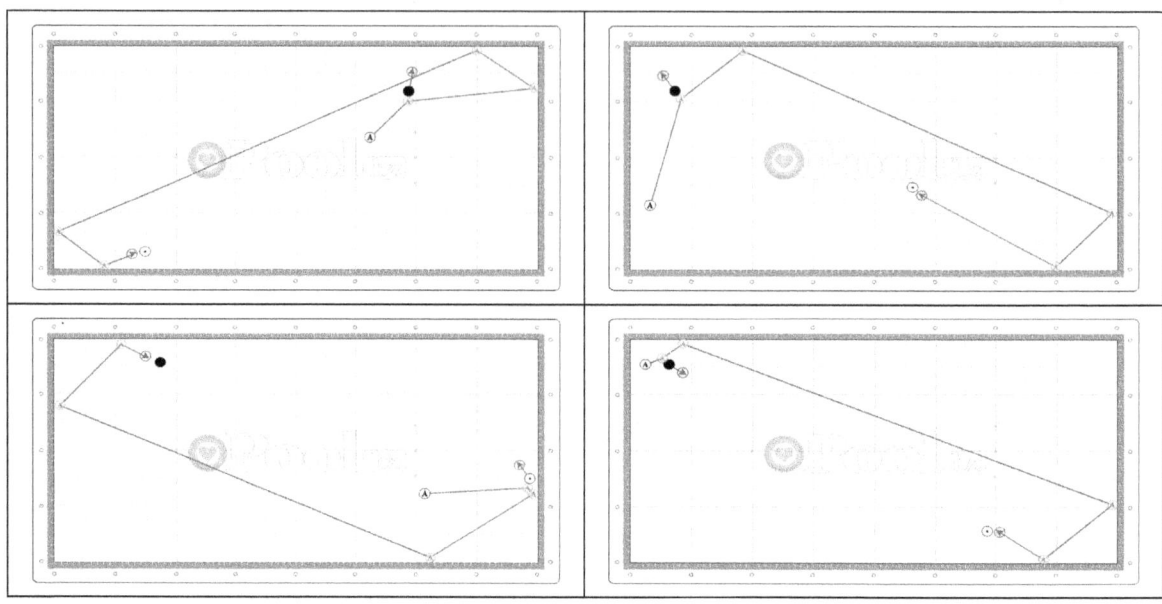

Analyse:

A:2a. _____

A:2b. _____

A:2c. _____

A:2d. _____

A:2a – Setup

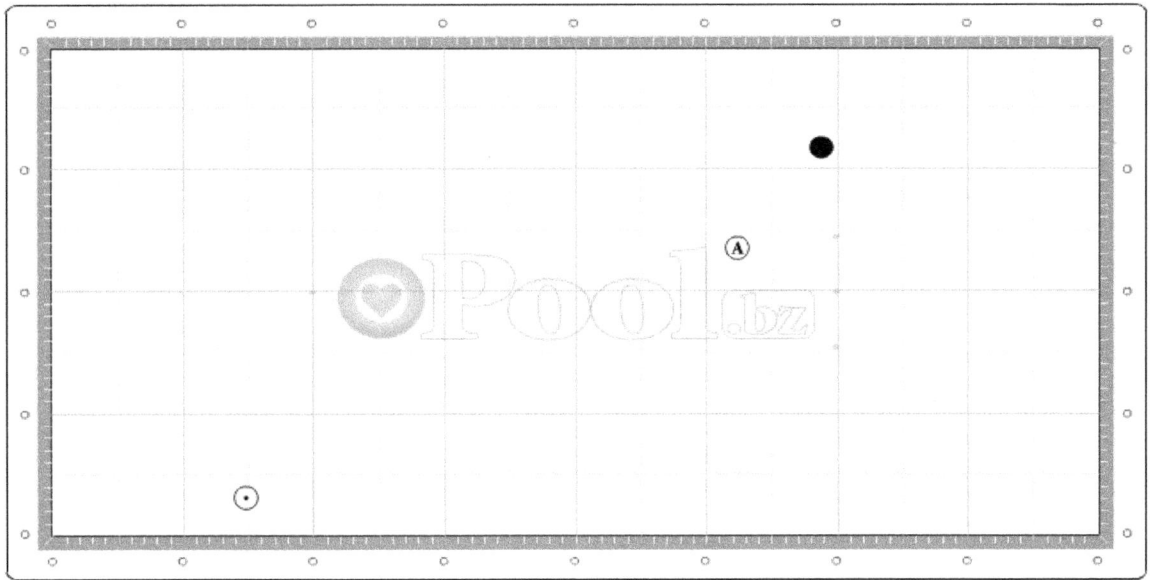

Notater og ideer:

Skudd mønster

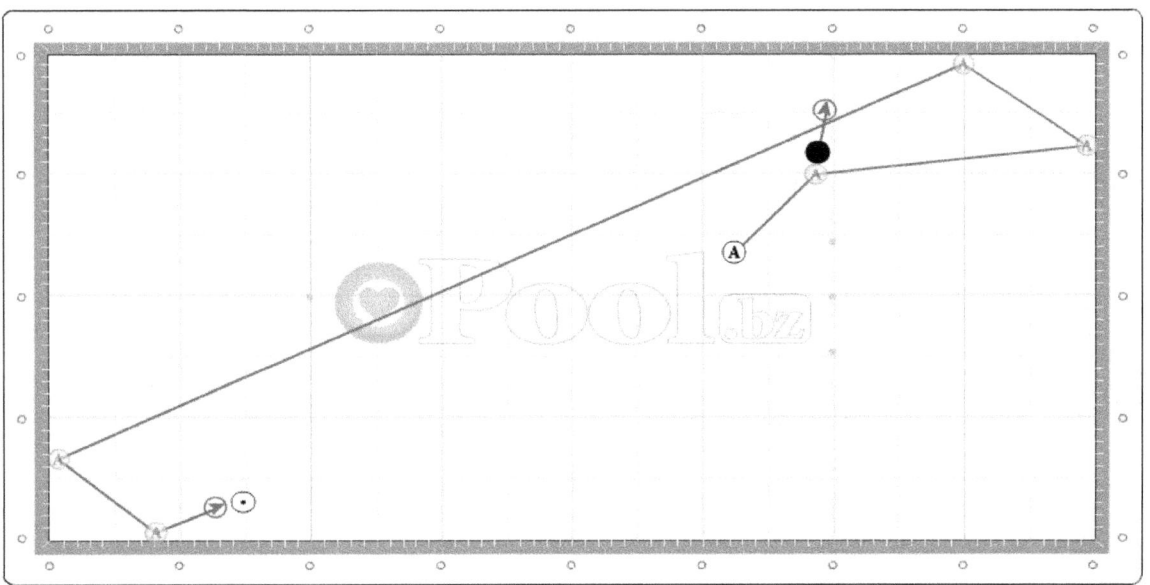

A:2b – Setup

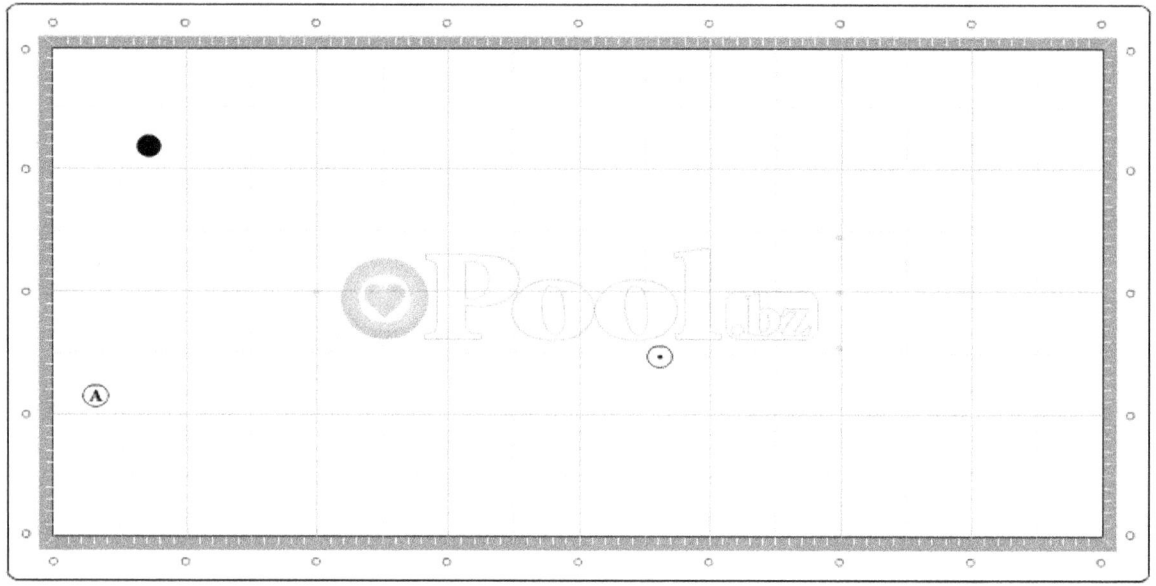

Notater og ideer:

Skudd mønster

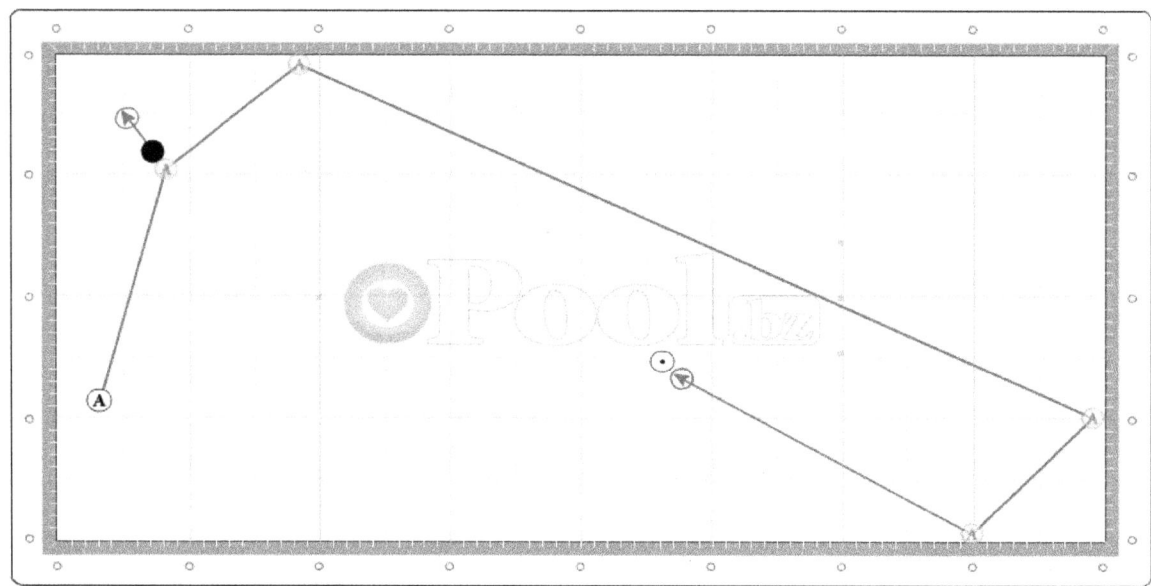

A:2c – Setup

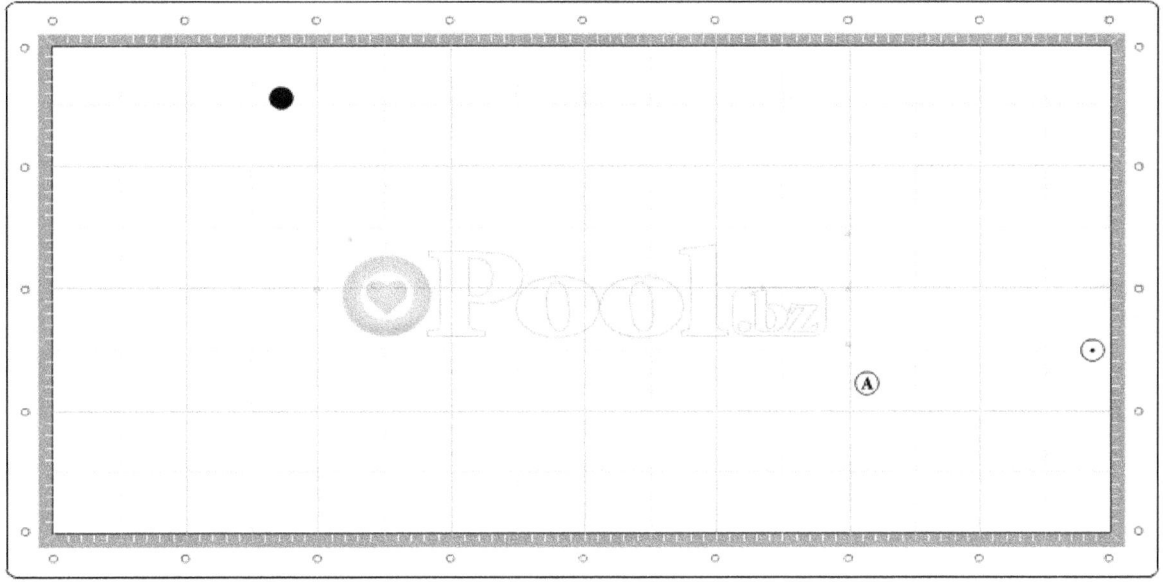

Notater og ideer:

Skudd mønster

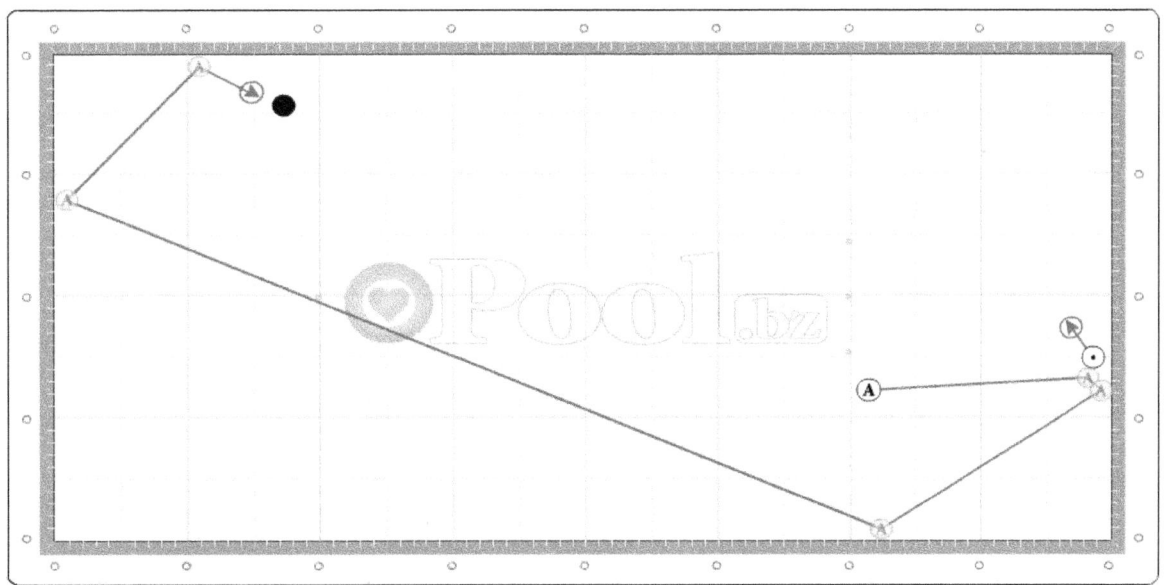

A:2d – Setup

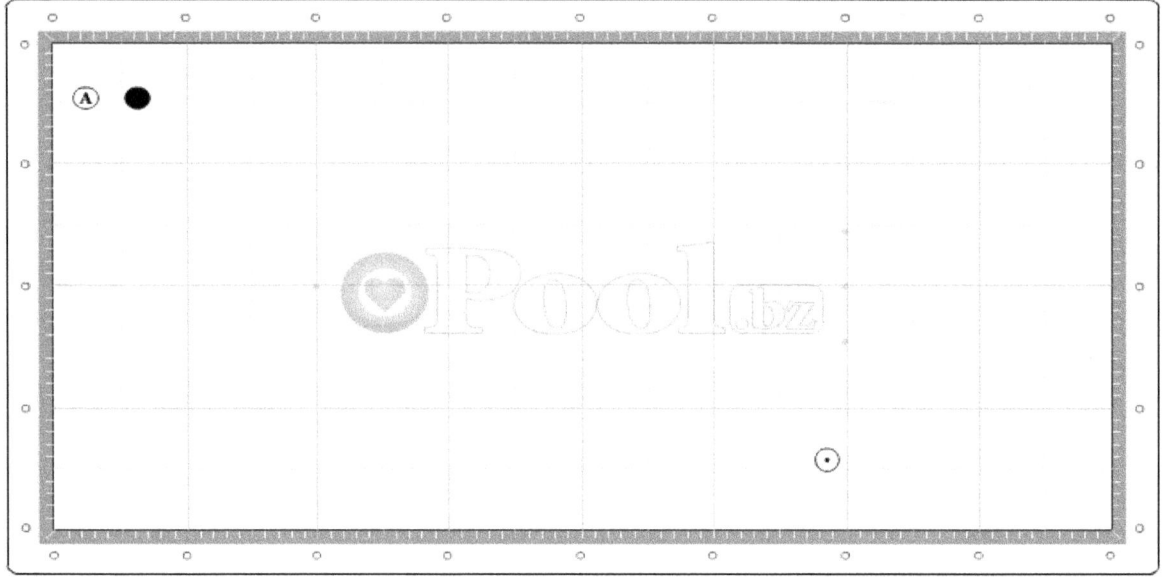

Notater og ideer:

Skudd mønster

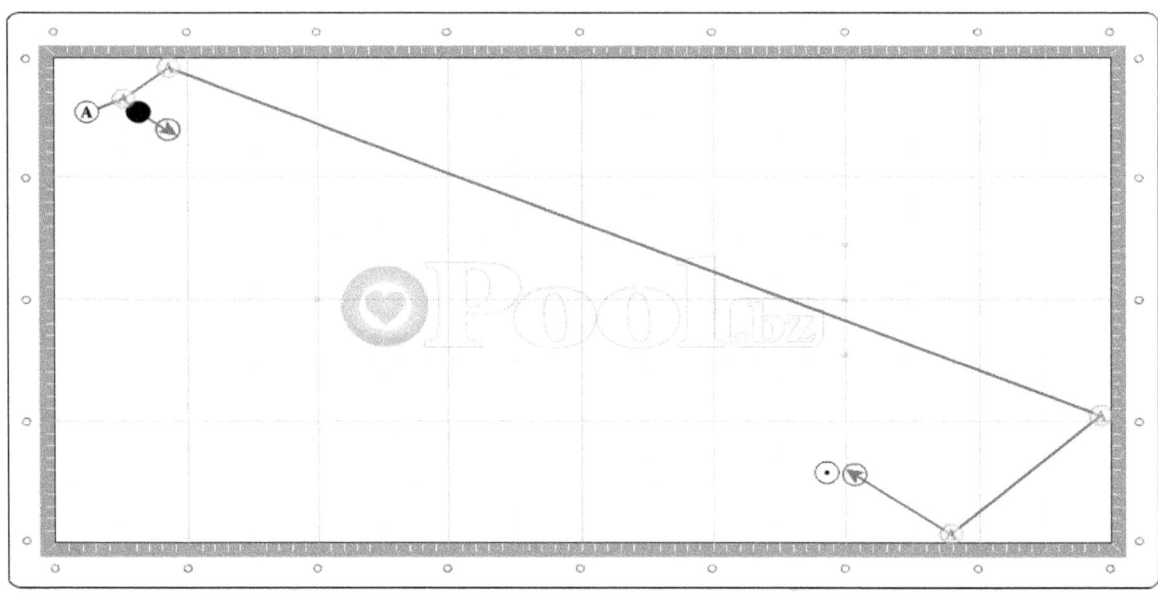

A: Gruppe 3

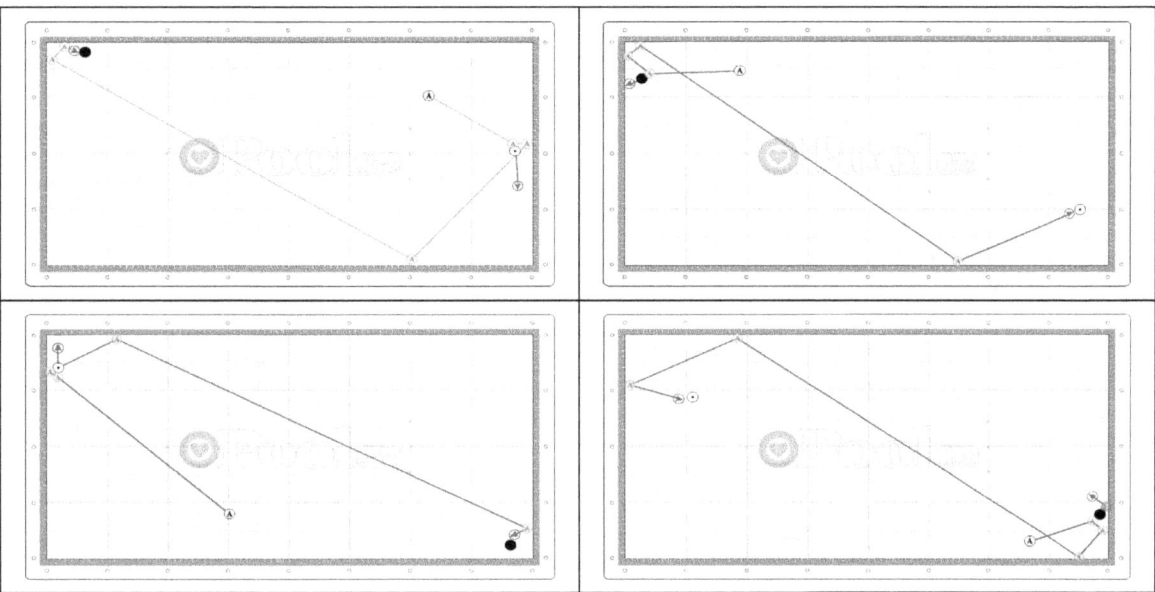

Analyse:

A:3a. _____

A:3b. _____

A:3c. _____

A:3d. _____

A:3a – Setup

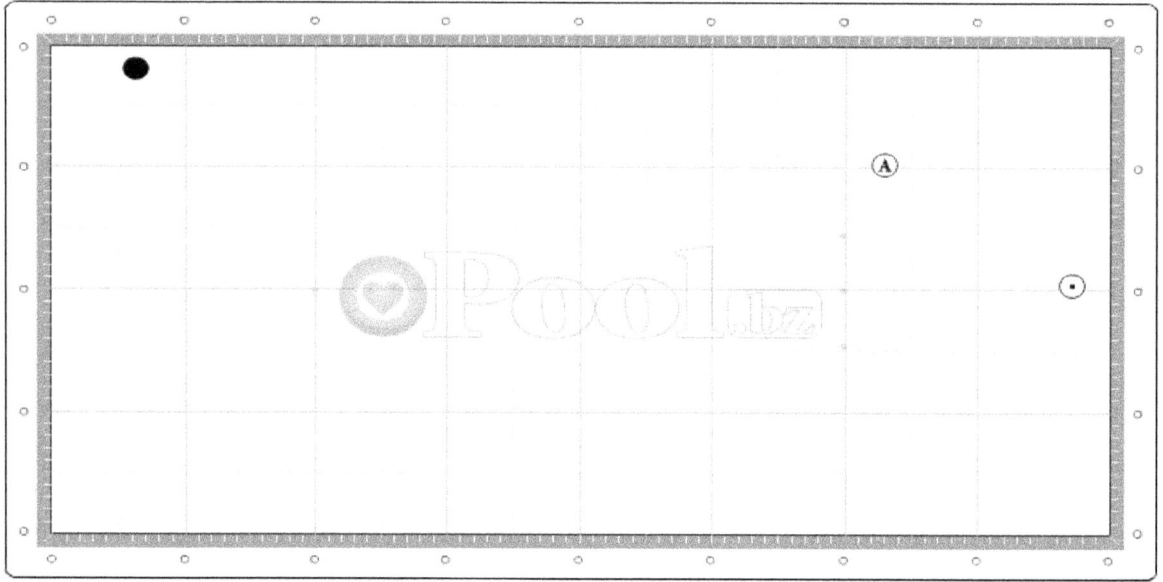

Notater og ideer:

Skudd mønster

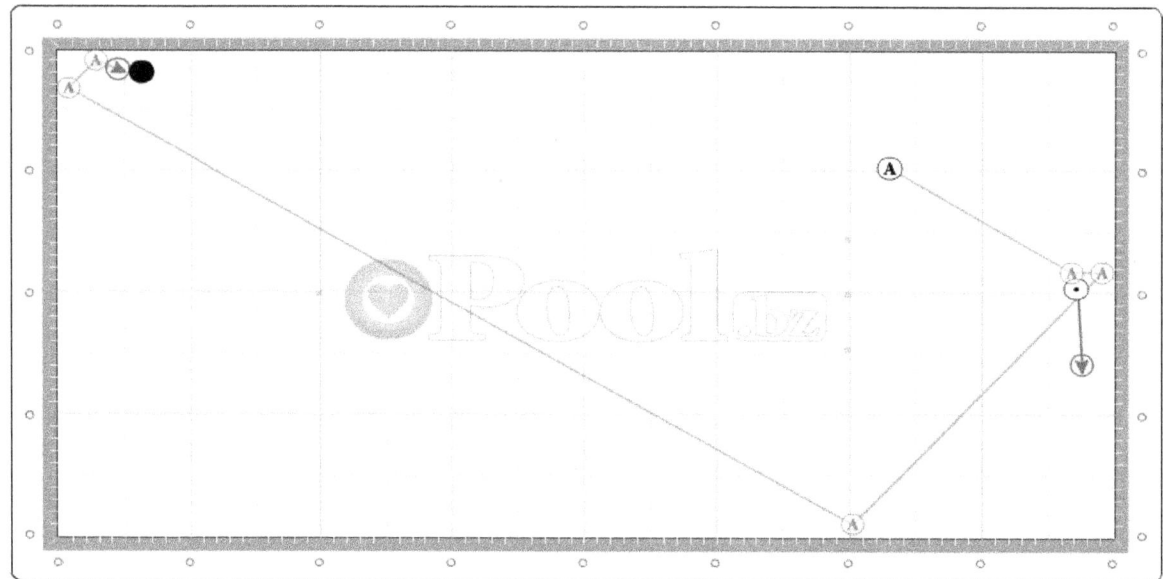

A:3b – Setup

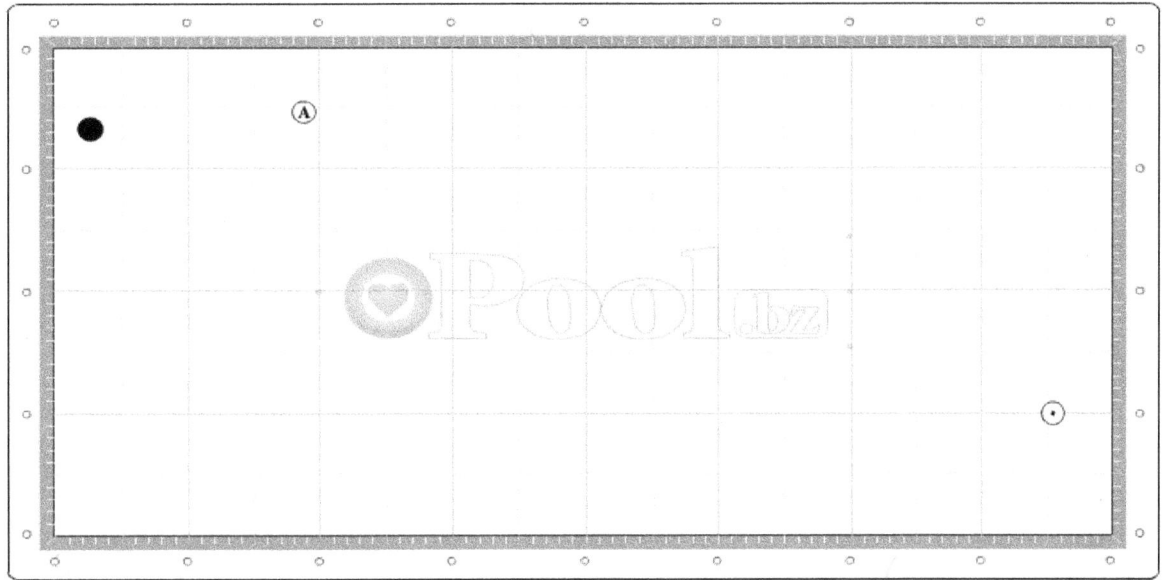

Notater og ideer:

Skudd mønster

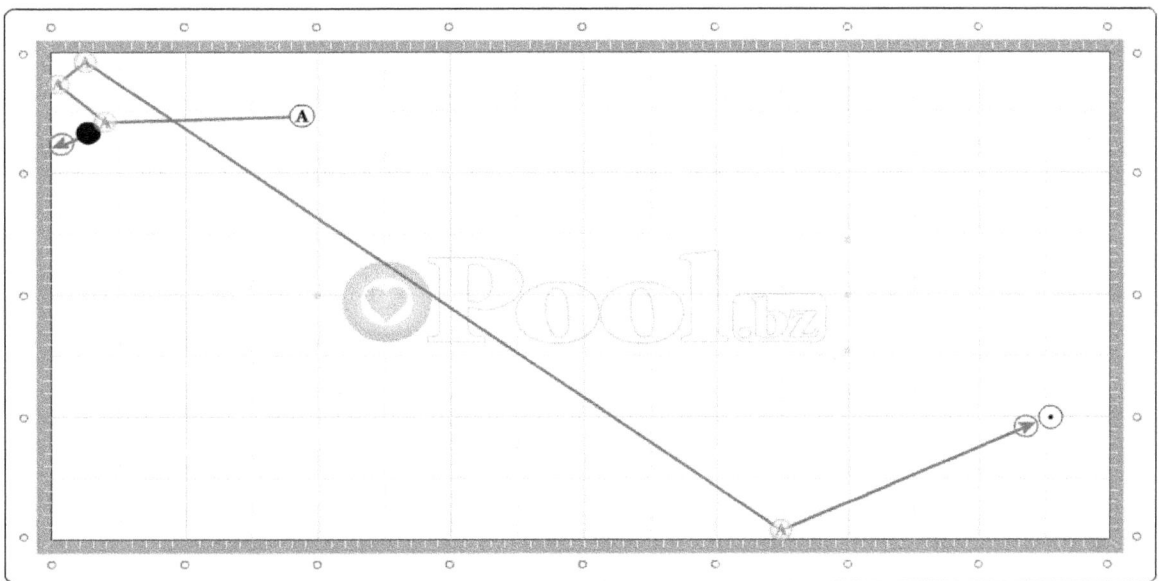

A:3c – Setup

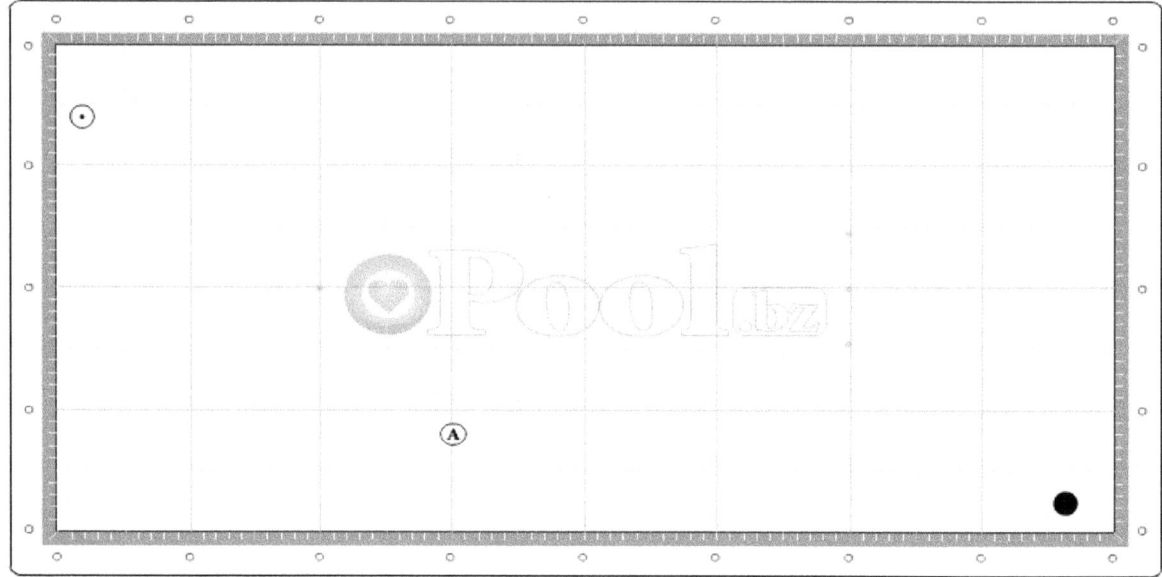

Notater og ideer:

Skudd mønster

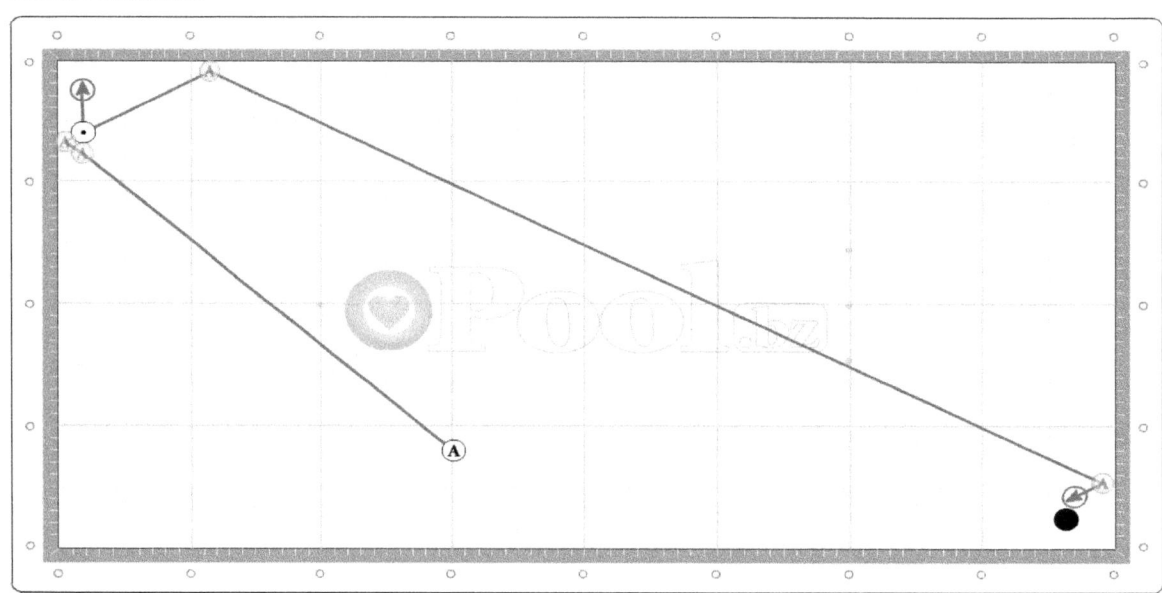

A:3d – Setup

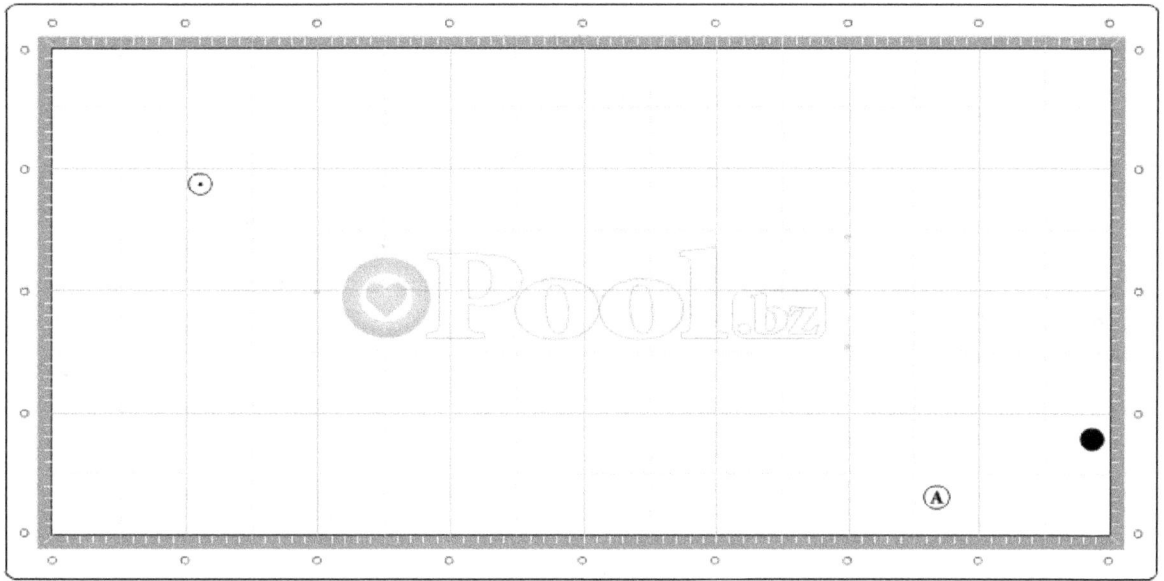

Notater og ideer:

Skudd mønster

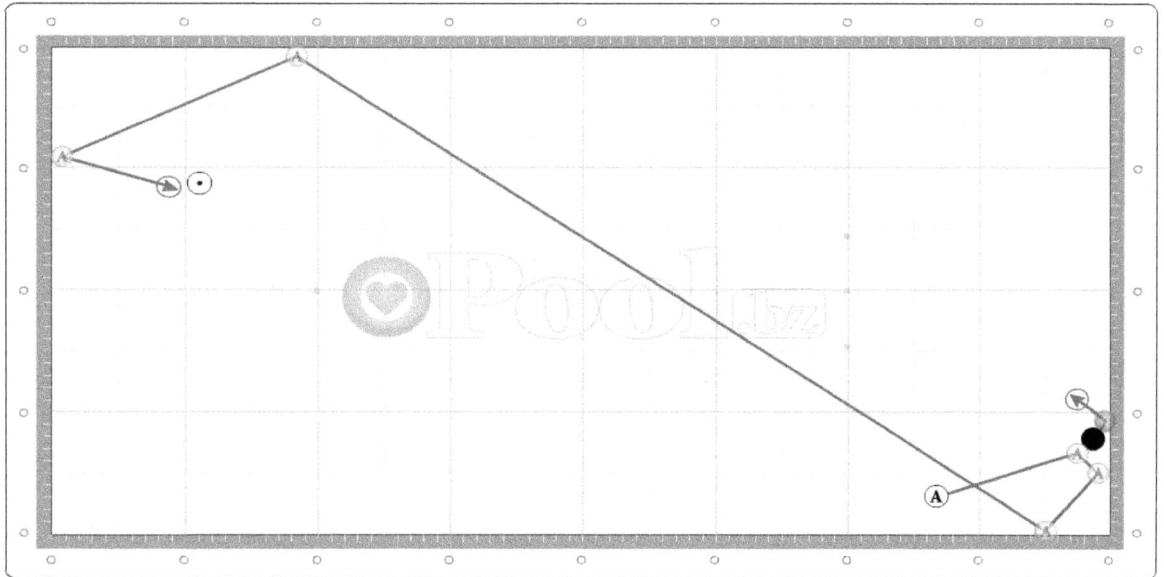

A: Gruppe 4

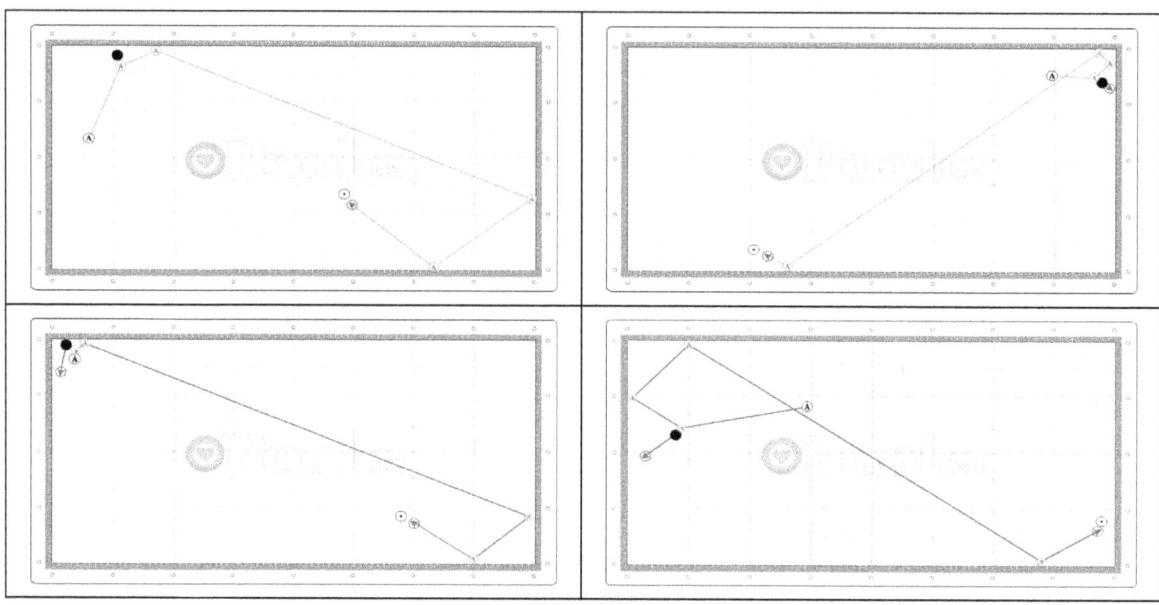

Analyse:

A:4a. _____

A:4b. _____

A:4c. _____

A:4d. _____

A:4a – Setup

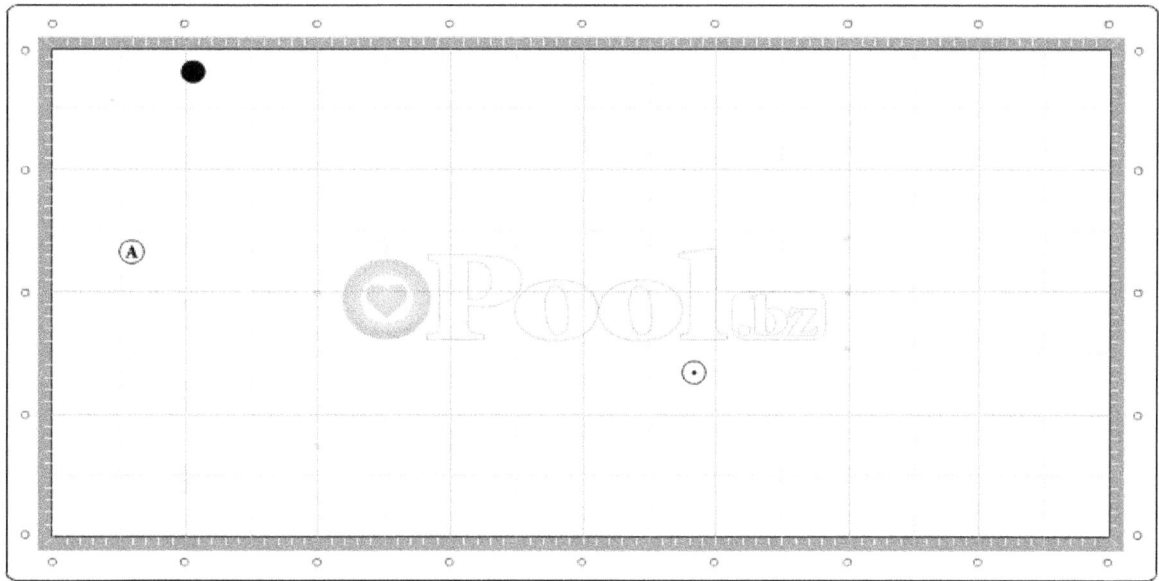

Notater og ideer:

Skudd mønster

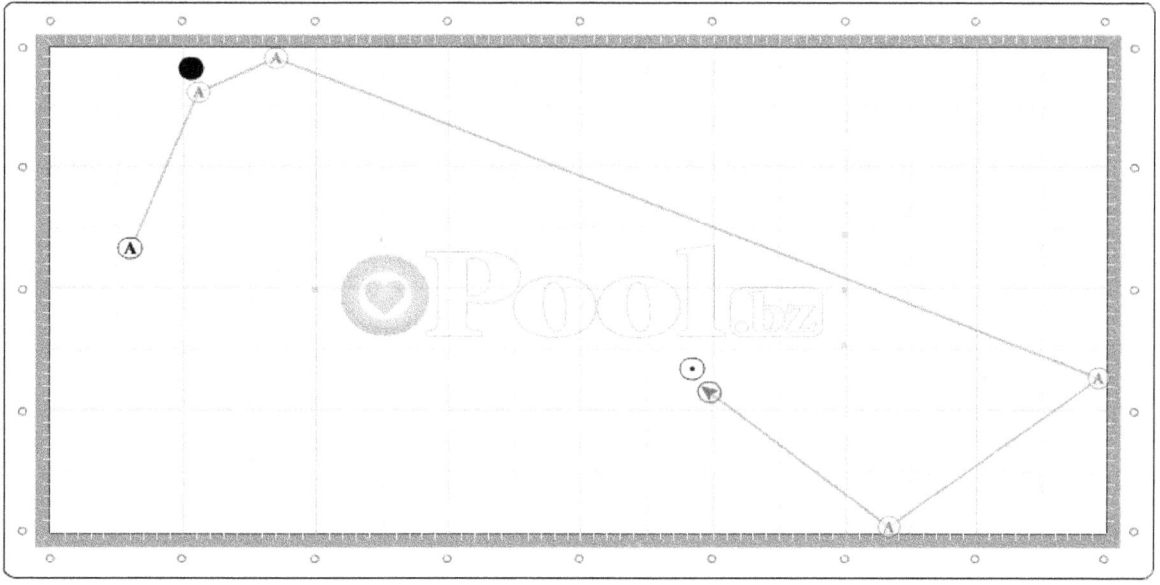

A:4b – Setup

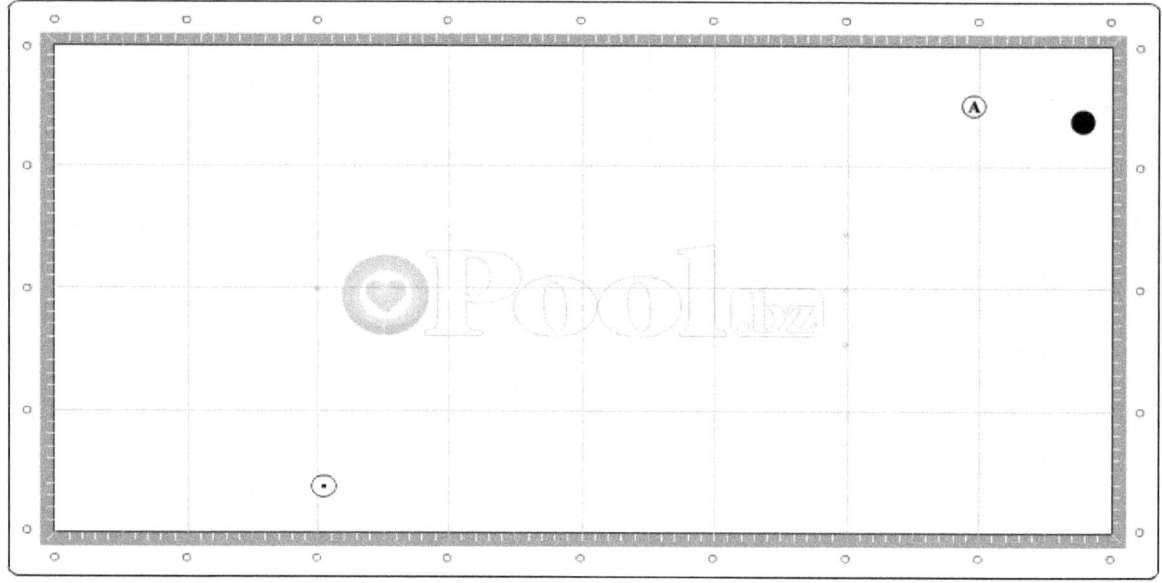

Notater og ideer:

Skudd mønster

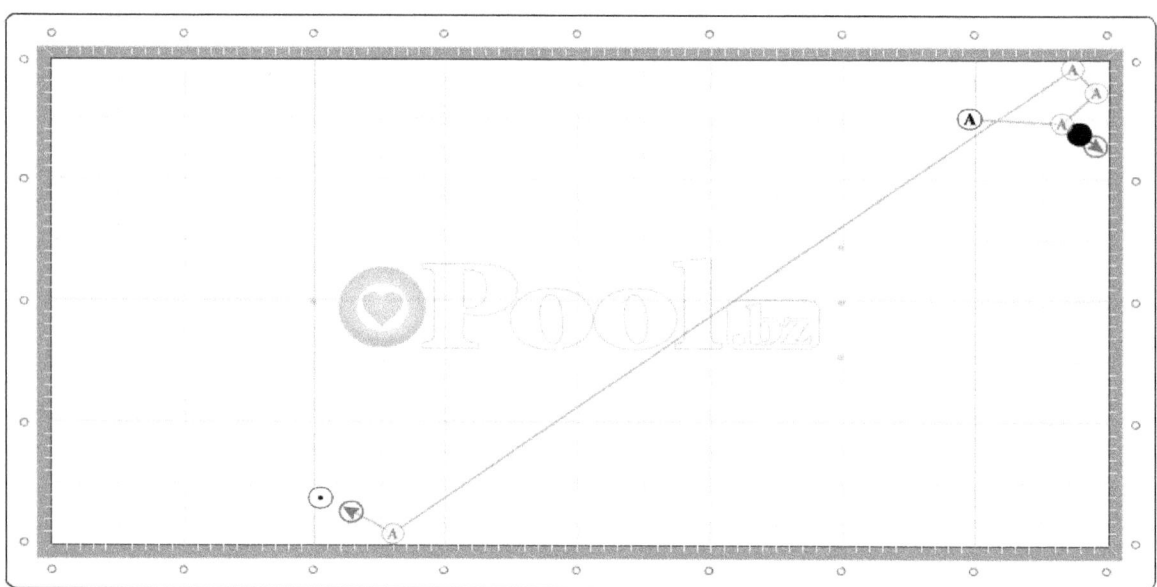

A:4c – Setup

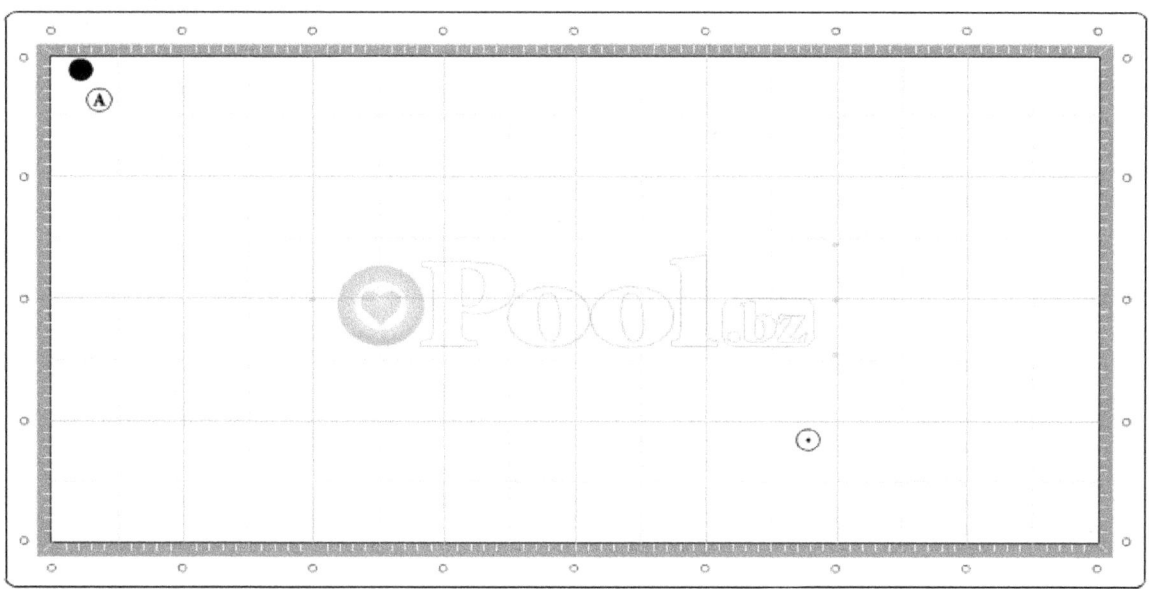

Notater og ideer:

Skudd mønster

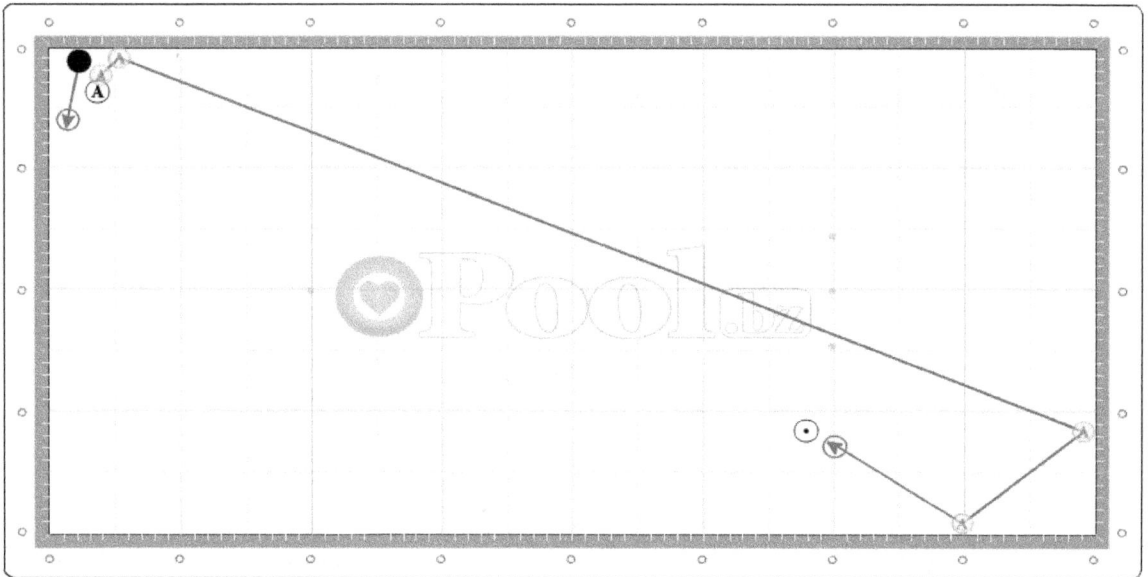

A:4d – Setup

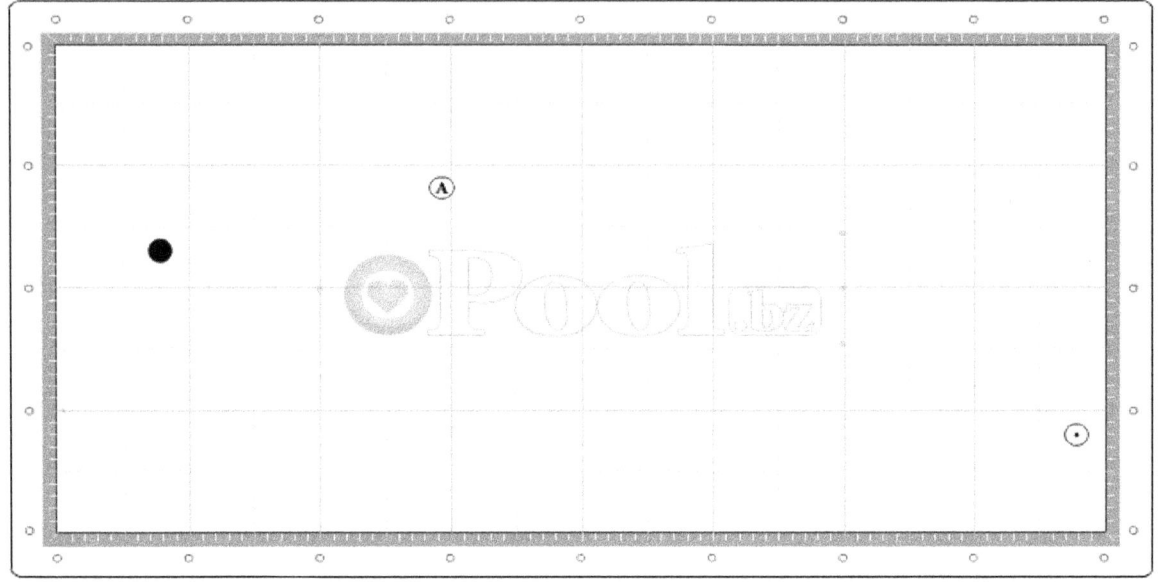

Notater og ideer:

Skudd mønster

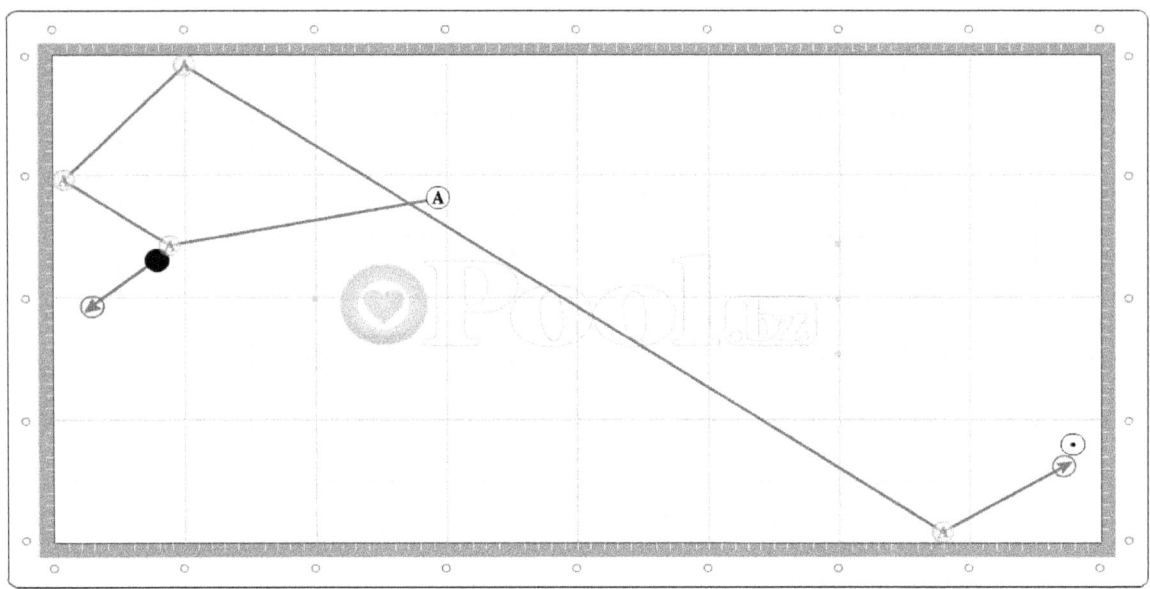

A: Gruppe 5

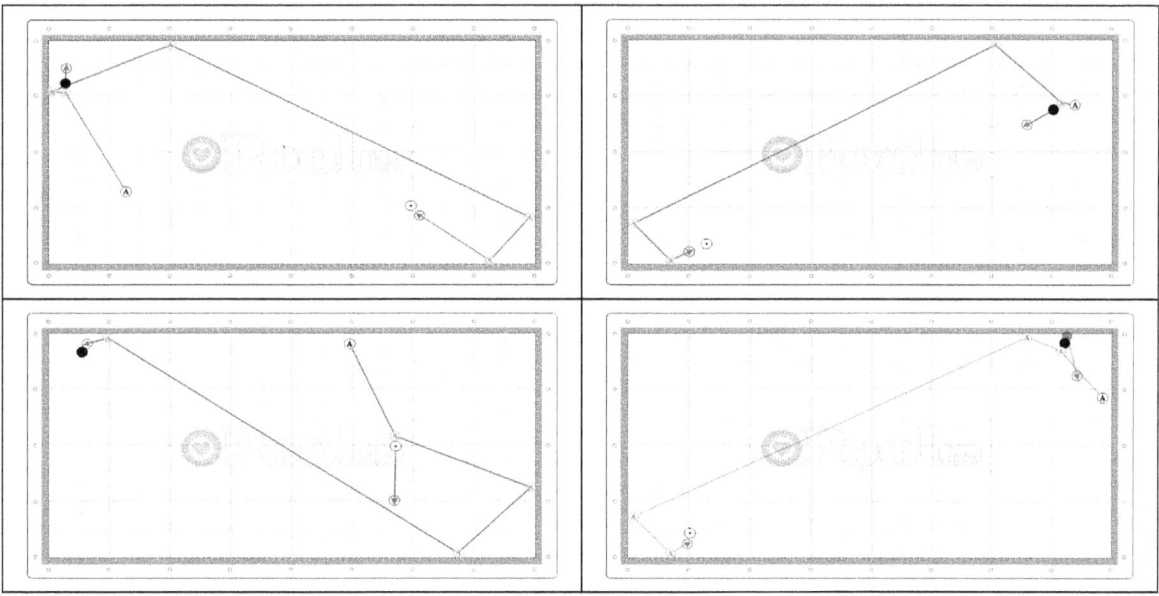

Analyse:

A:5a. _____

A:5b. _____

A:5c. _____

A:5d. _____

A:5a – Setup

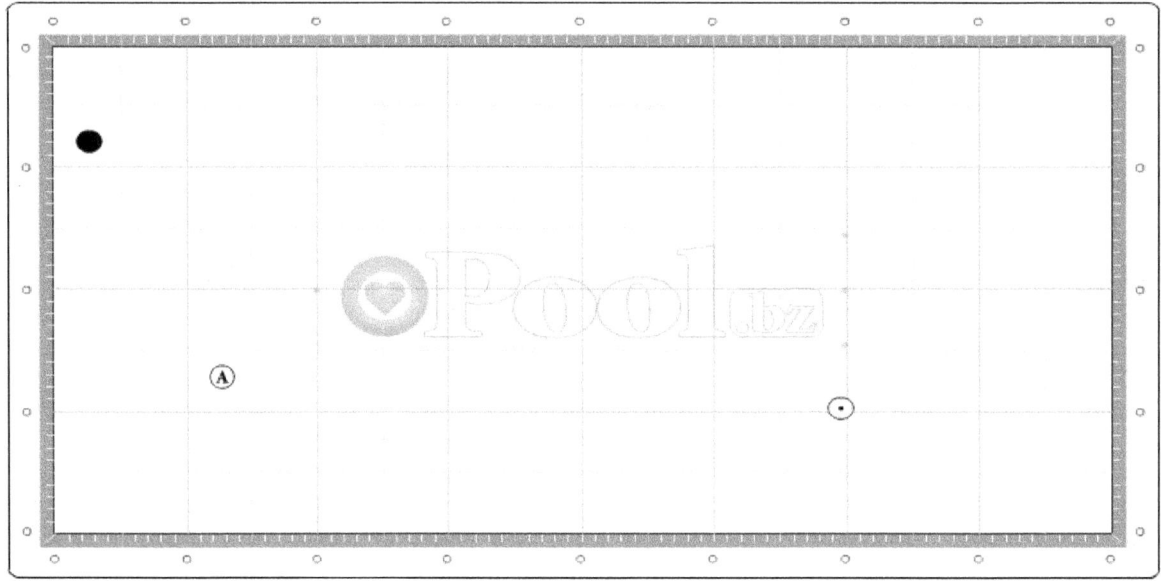

Notater og ideer:

Skudd mønster

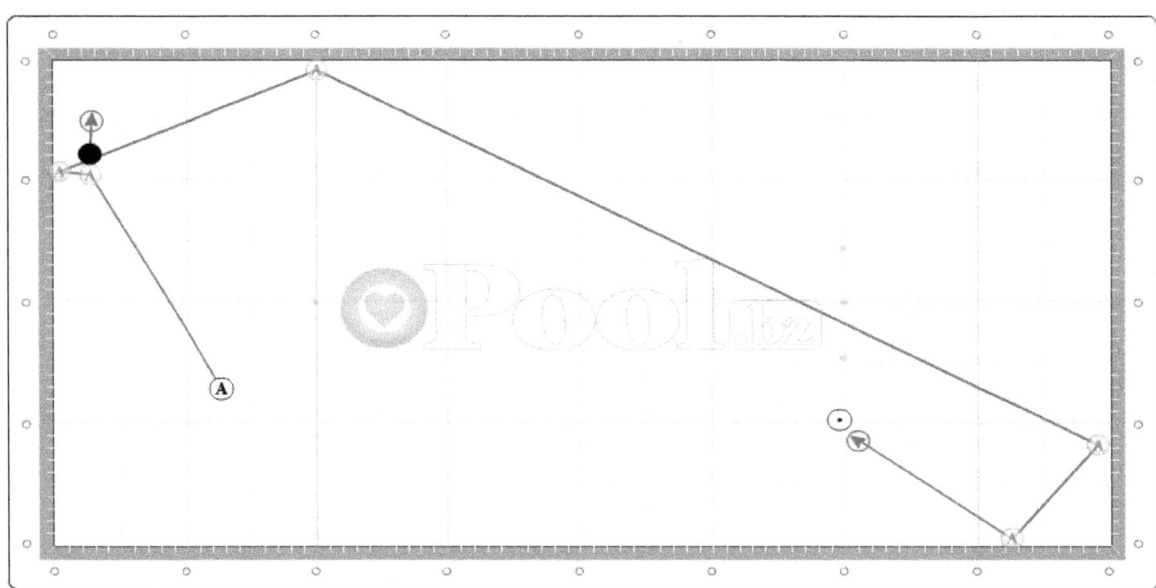

A:5b – Setup

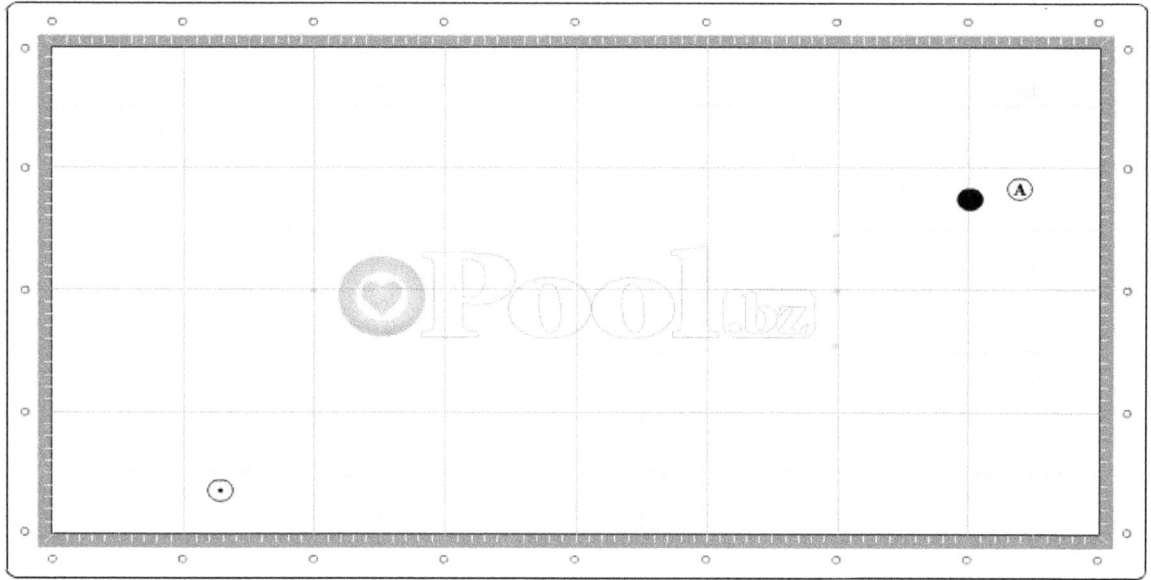

Notater og ideer:

Skudd mønster

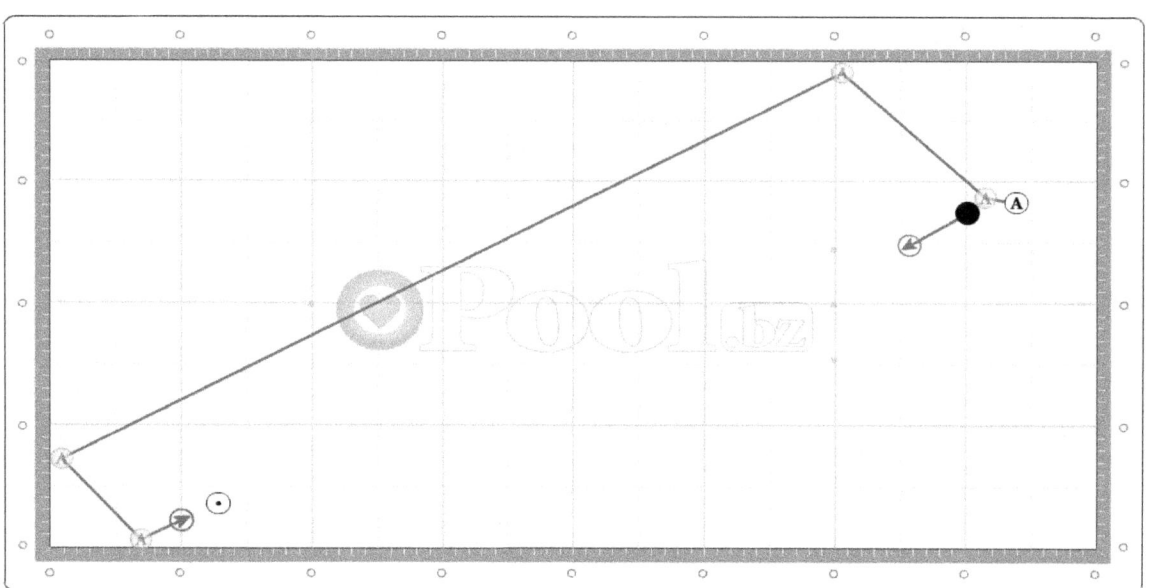

A:5c – Setup

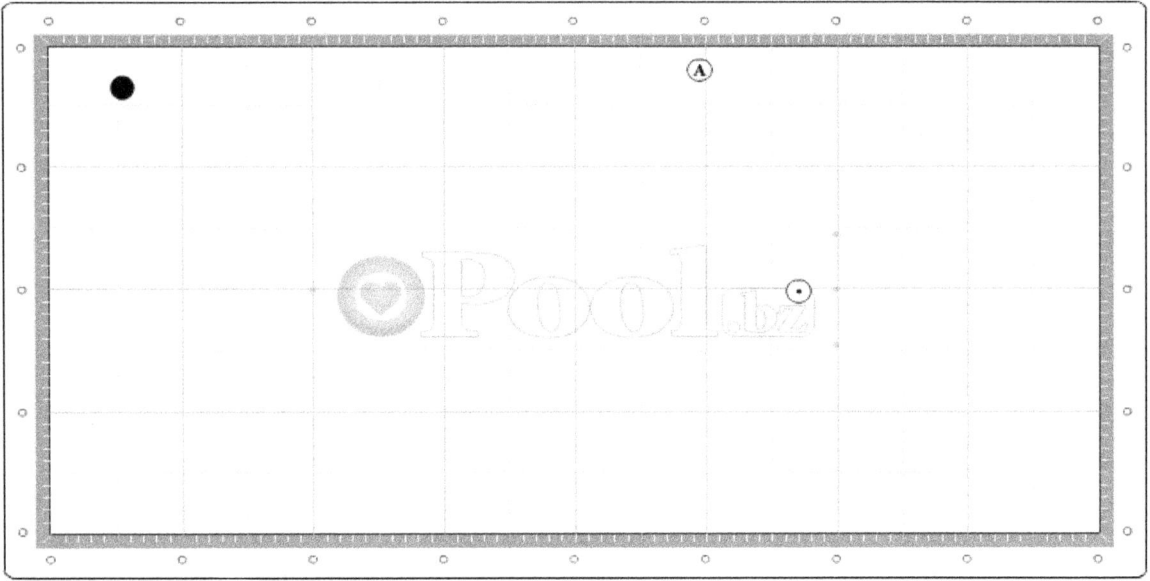

Notater og ideer:

Skudd mønster

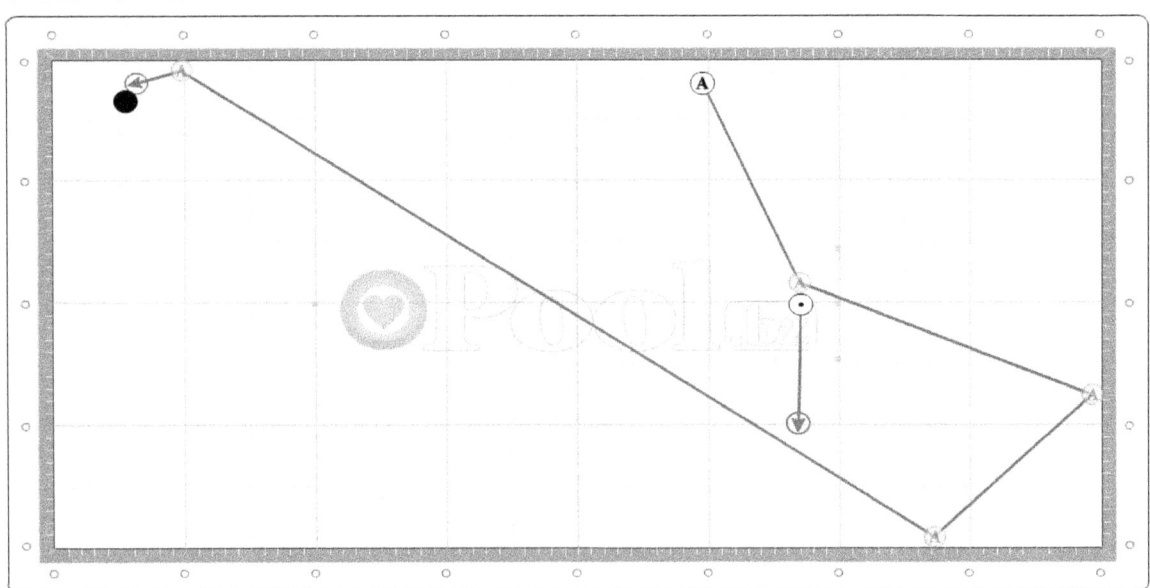

A:5d – Setup

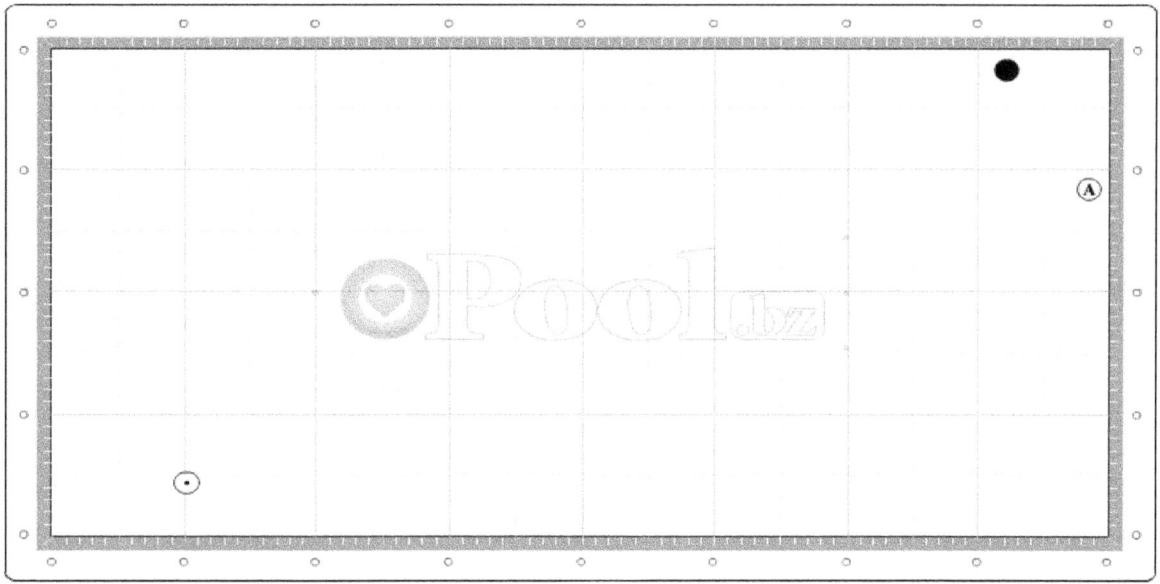

Notater og ideer:

Skudd mønster

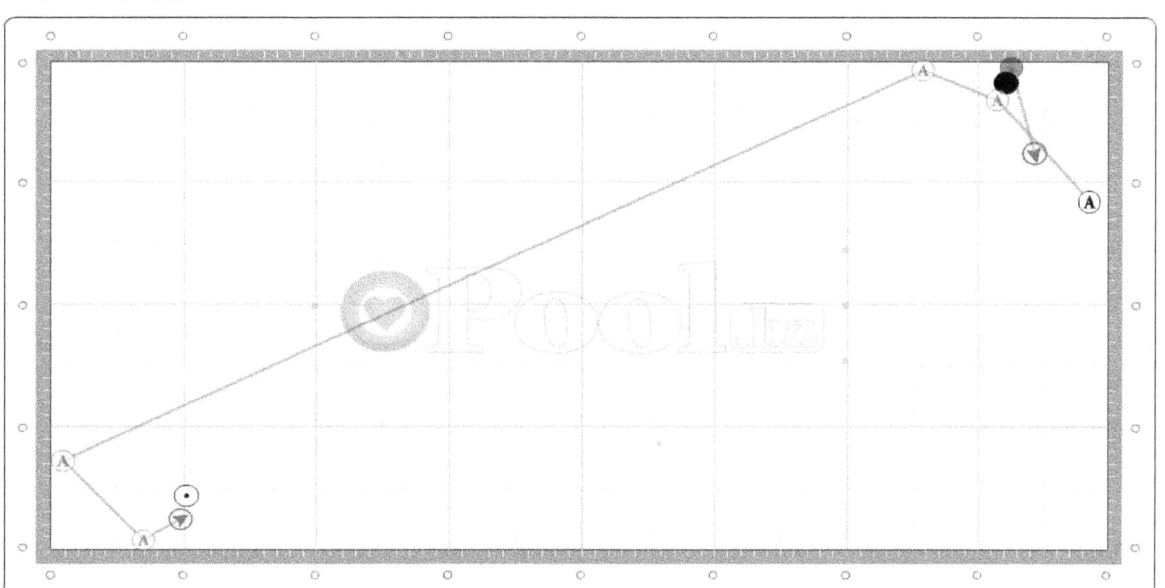

A: Gruppe 6

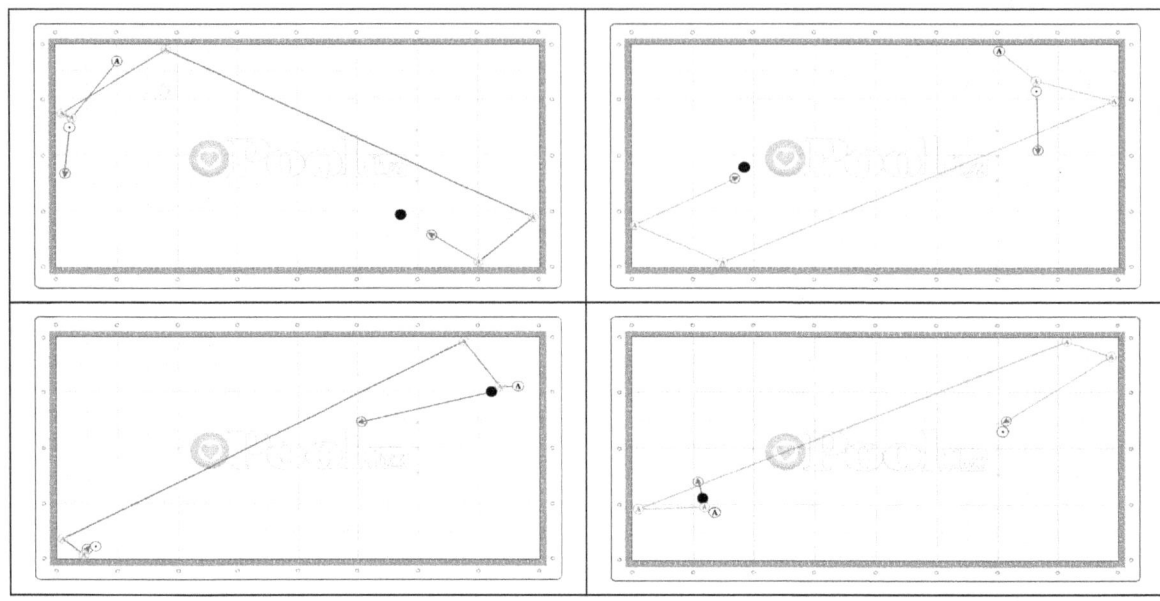

Analyse:

A:6a. _____

A:6b. _____

A:6c. _____

A:6d. _____

A:6a – Setup

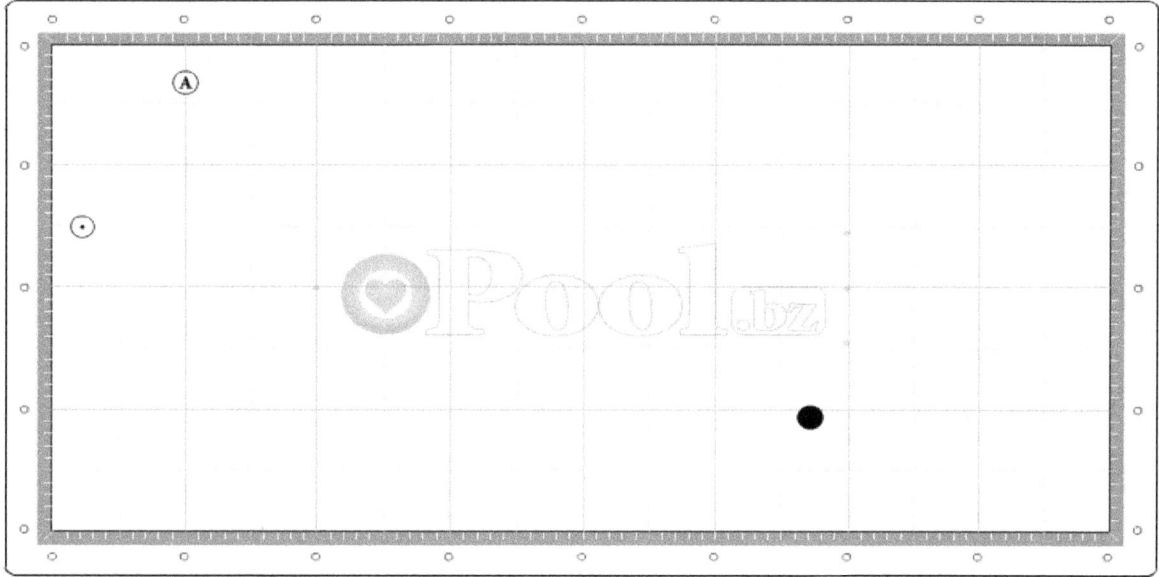

Notater og ideer:

Skudd mønster

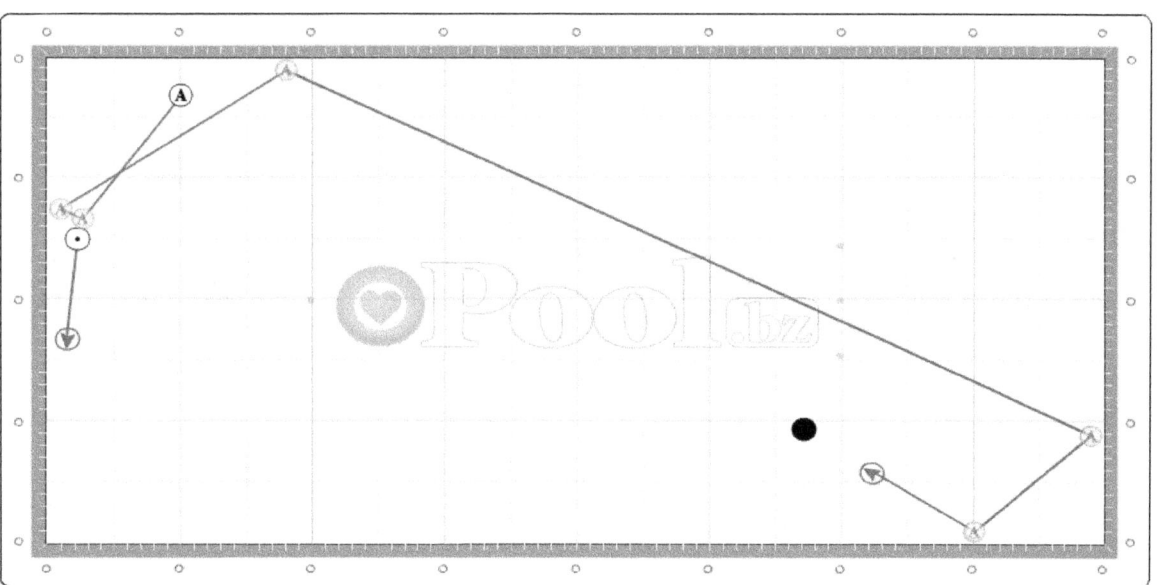

A:6b – Setup

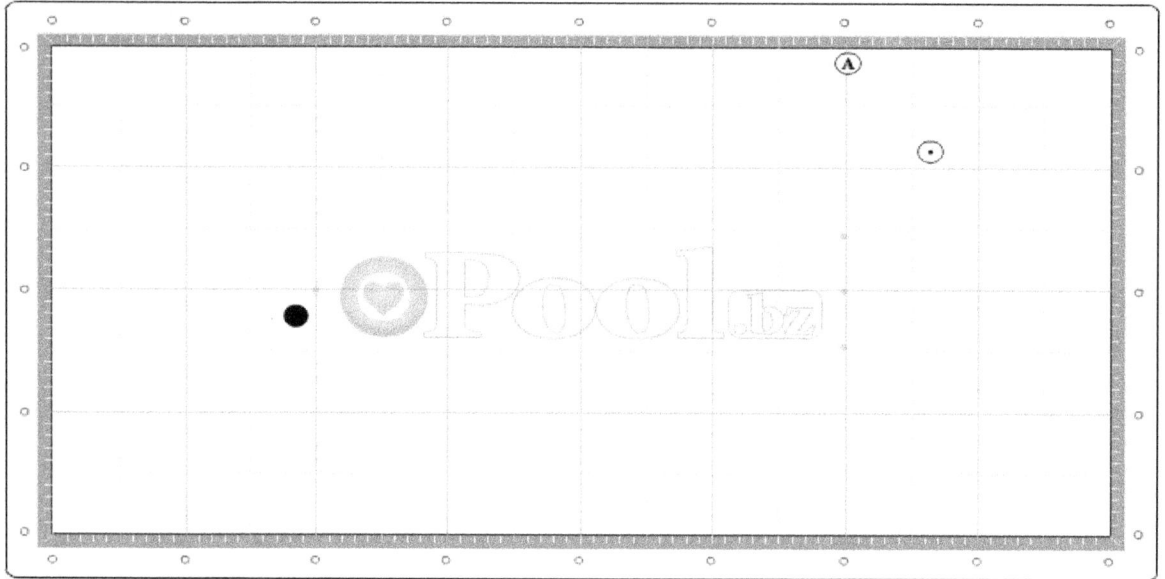

Notater og ideer:

Skudd mønster

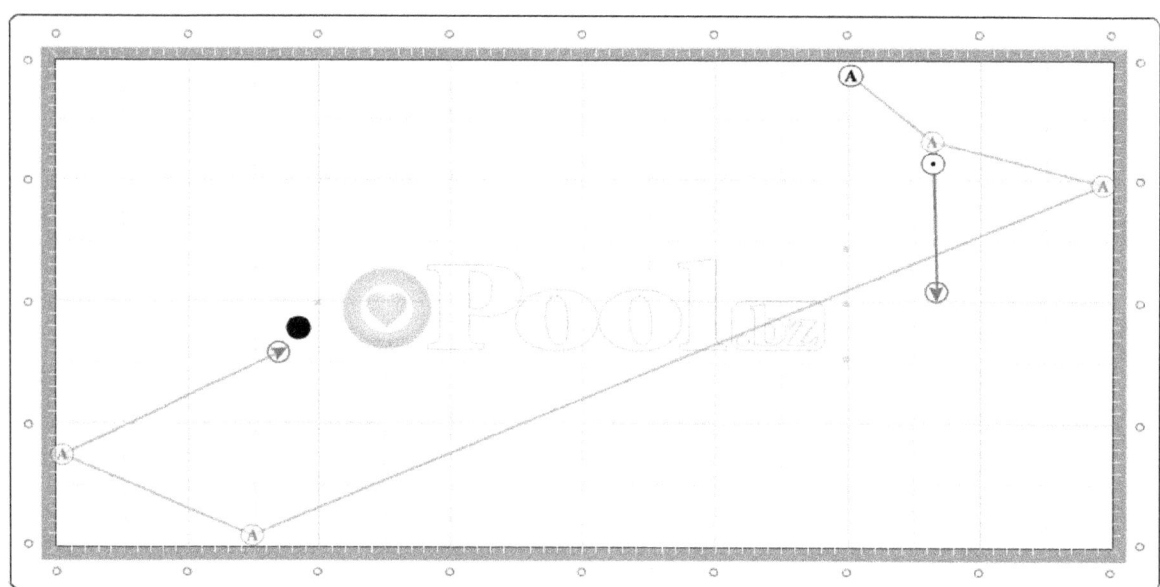

A:6c – Setup

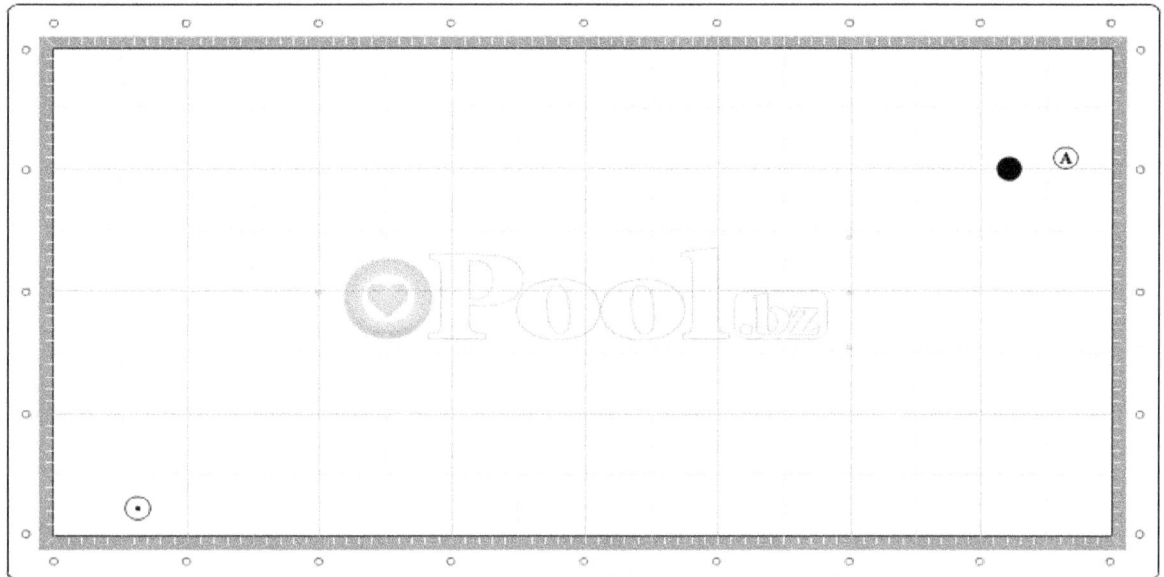

Notater og ideer:

Skudd mønster

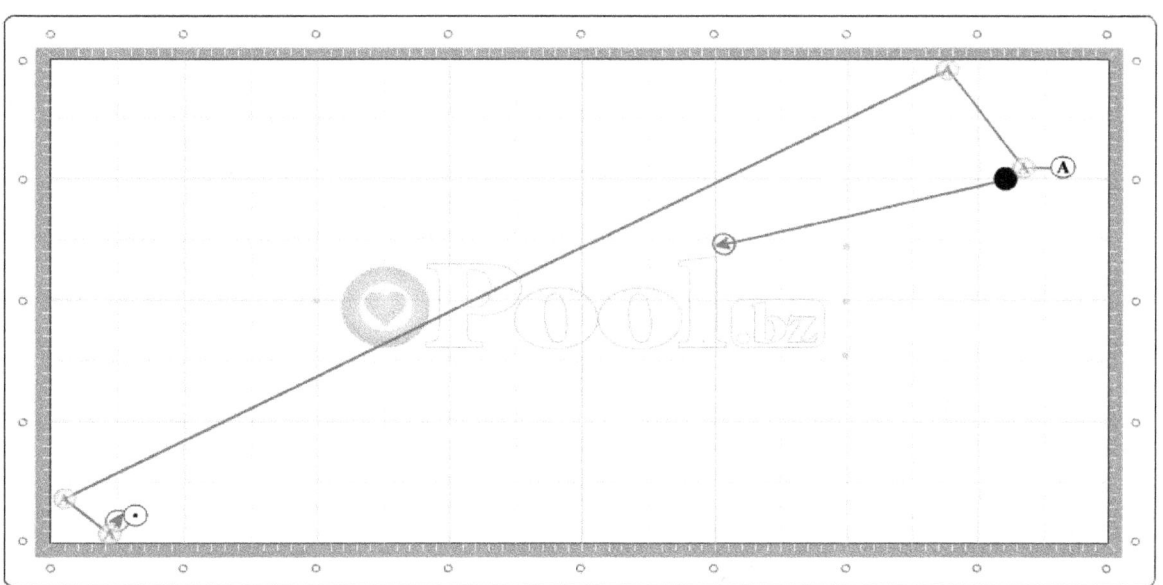

A:6d – Setup

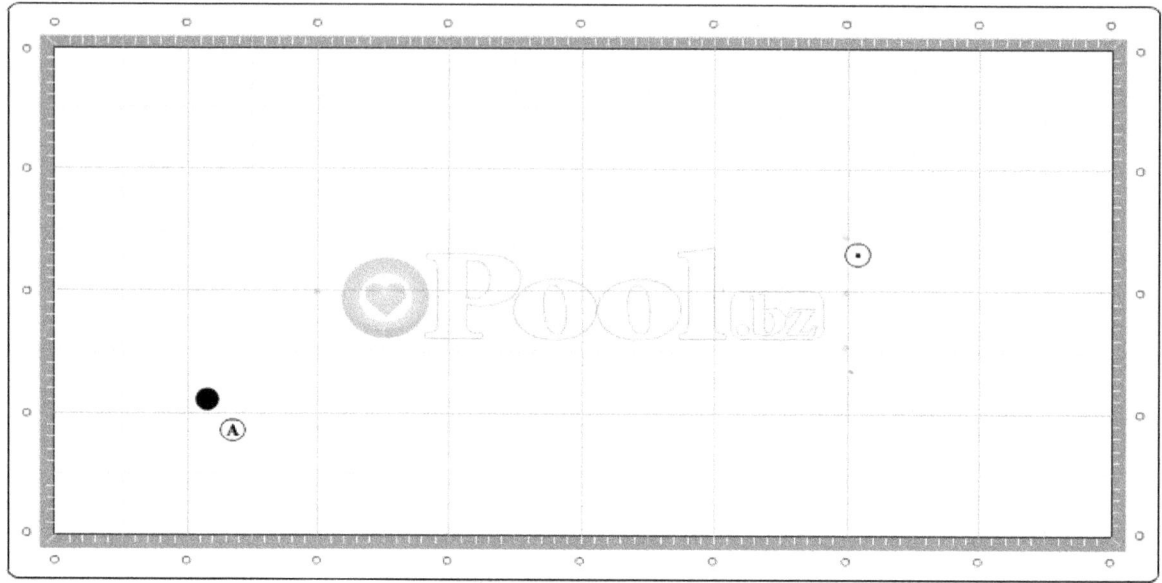

Notater og ideer:

Skudd mønster

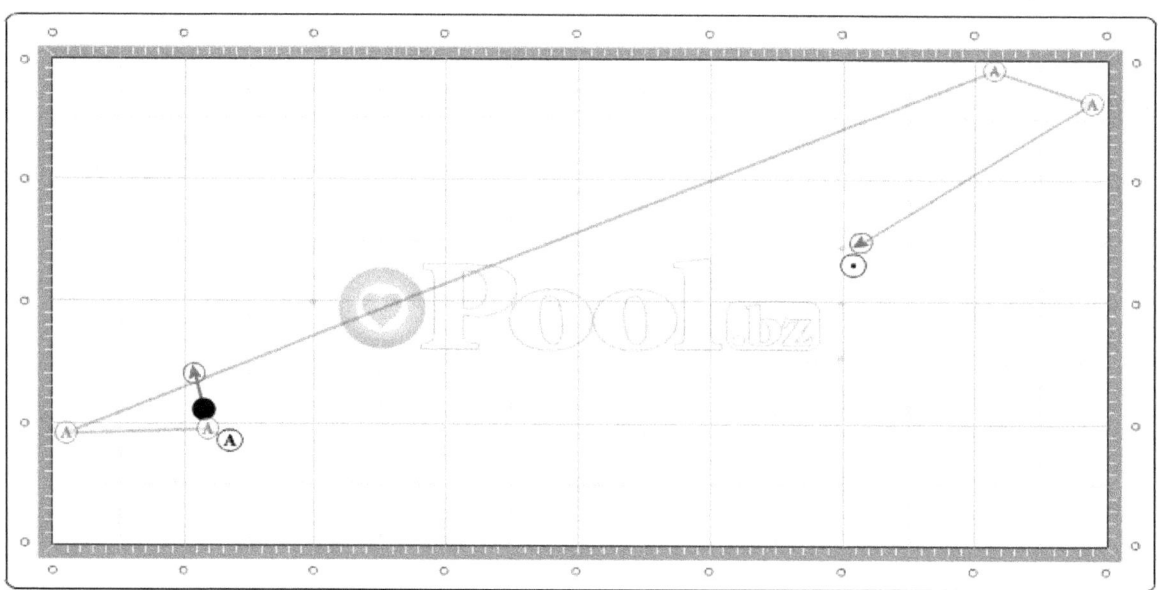

Tre vant carambole: Hjørne til hjørne diagonale mønstre

B: Enkel diagonal (modifisert)

På disse layoutene, kjører ballen på et litt modifisert hjørne til hjørnebane. Disse løsningene krever en returkrok før ballen kontakter den andre (OB) for punktet.

Ⓐ (CB) (biljardkule) - ⊙ (OB) (motstander billiardball) - ● (OB) (rød biljardball)

B: Gruppe 1

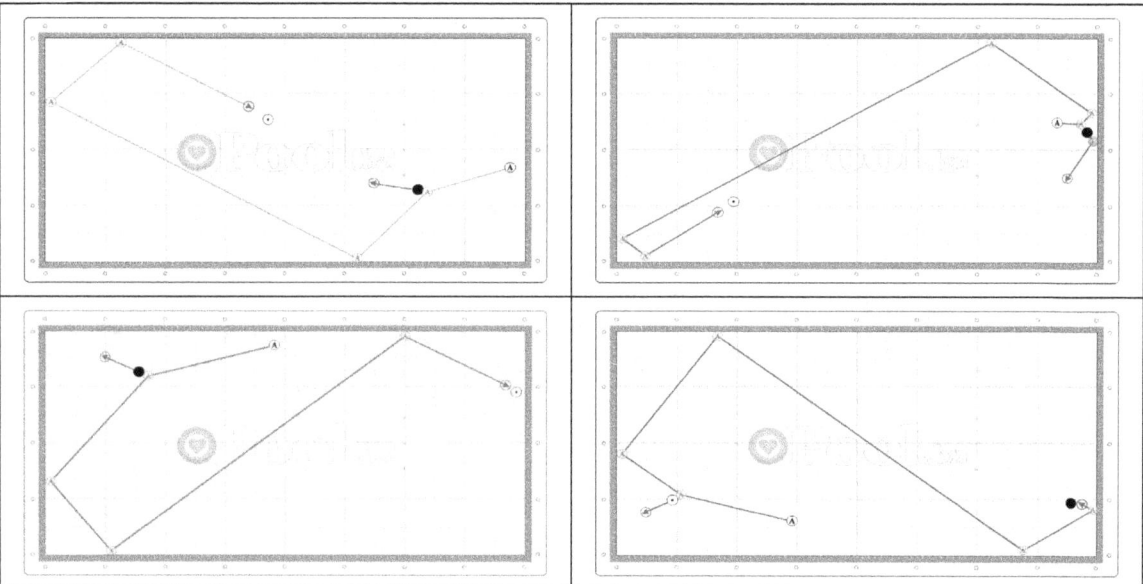

Analyse:

B:1a. _____

B:1b. _____

B:1c. _____

B:1d. _____

B:1a – Setup

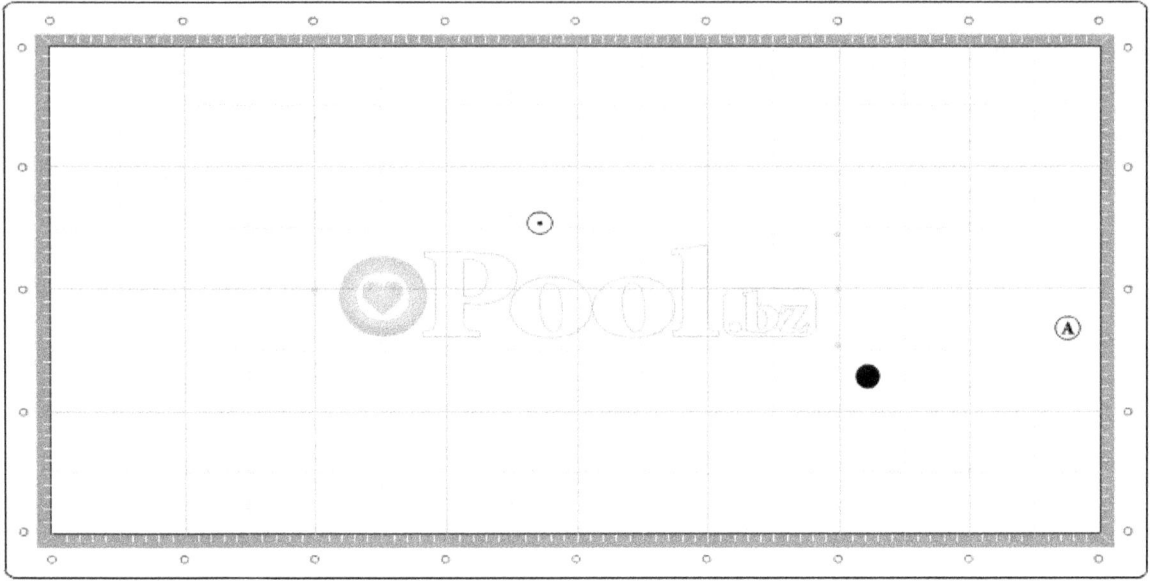

Notater og ideer:

Skudd mønster

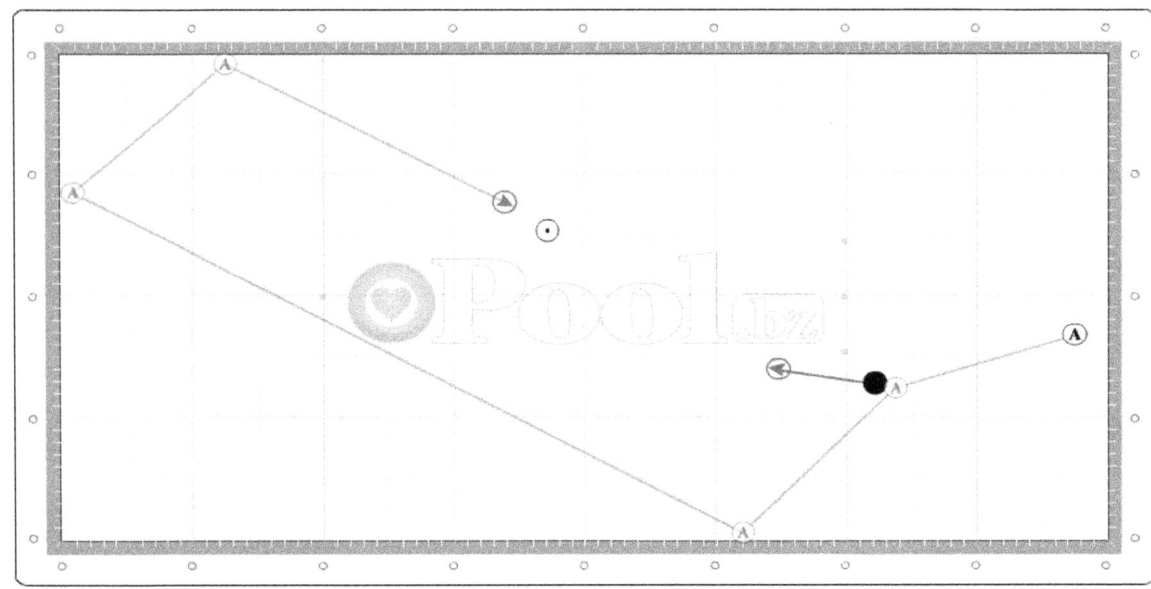

B:1b – Setup

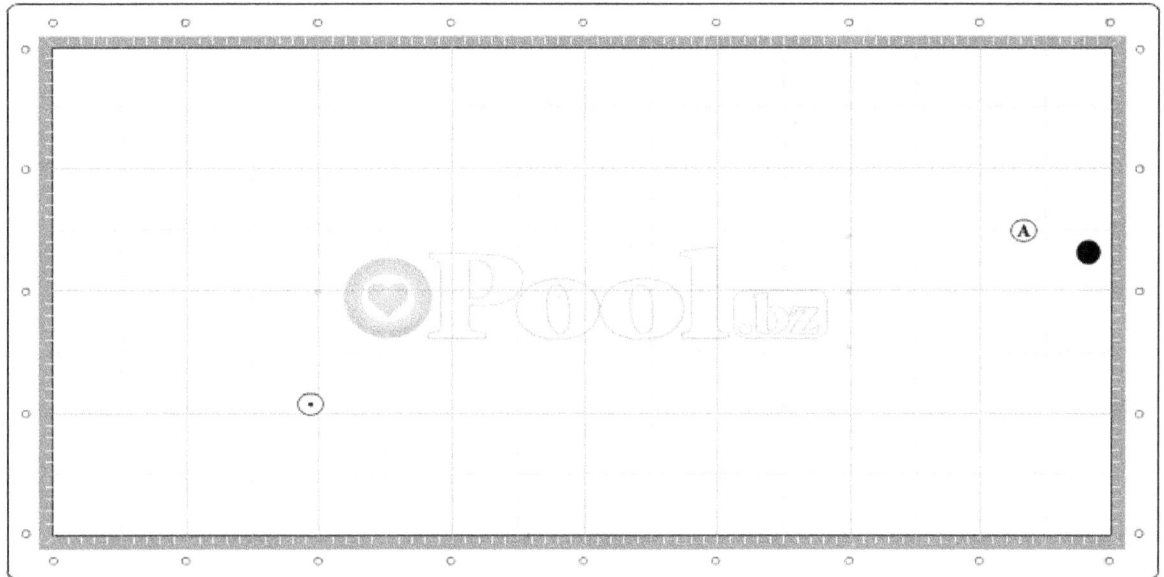

Notater og ideer:

Skudd mønster

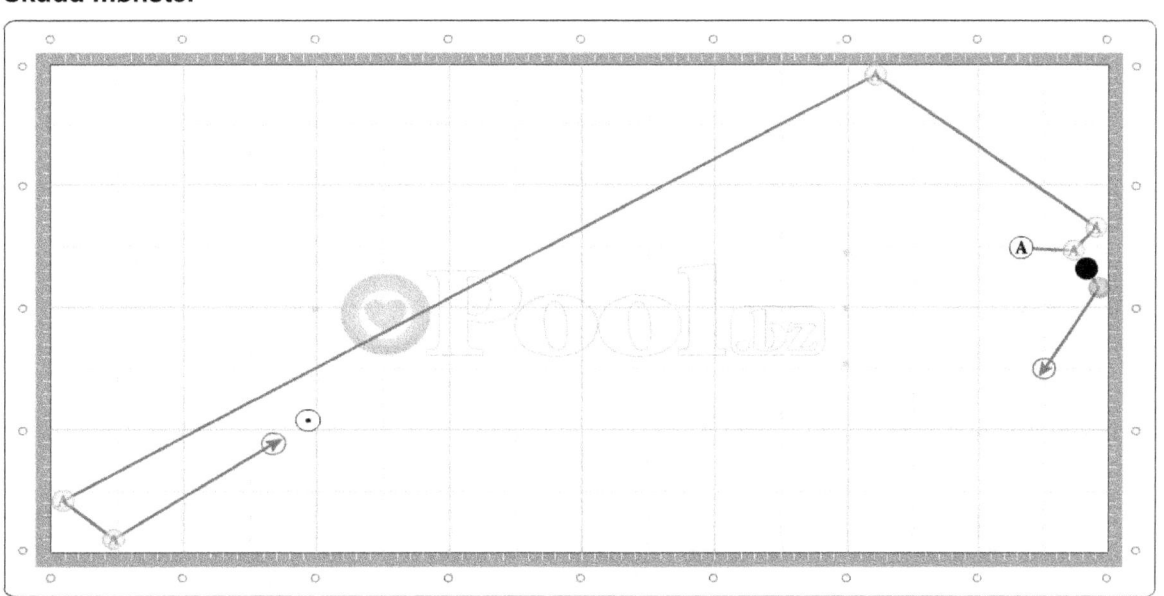

B:1c – Setup

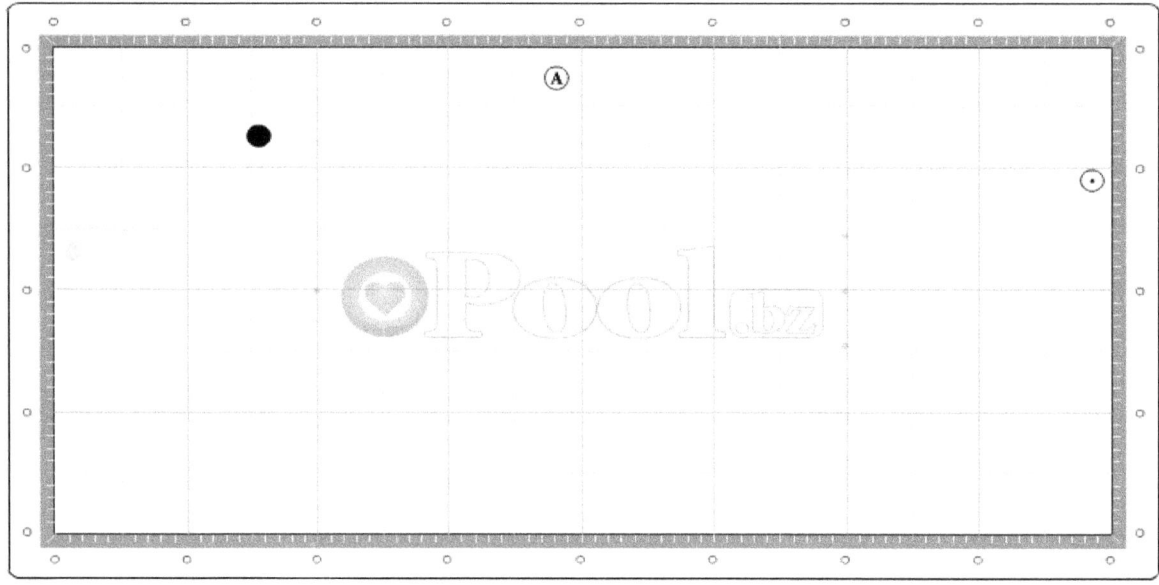

Notater og ideer:

Skudd mønster

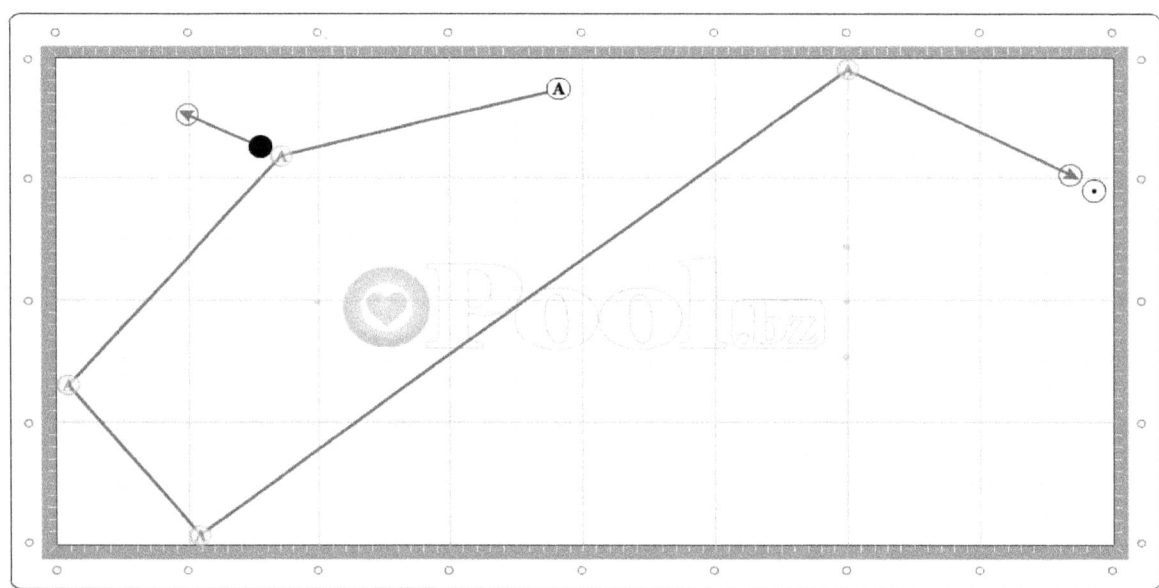

B:1d – Setup

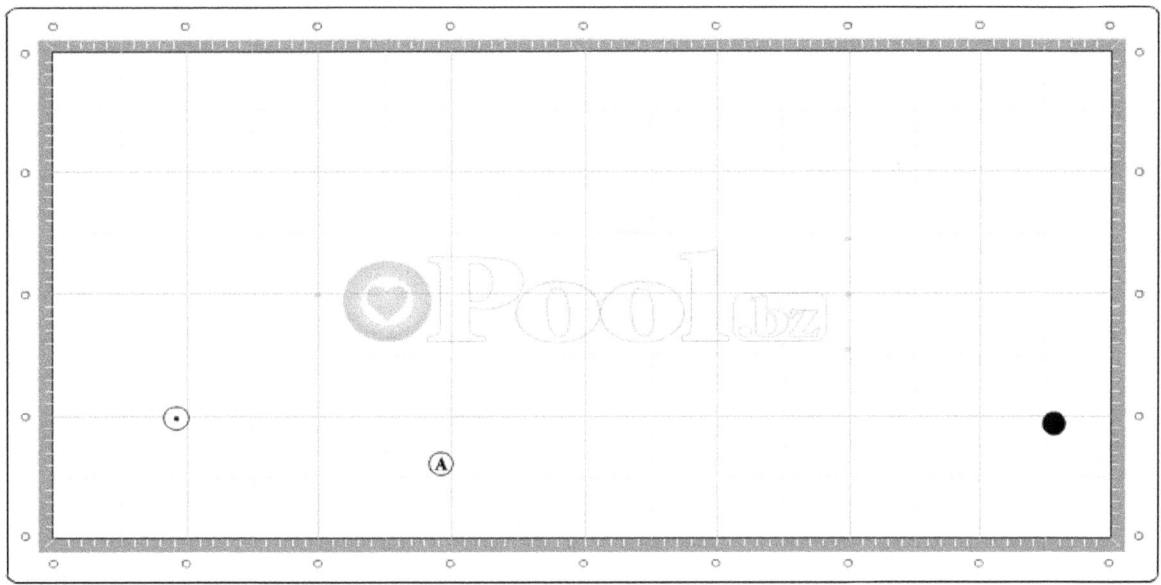

Notater og ideer:

Skudd mønster

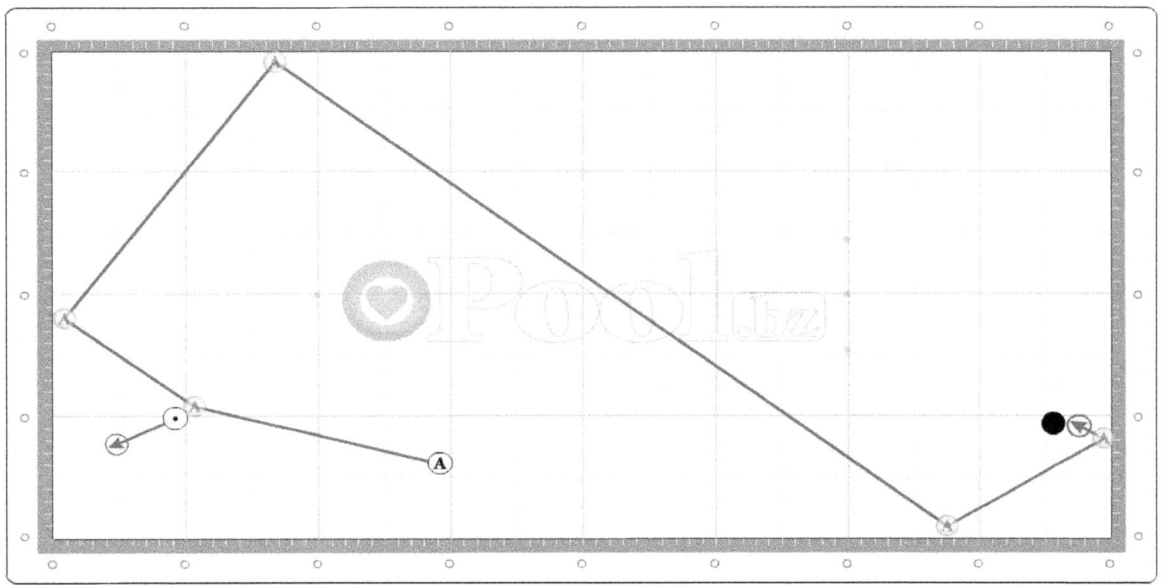

B: Gruppe 2

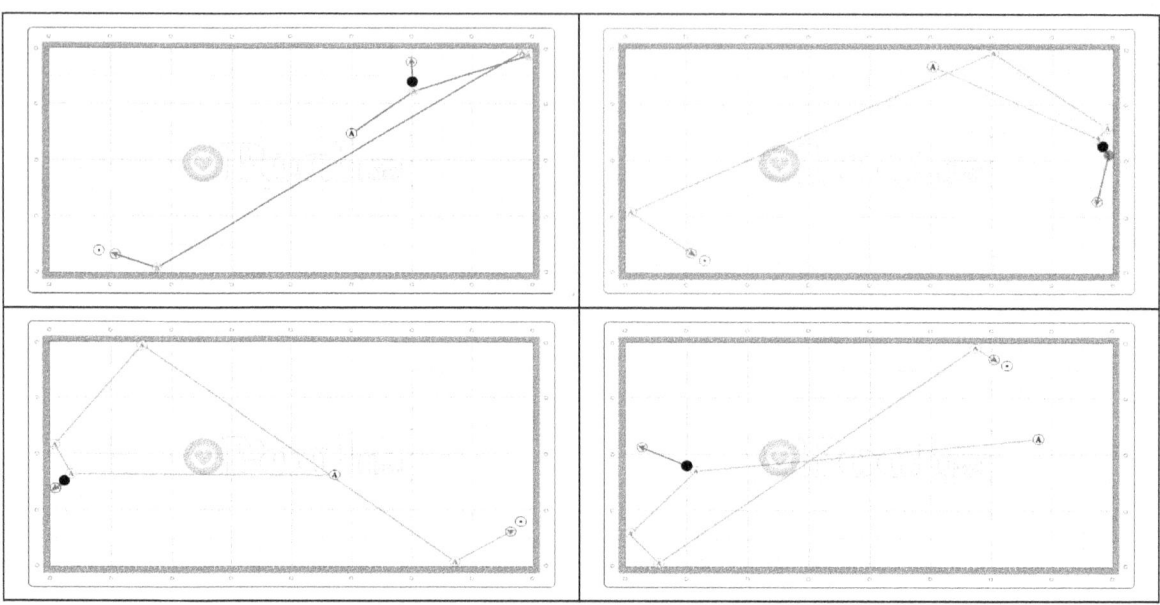

Analyse:

B:2a. _____

B:2b. _____

B:2c. _____

B:2d. _____

B:2a – Setup

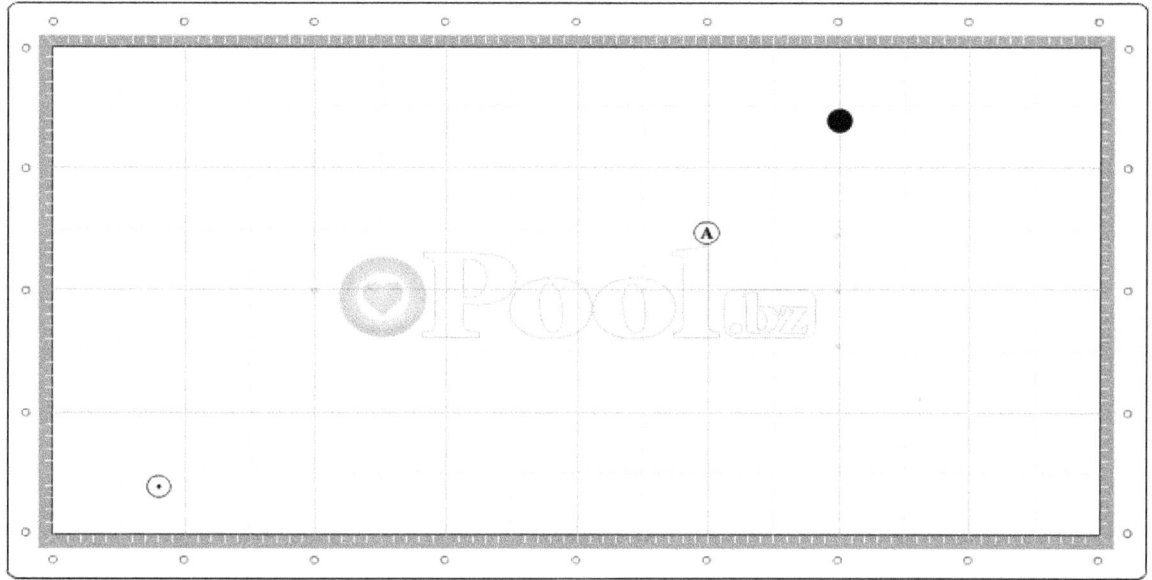

Notater og ideer:

Skudd mønster

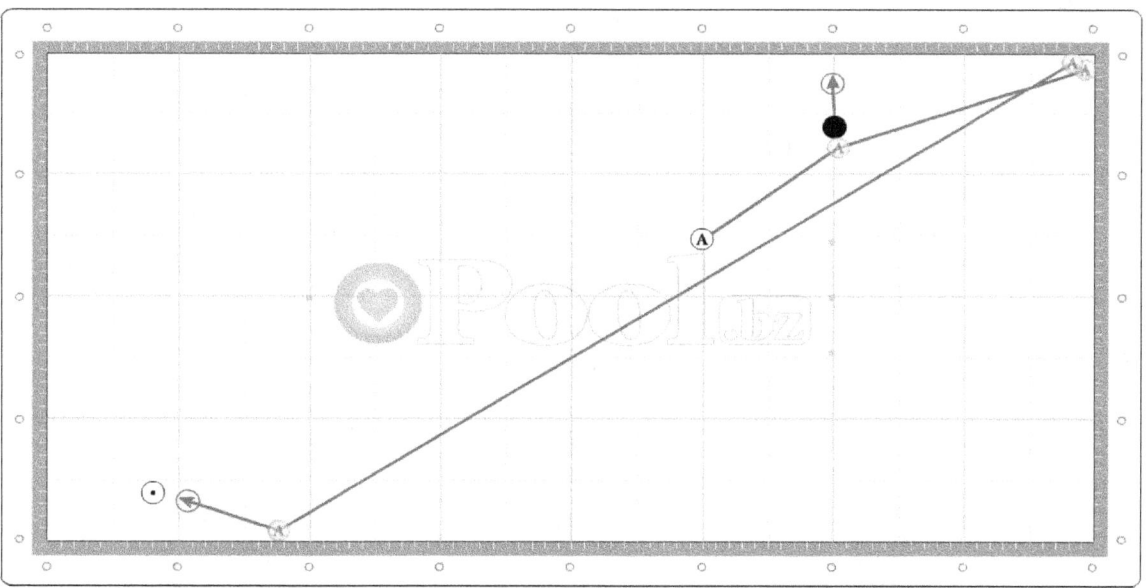

B:2b – Setup

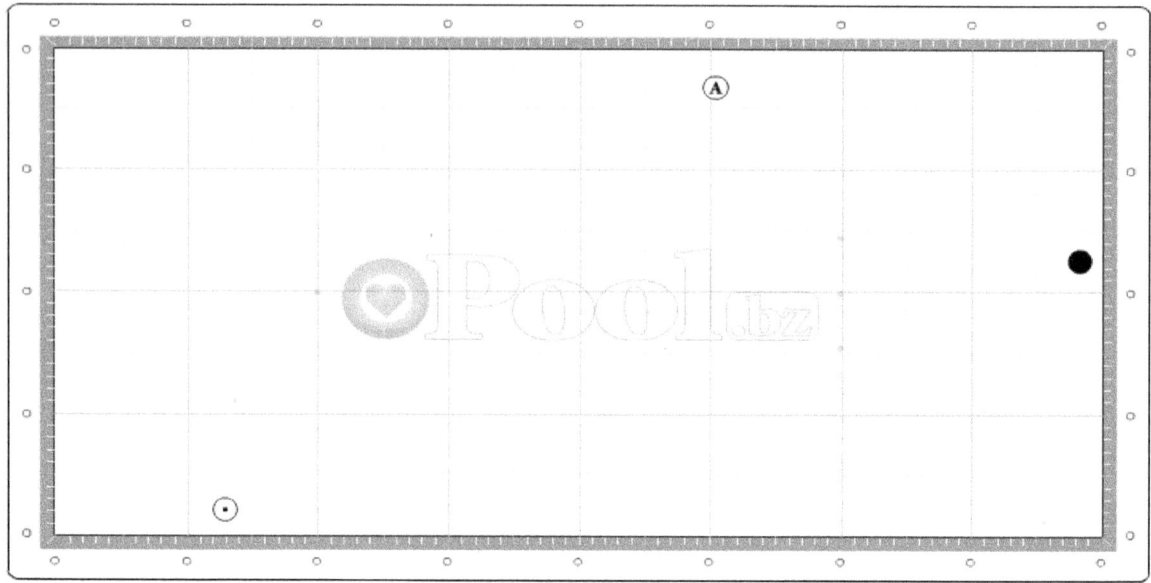

Notater og ideer:

Skudd mønster

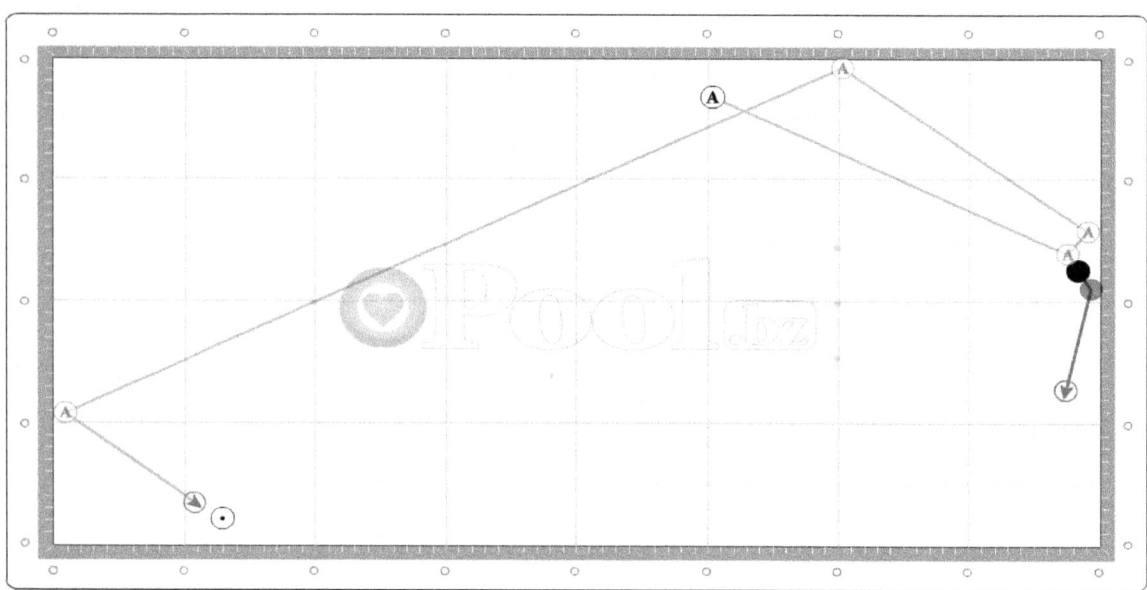

B:2c – Setup

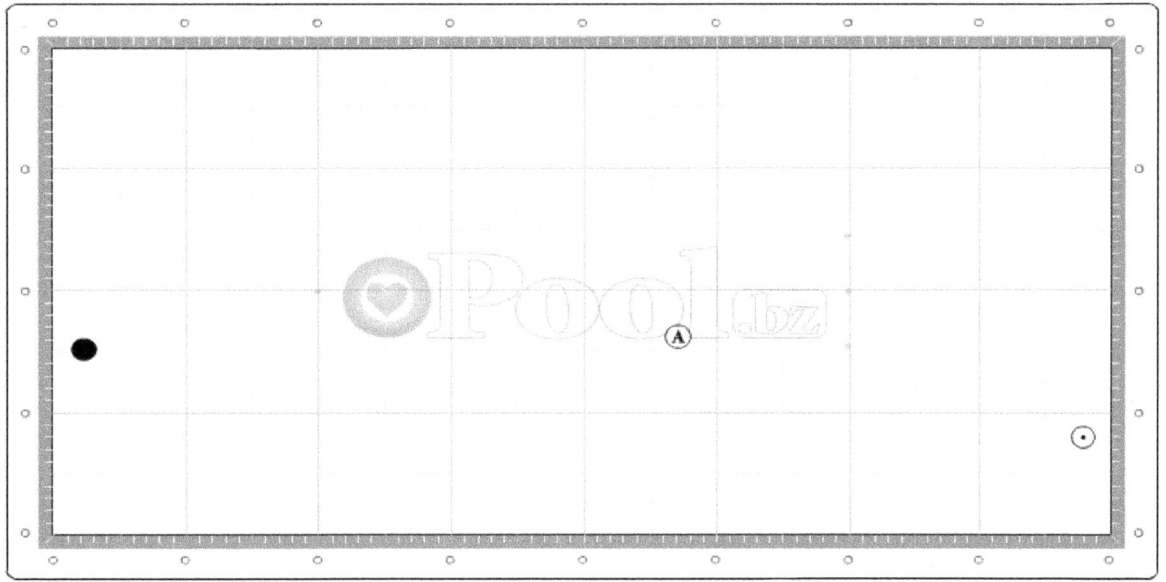

Notater og ideer:

Skudd mønster

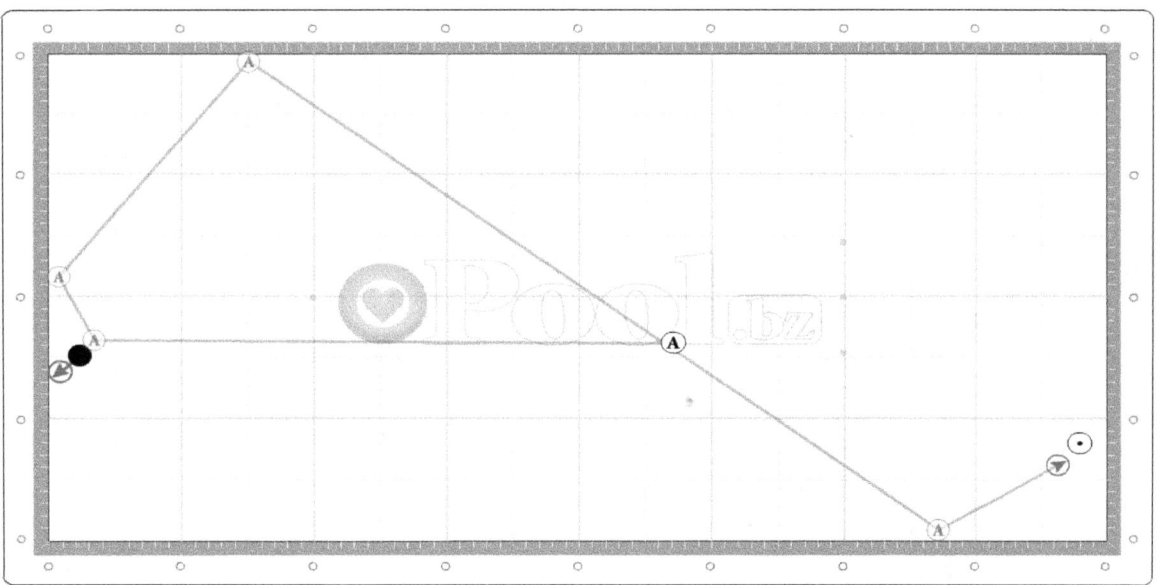

B:2d – Setup

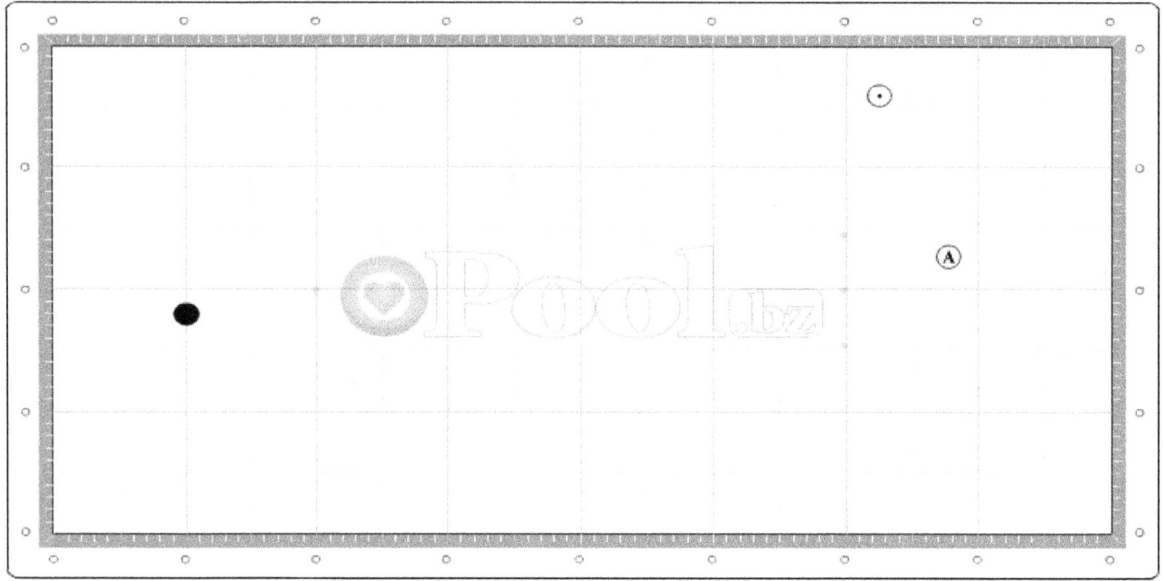

Notater og ideer:

Skudd mønster

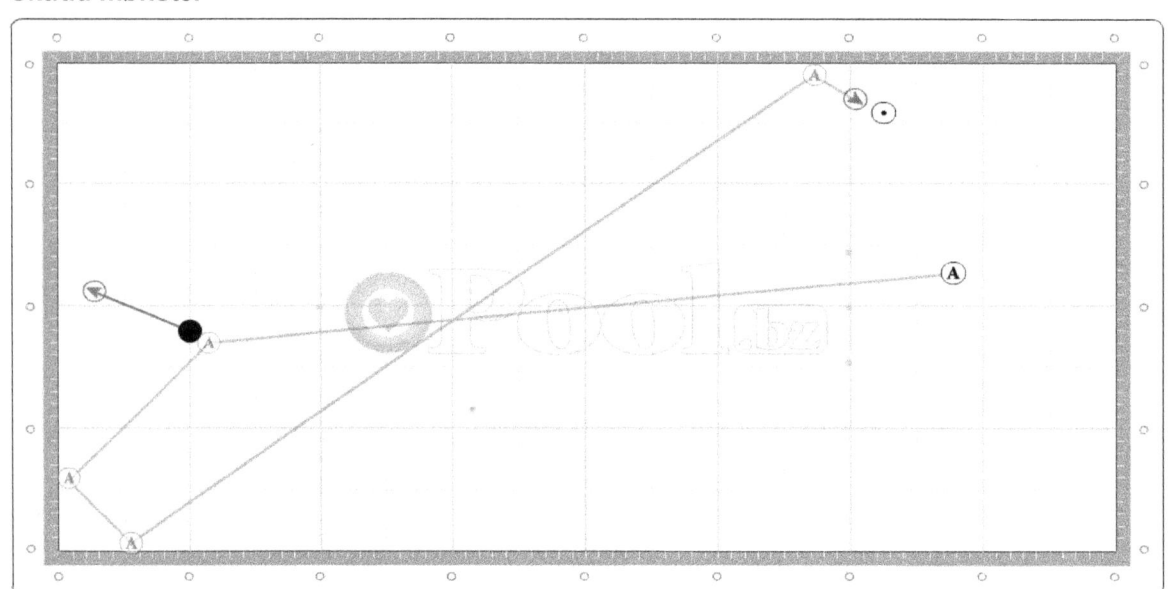

B: Gruppe 3

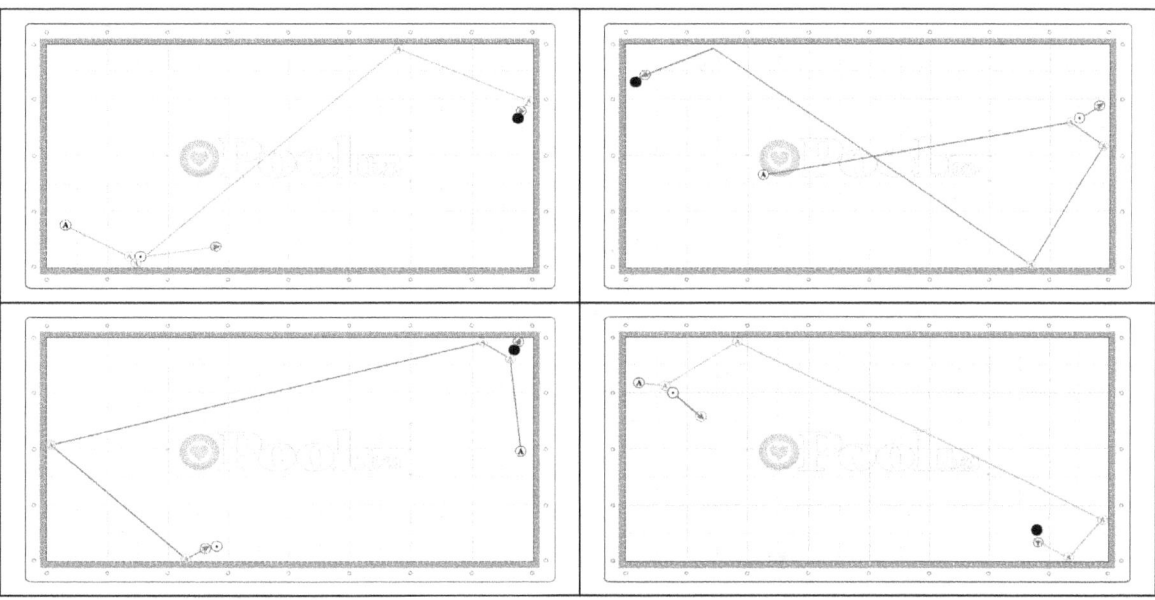

Analyse:

B:3a. _____

B:3b. _____

B:3c. _____

B:3d. _____

B:3a – Setup

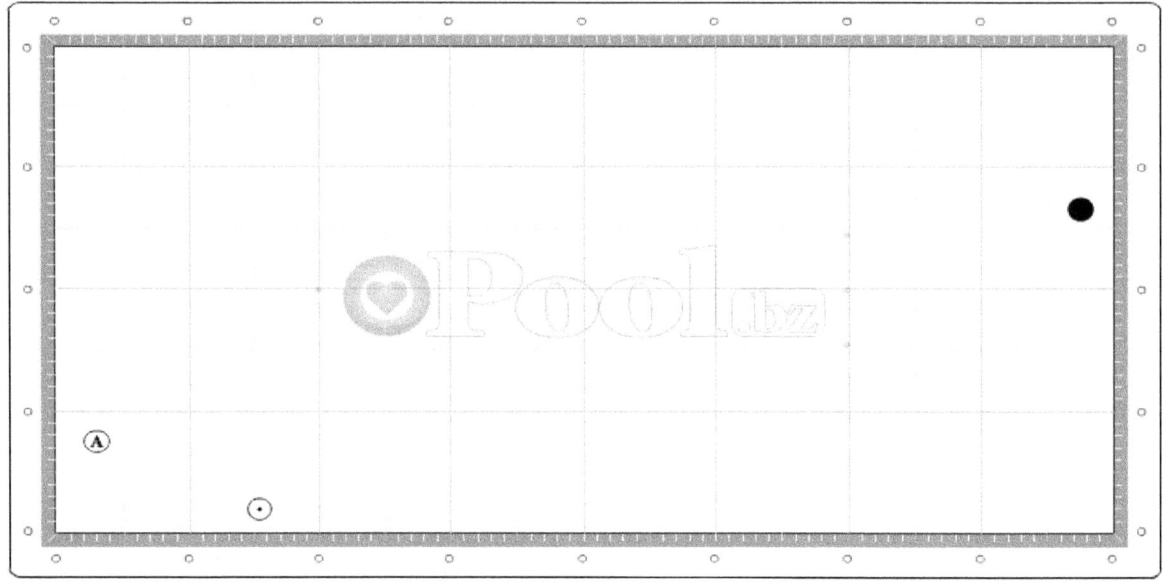

Notater og ideer:

Skudd mønster

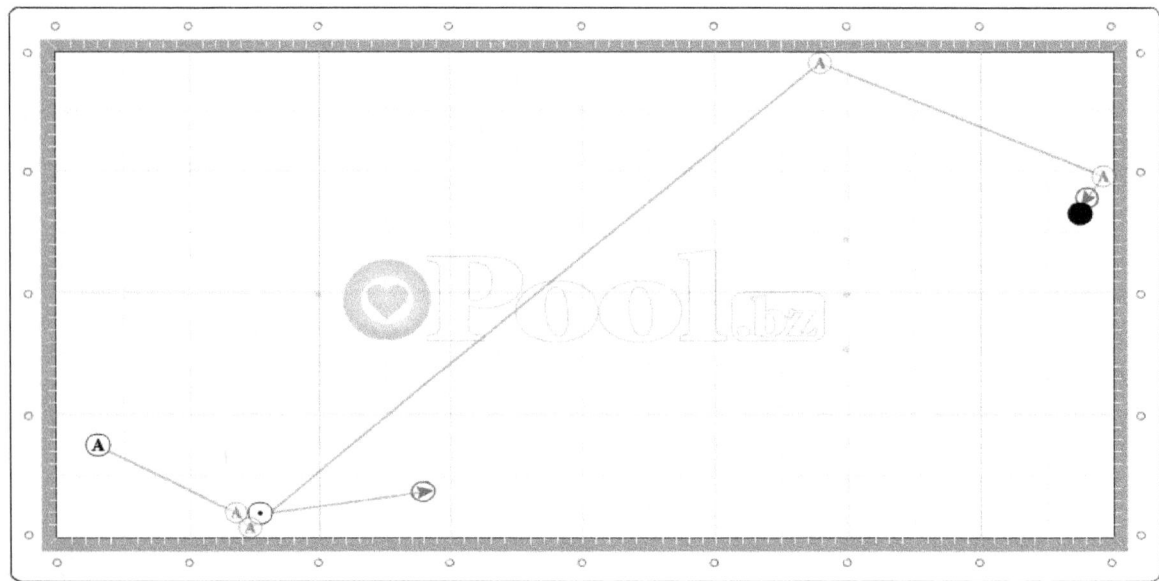

B:3b – Setup

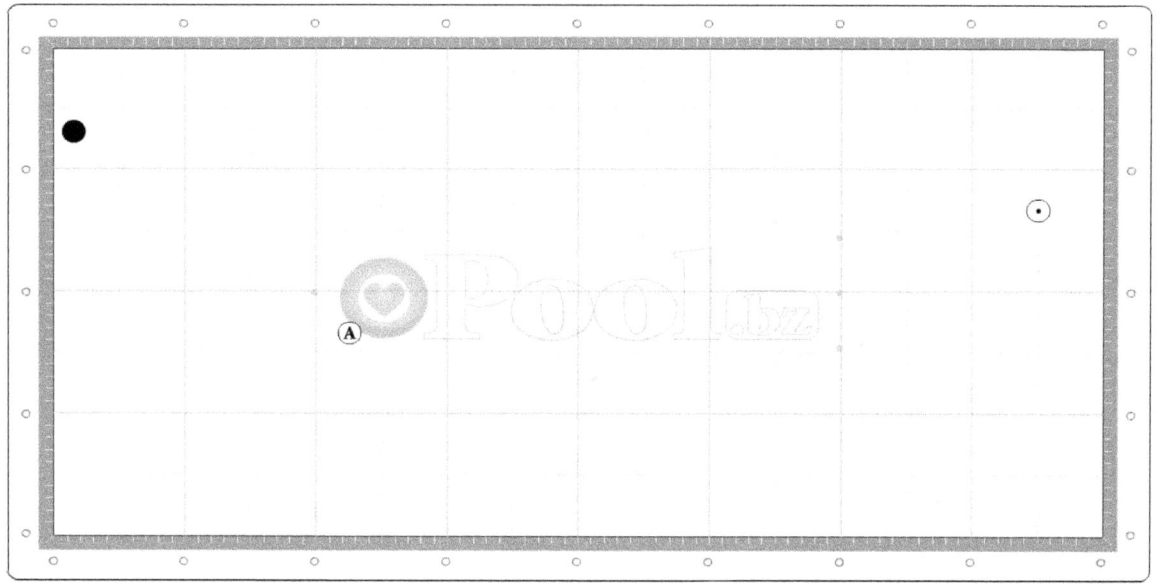

Notater og ideer:

Skudd mønster

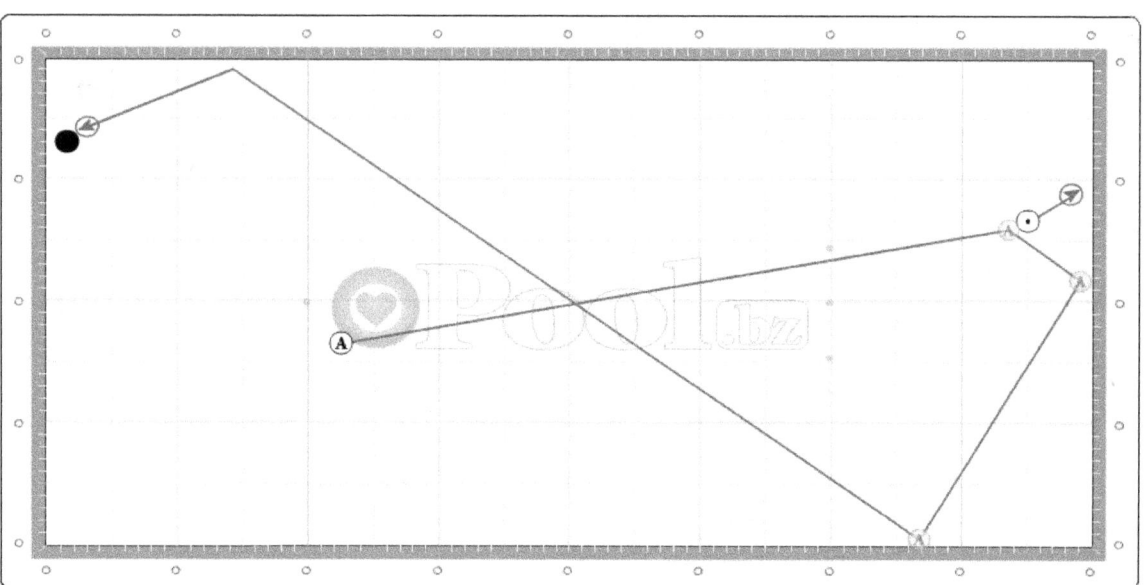

B:3c – Setup

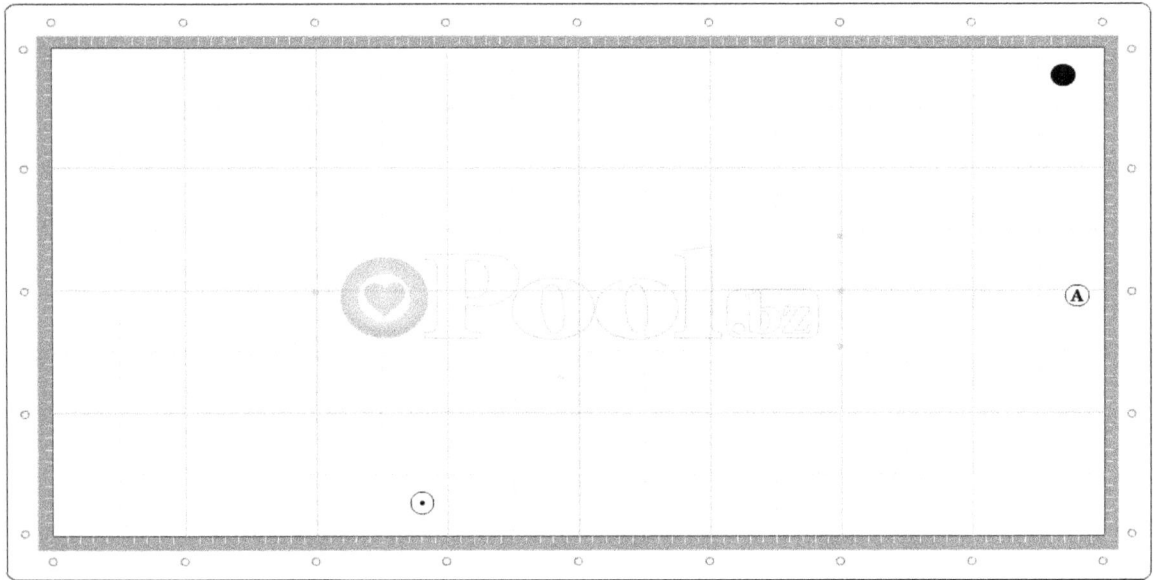

Notater og ideer:

Skudd mønster

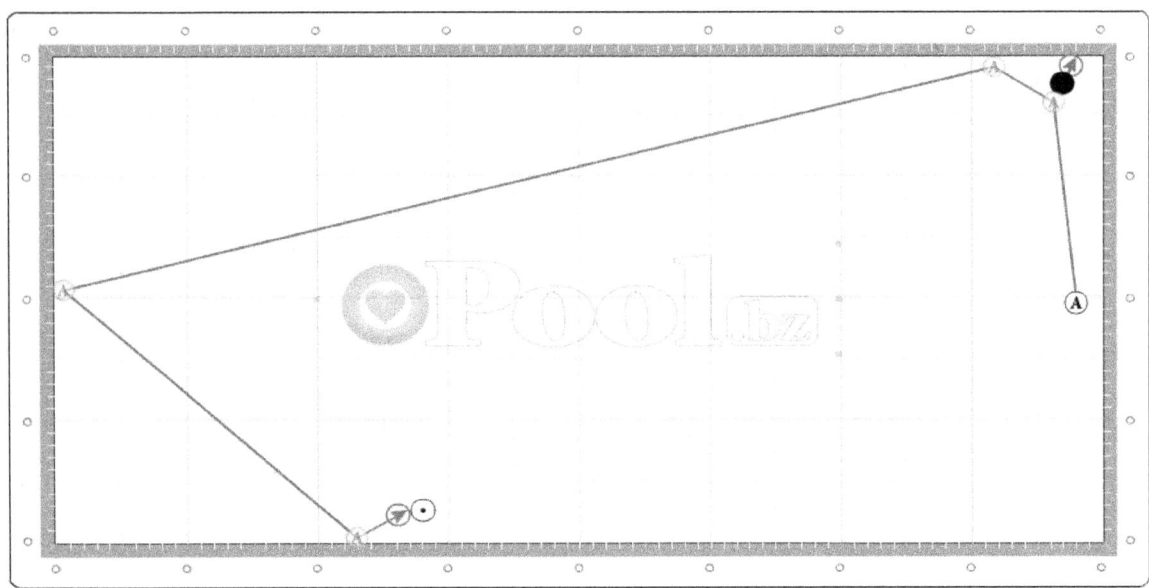

Tre vant carambole: Hjørne til hjørne diagonale mønstre

B:3d – Setup

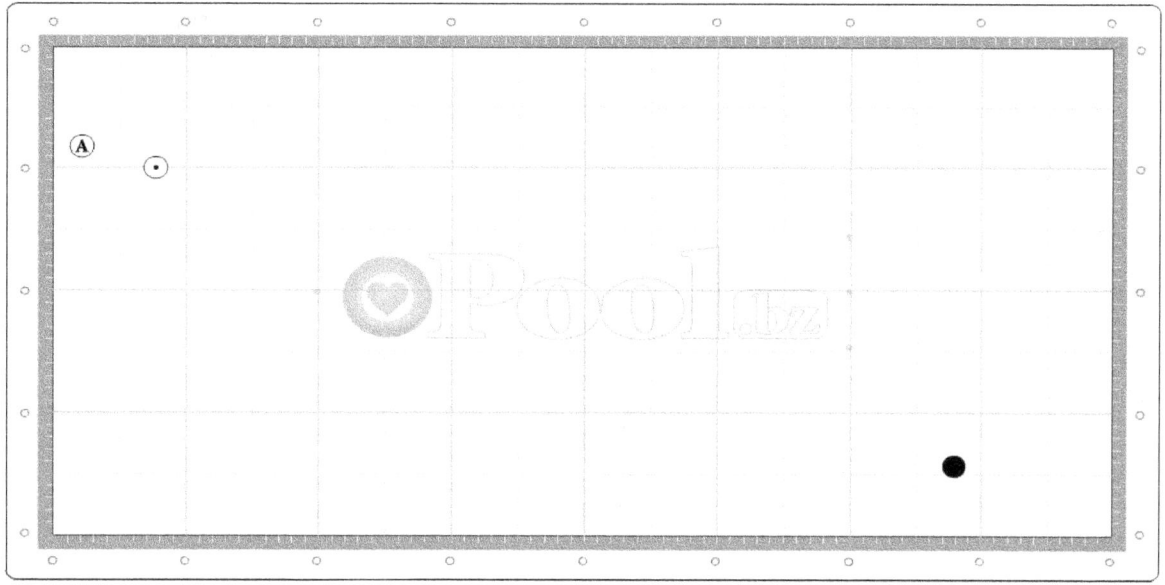

Notater og ideer:

Skudd mønster

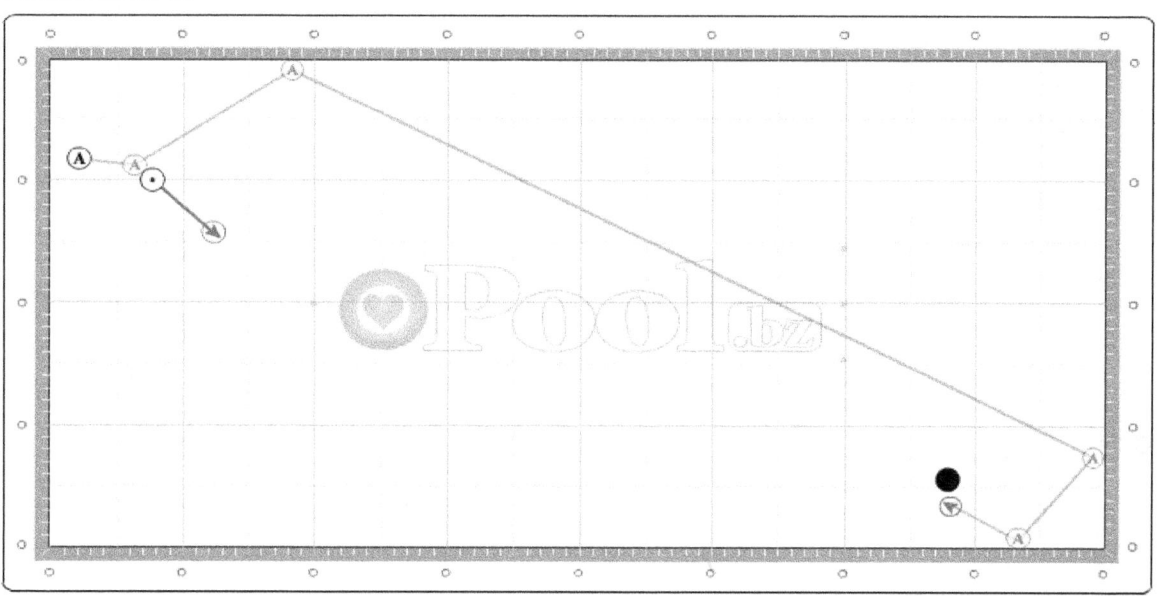

C: Parallell diagonal

Den (CB) kommer av den første (OB) og reiser til det motsatte krysshjørnet og kommer deretter tilbake i en parallellbane tilbake for å komme i kontakt med den andre (OB) og et punkt.

Ⓐ (CB) (biljardkule) - ⦿ (OB) (motstander billiardball) - ● (OB) (rød biljardball)

C: Gruppe 1

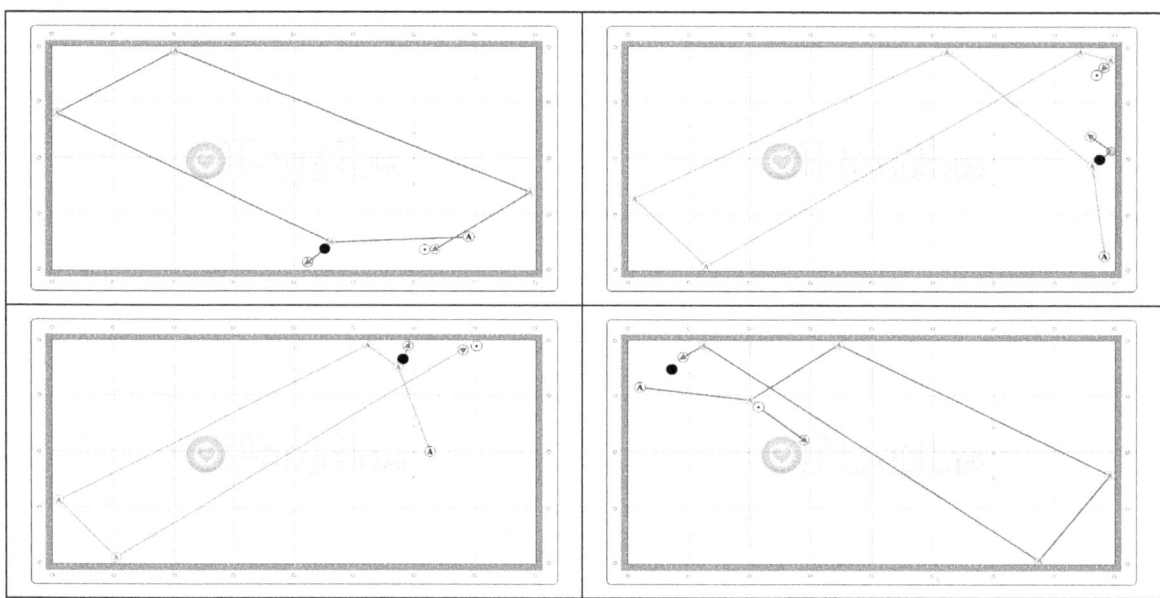

Analyse:

C:1a. _____

C:1b. _____

C:1c. _____

C:1d. _____

Tre vant carambole: Hjørne til hjørne diagonale mønstre

C:1a – Setup

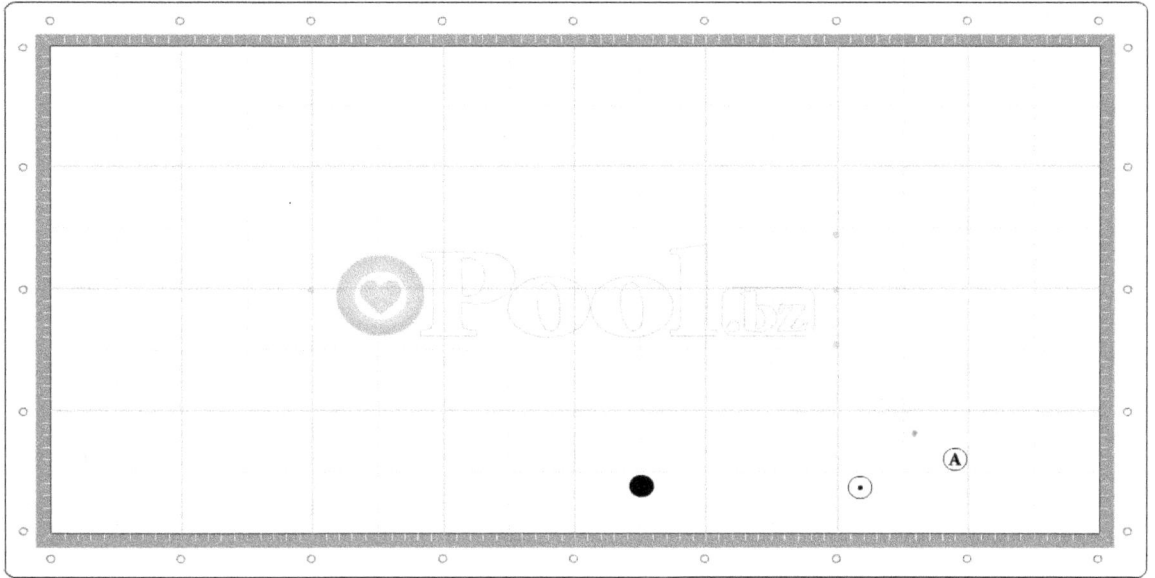

Notater og ideer:

Skudd mønster

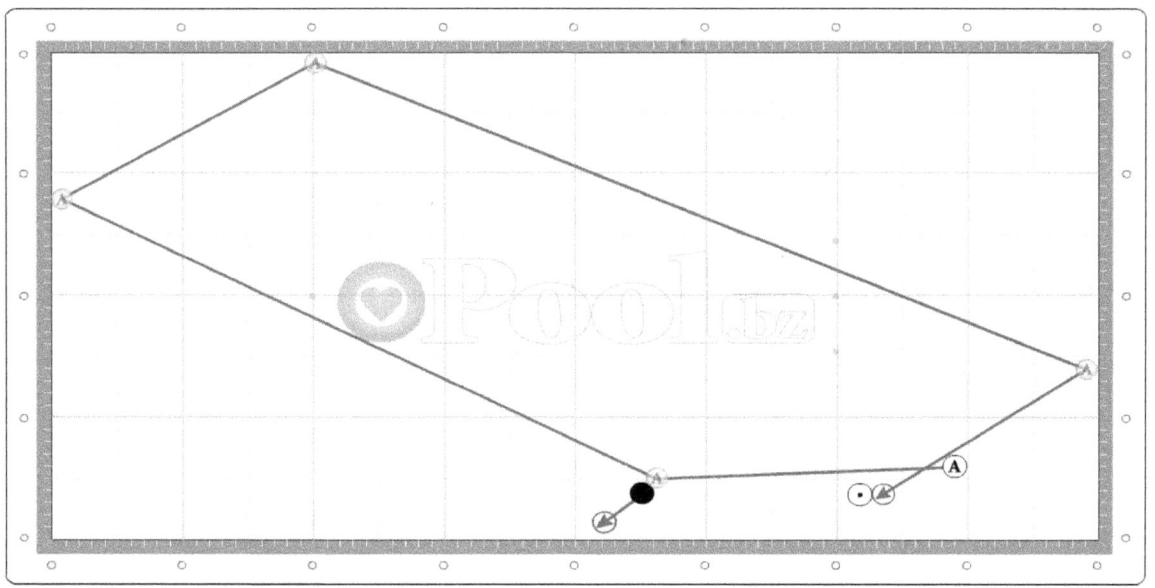

Tre vant carambole: Hjørne til hjørne diagonale mønstre

C:1b – Setup

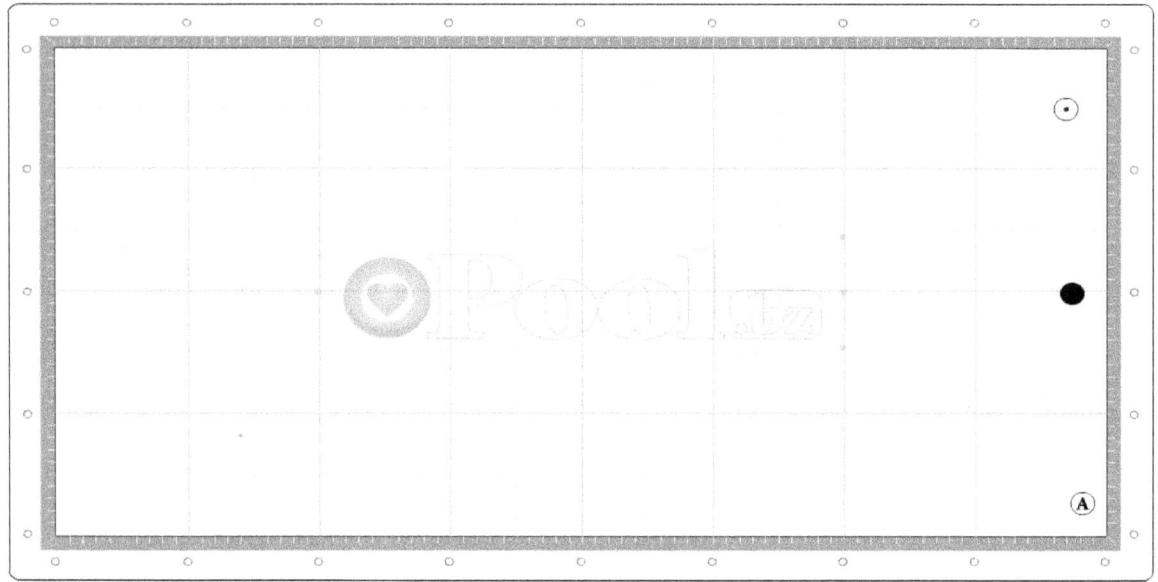

Notater og ideer:

Skudd mønster

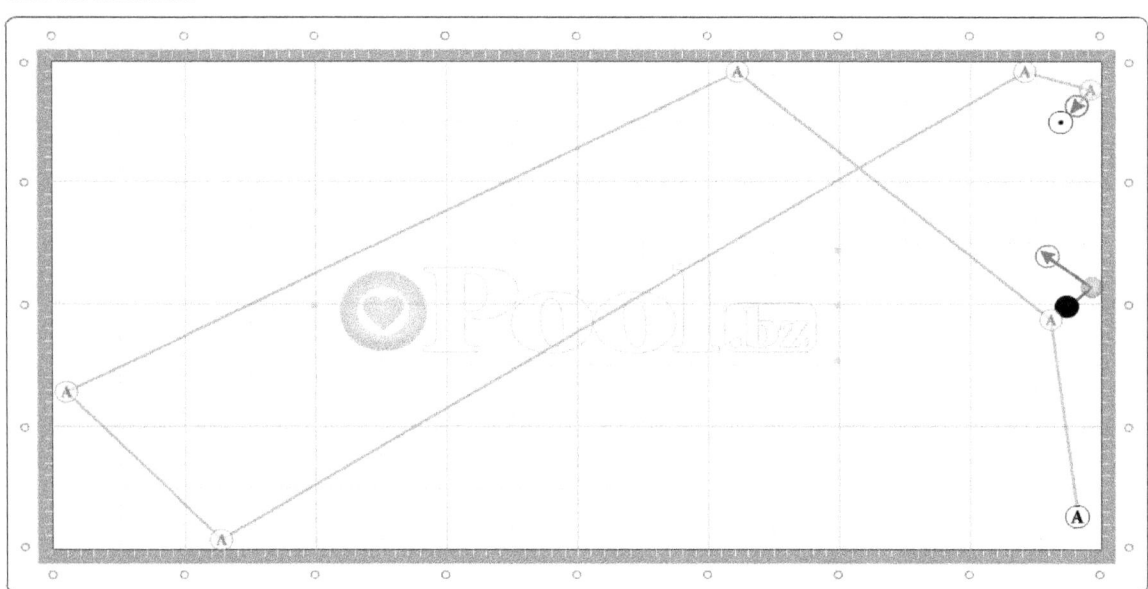

C:1c – Setup

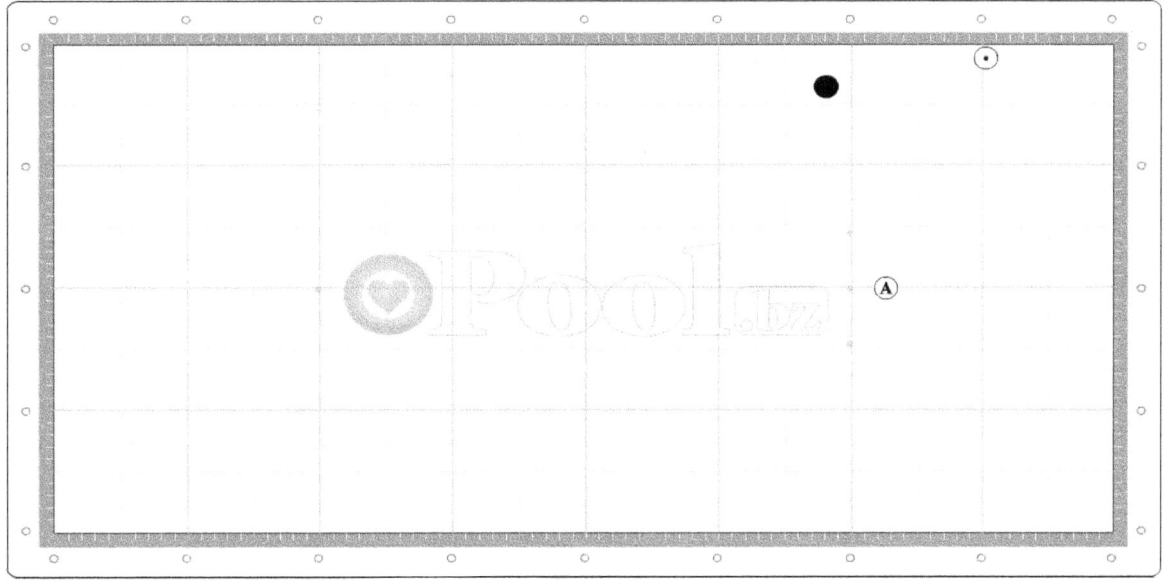

Notater og ideer:

Skudd mønster

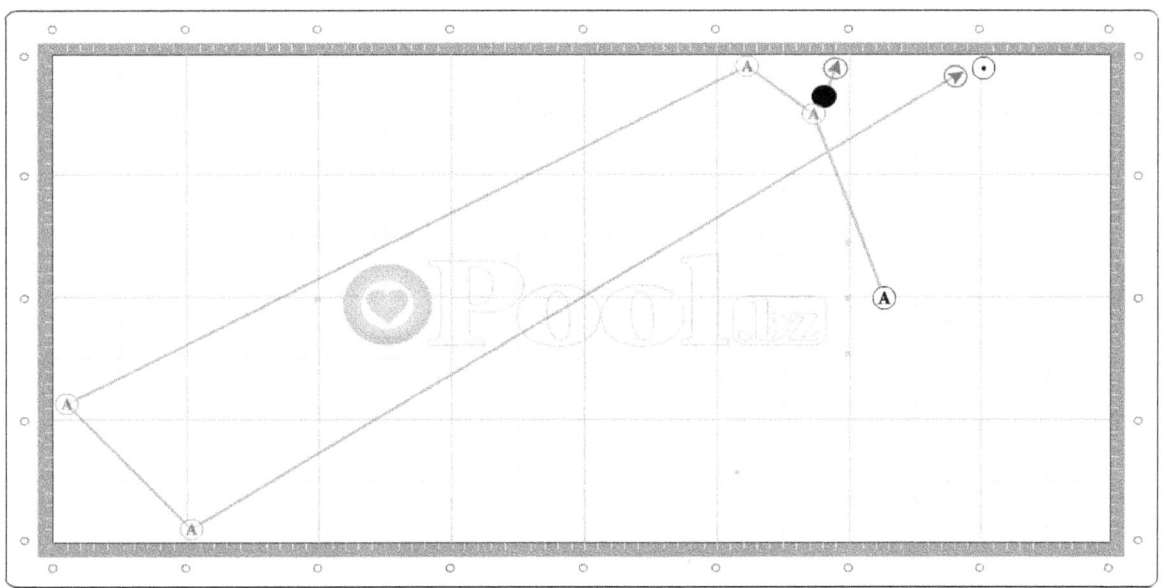

C:1d – Setup

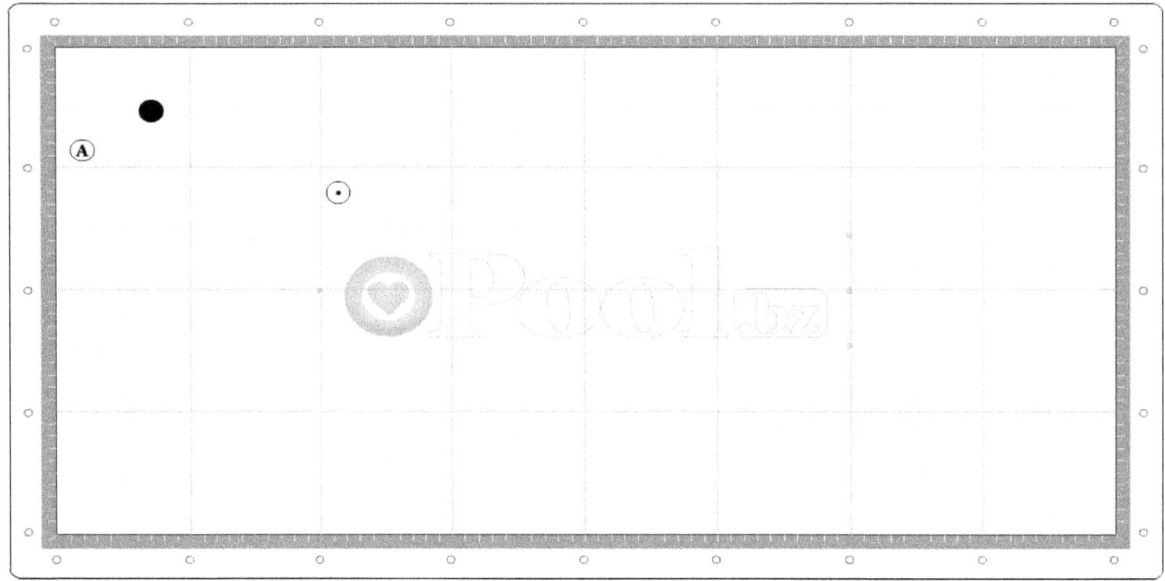

Notater og ideer:

Skudd mønster

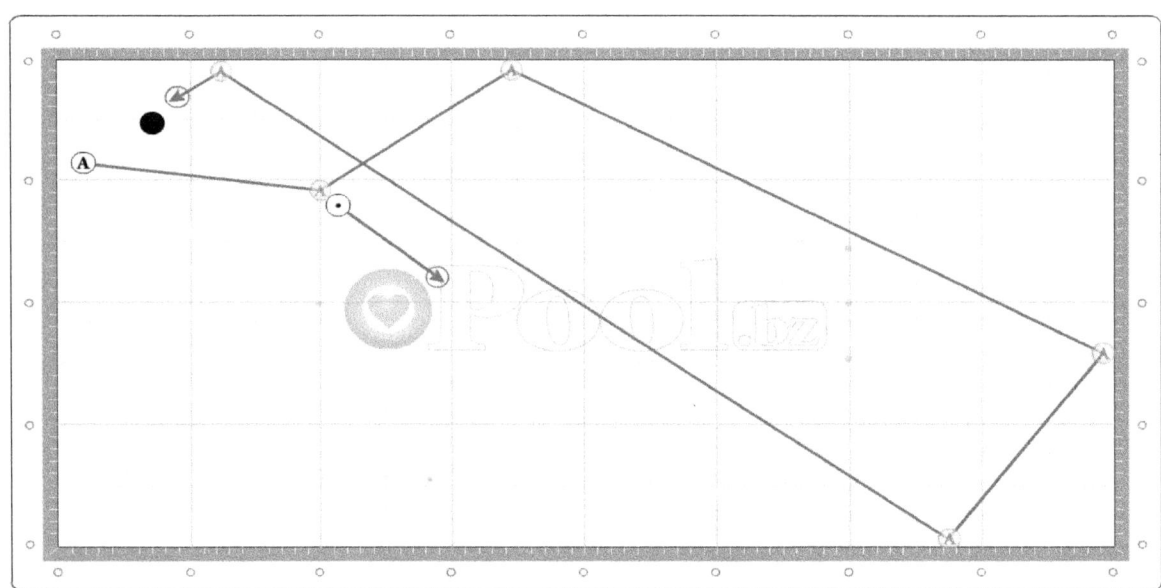

C: Gruppe 2

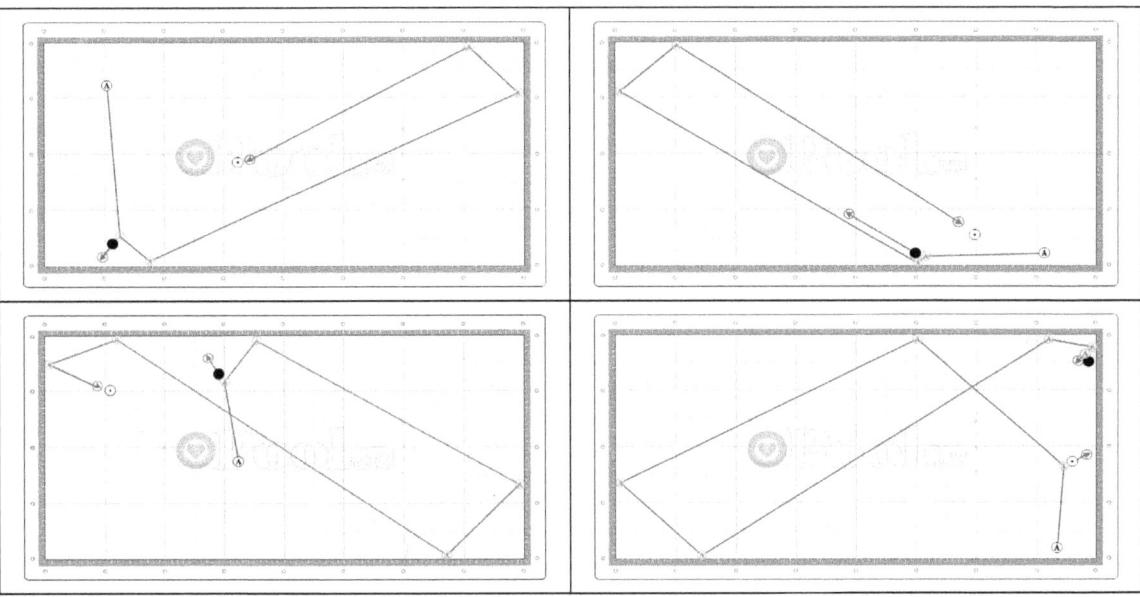

Analyse:

C:2a. _____

C:2b. _____

C:2c. _____

C:2d. _____

C:2a – Setup

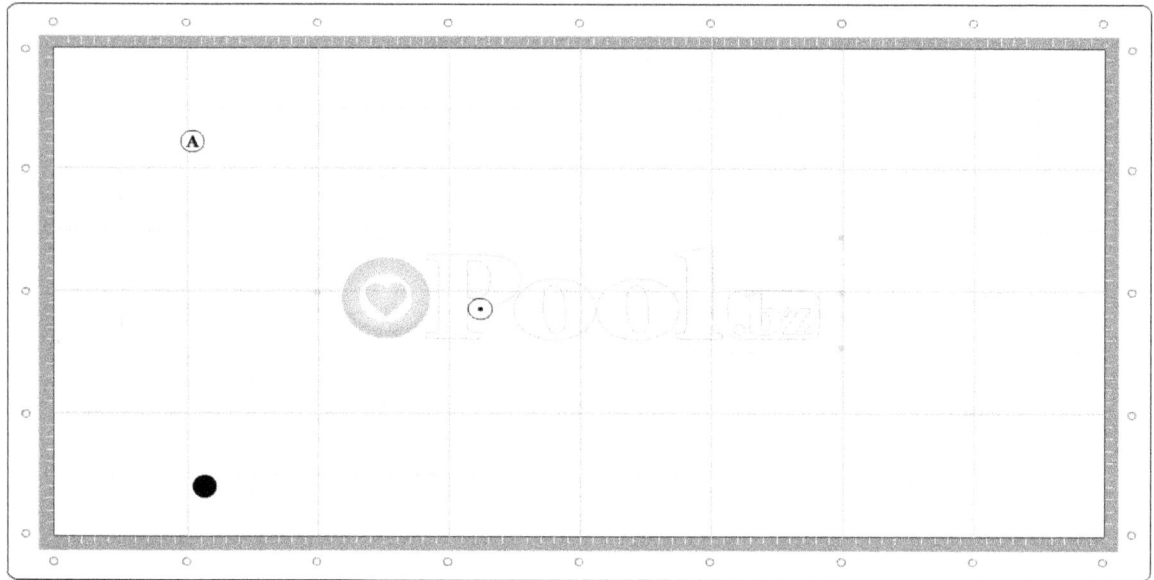

Notater og ideer:

Skudd mønster

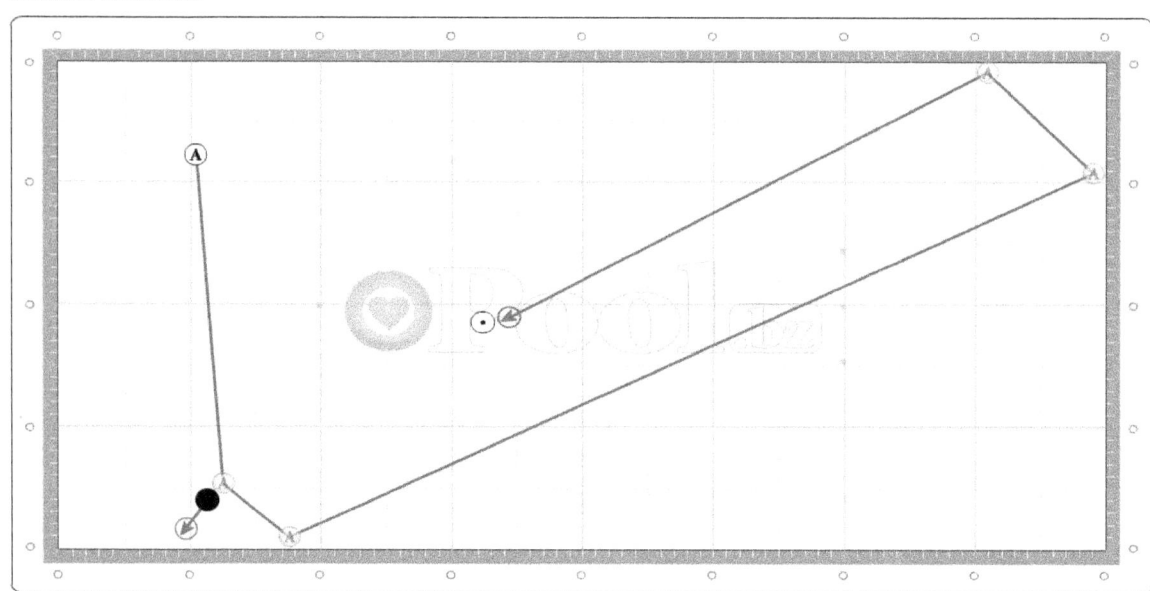

C:2b – Setup

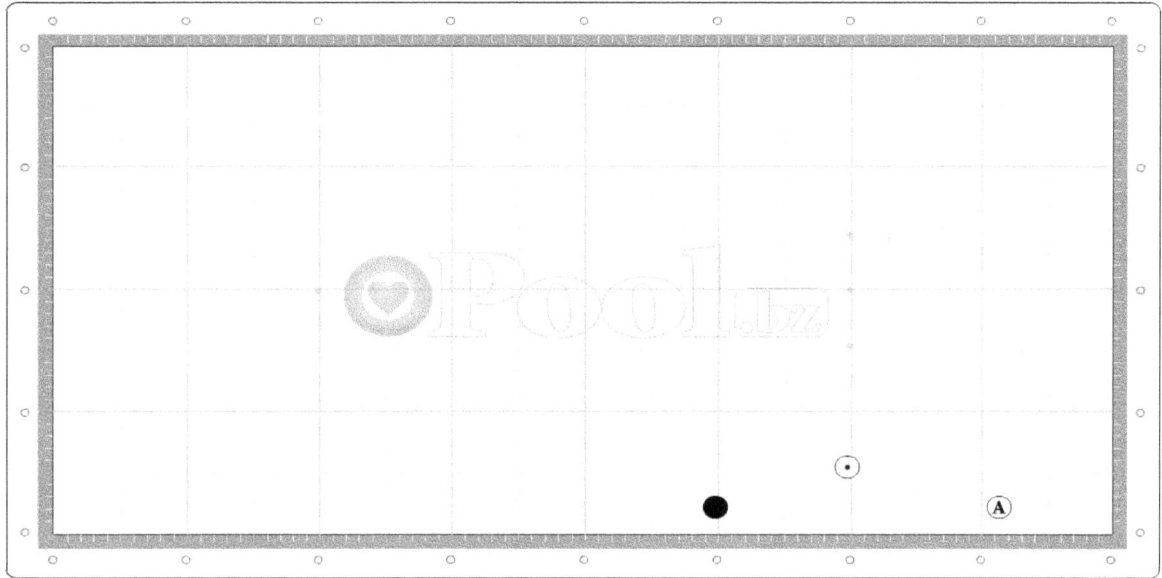

Notater og ideer:

Skudd mønster

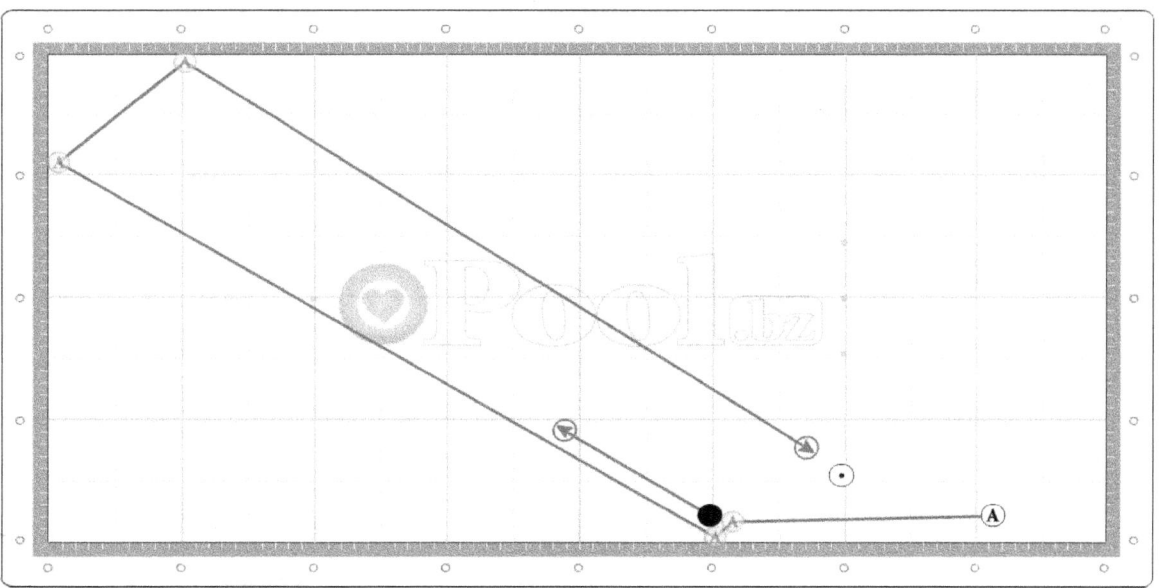

C:2c – Setup

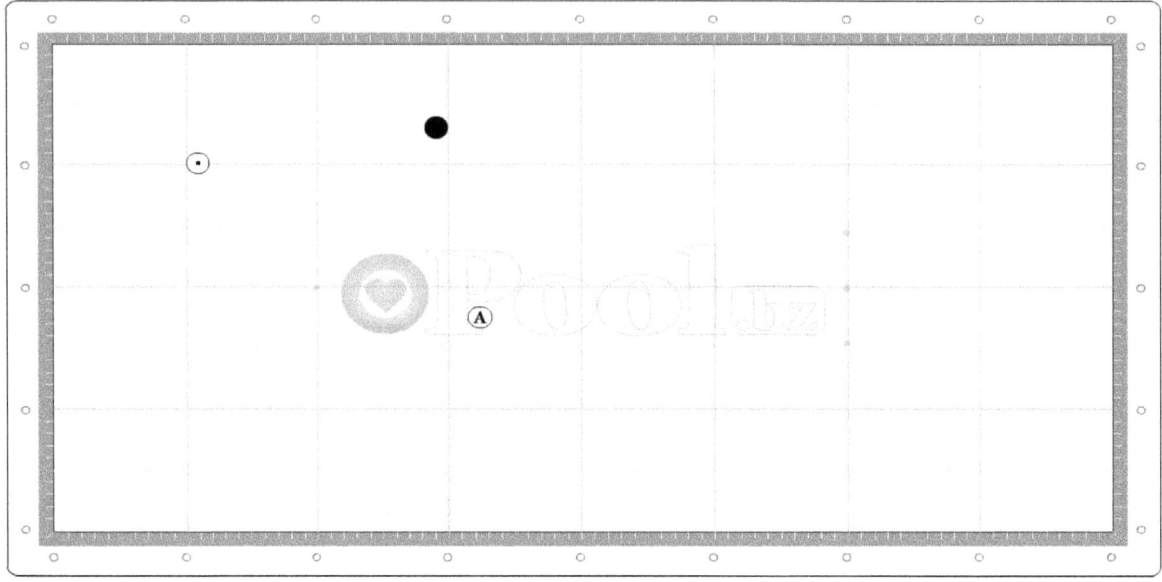

Notater og ideer:

Skudd mønster

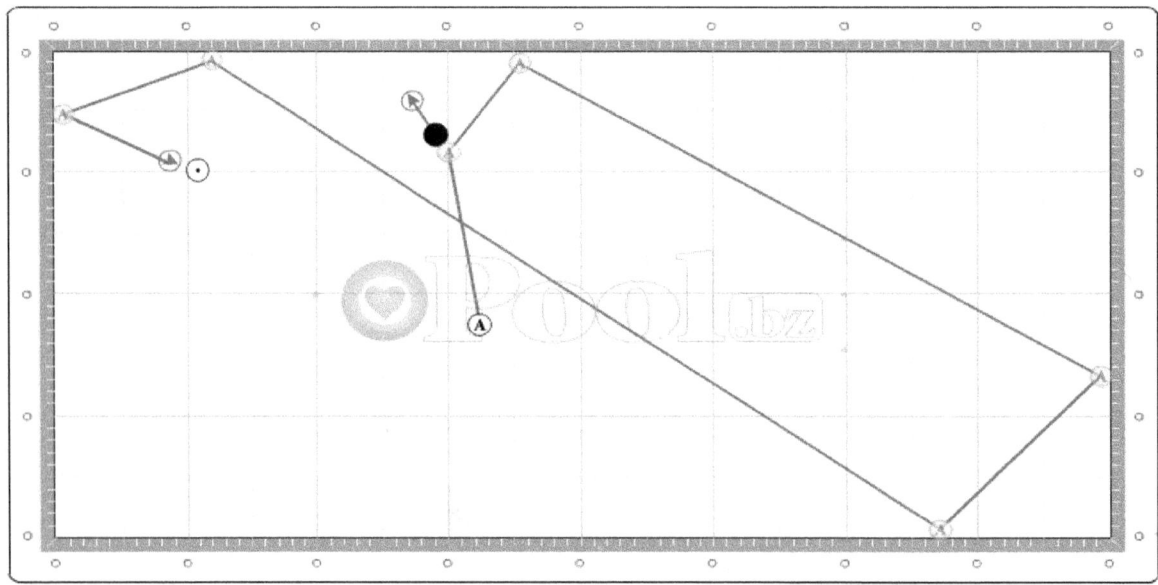

Tre vant carambole: Hjørne til hjørne diagonale mønstre

C:2d – Setup

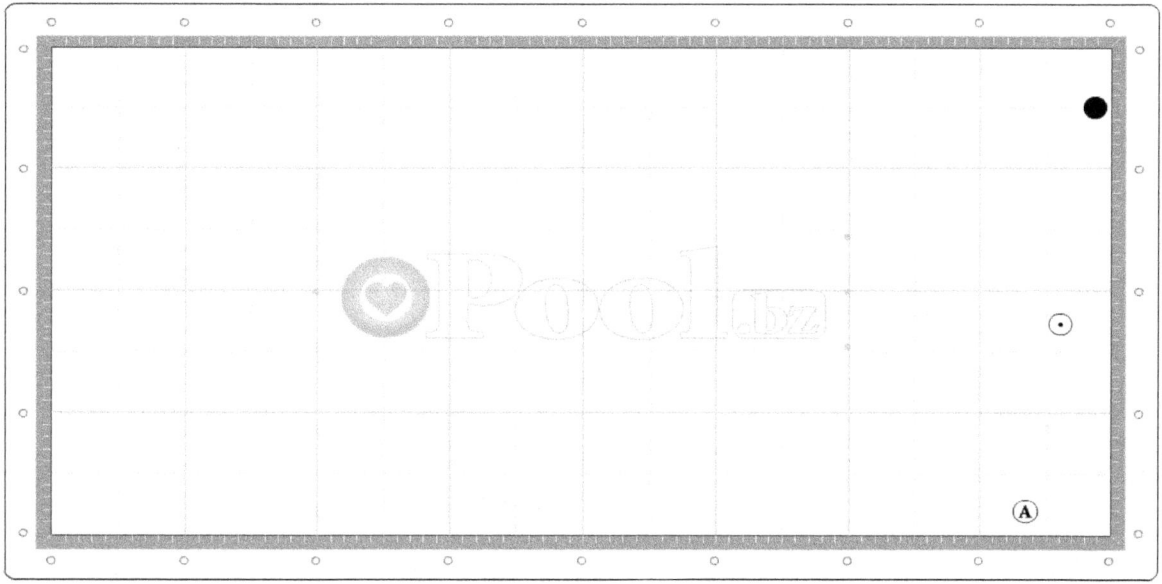

Notater og ideer:

Skudd mønster

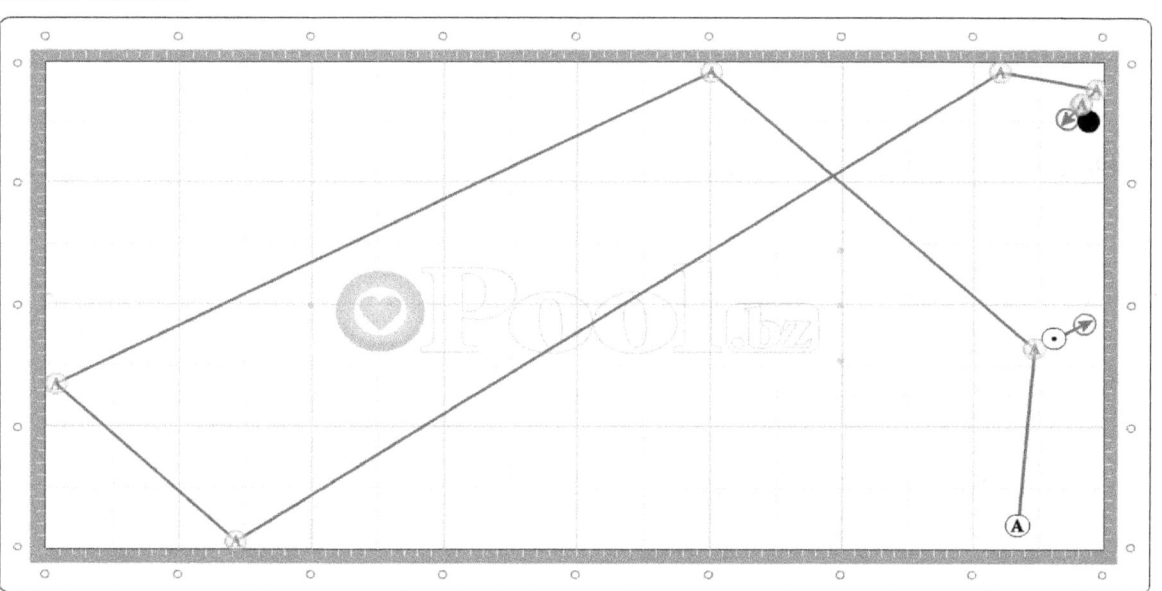

C: Gruppe 3

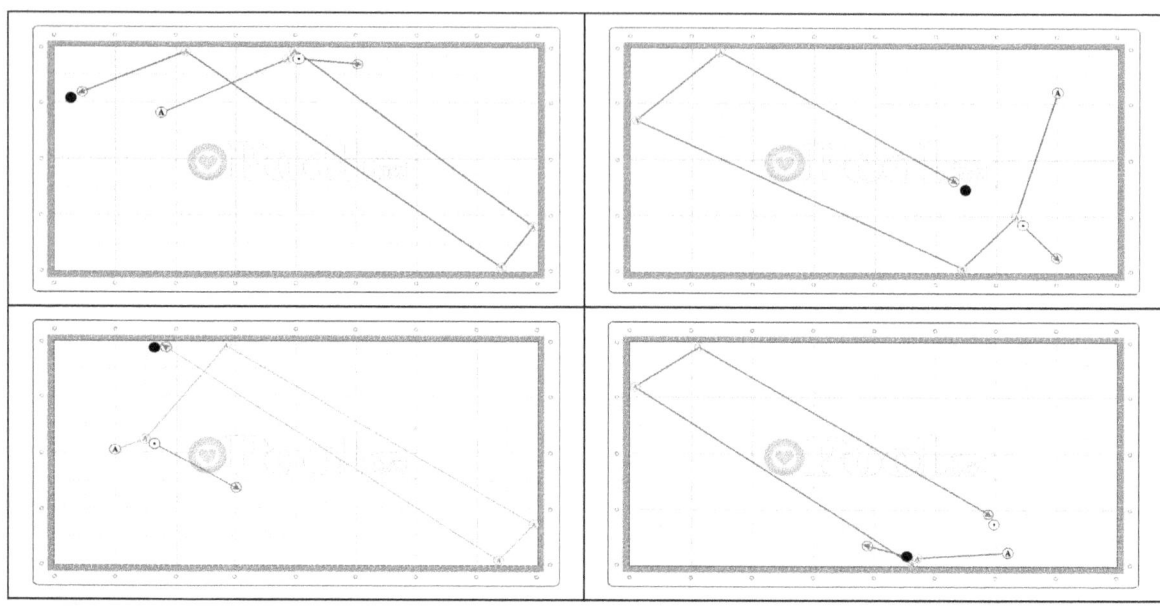

Analyse:

C:3a. _____

C:3b. _____

C:3c. _____

C:3d. _____

C:3a – Setup

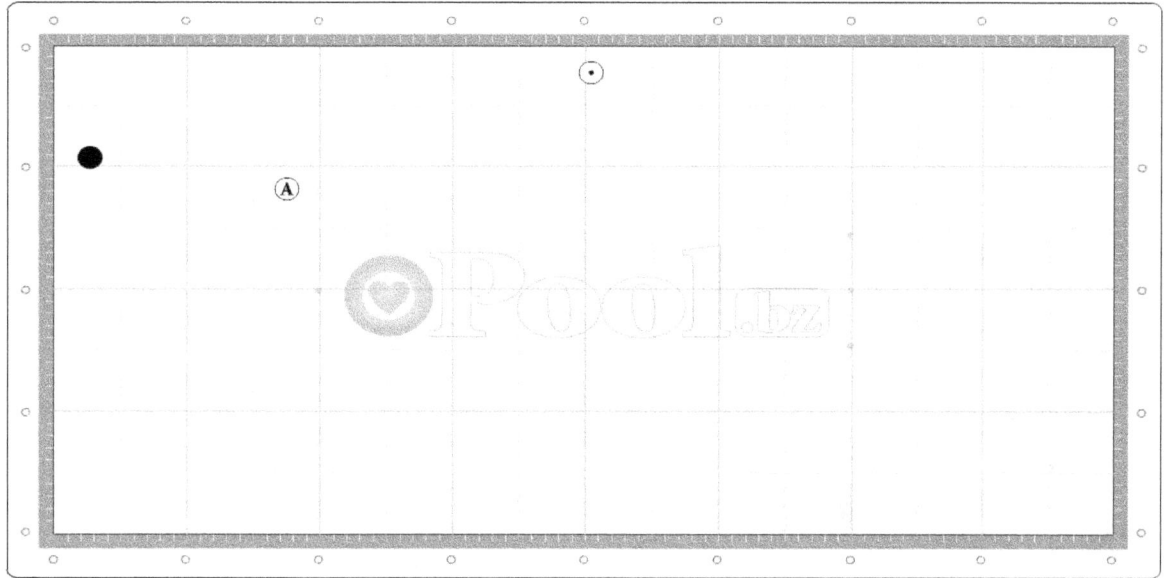

Notater og ideer:

Skudd mønster

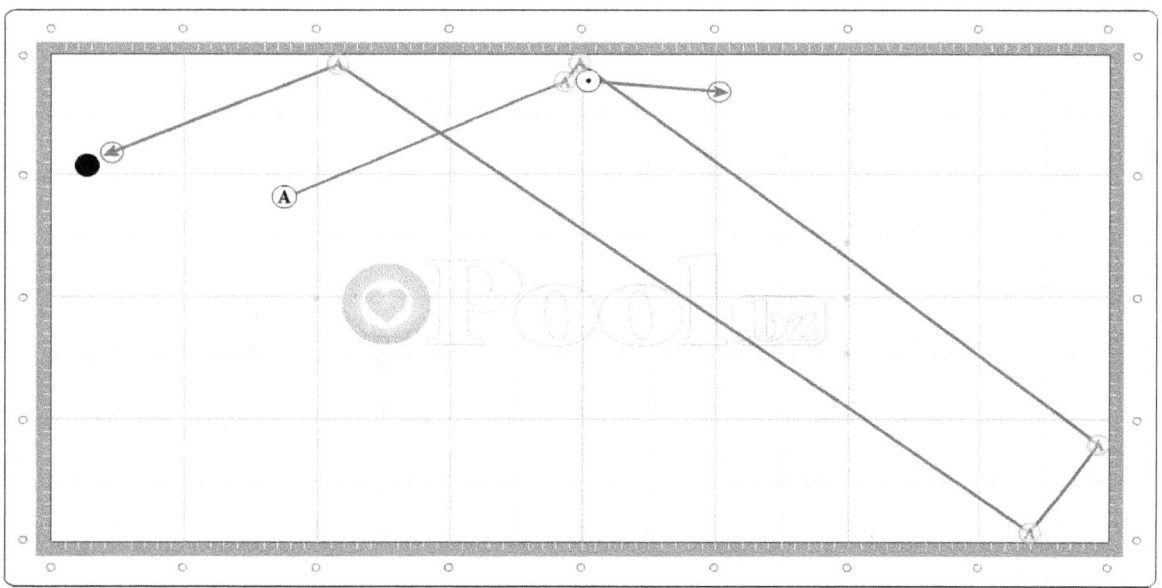

C:3b – Setup

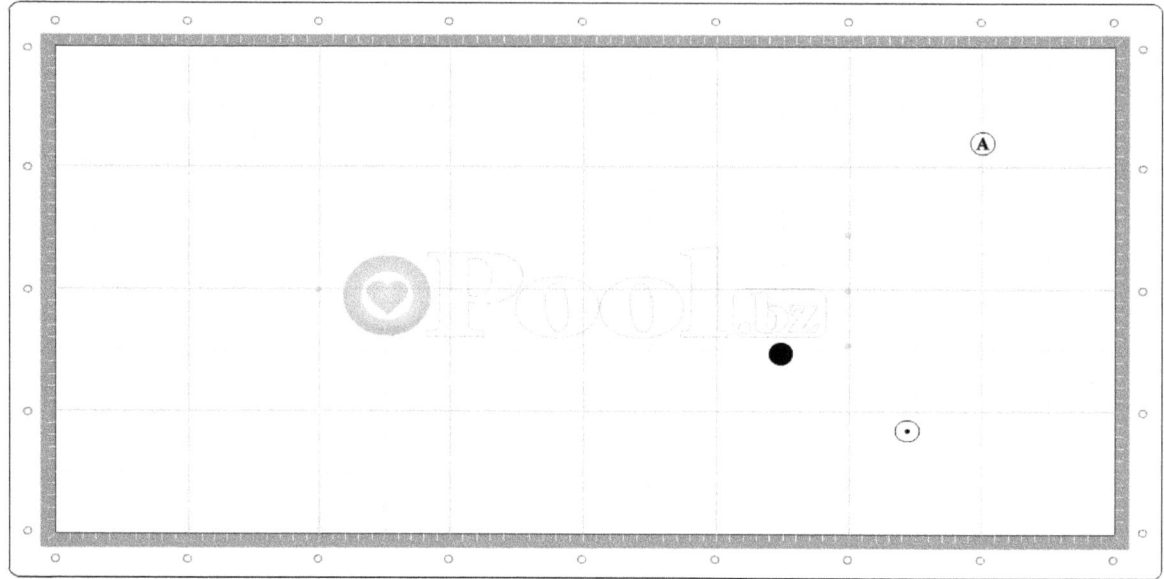

Notater og ideer:

Skudd mønster

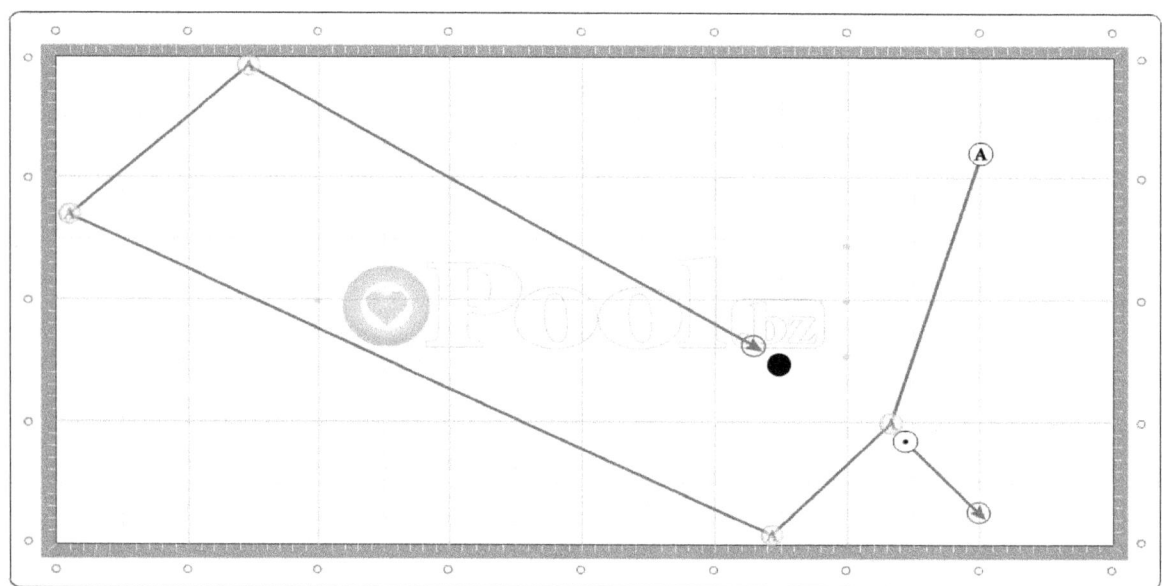

C:3c – Setup

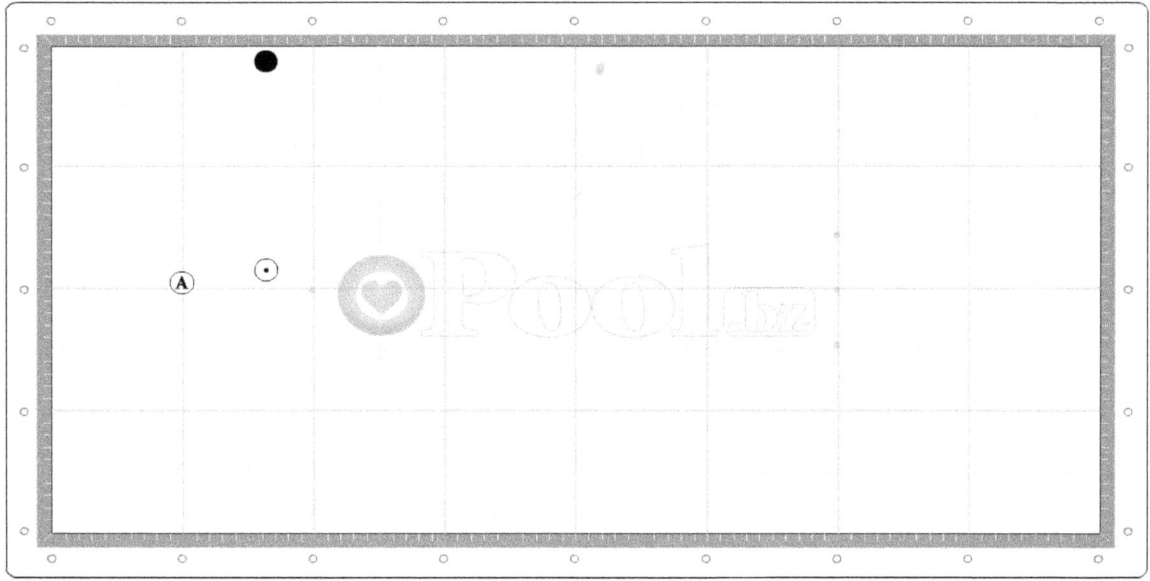

Notater og ideer:

Skudd mønster

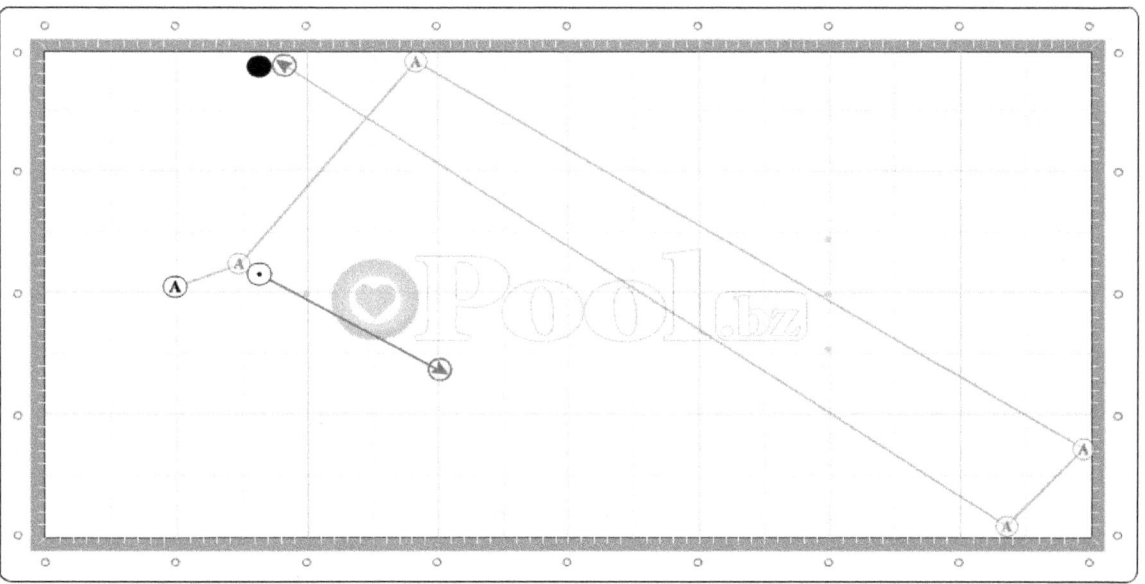

C:3d – Setup

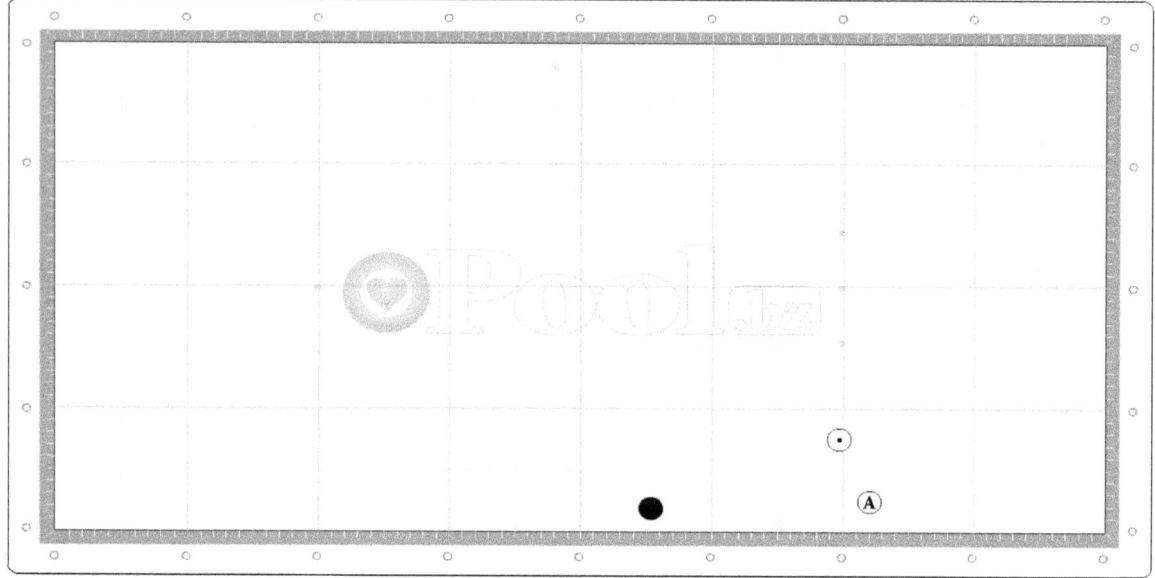

Notater og ideer:

Skudd mønster

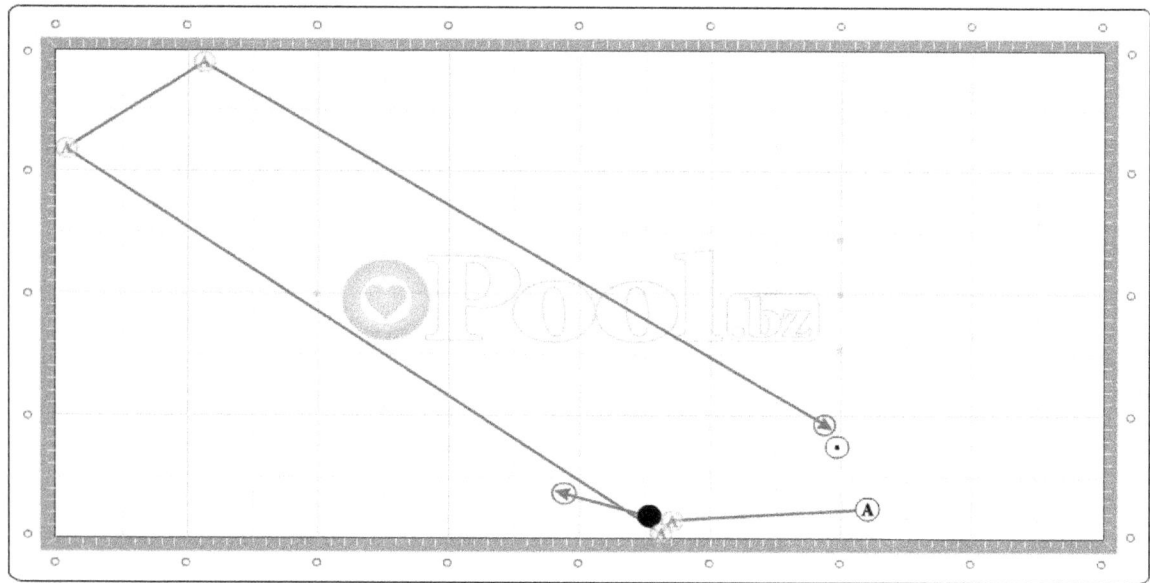

C: Gruppe 4

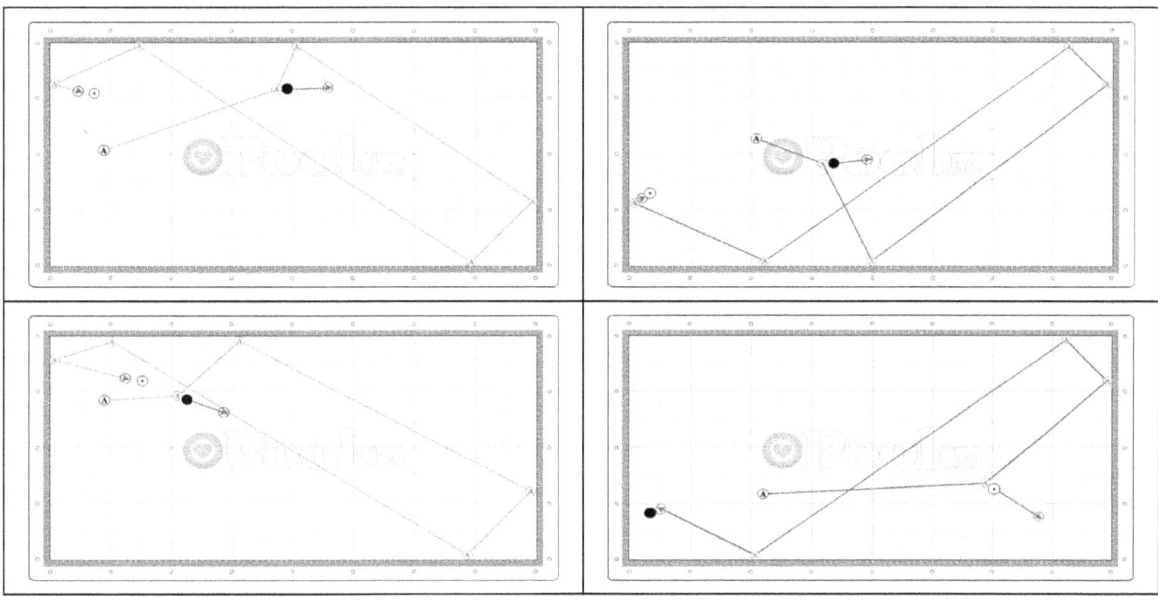

Analyse:

C:4a. _____

C:4b. _____

C:4c. _____

C:4d. _____

C:4a – Setup

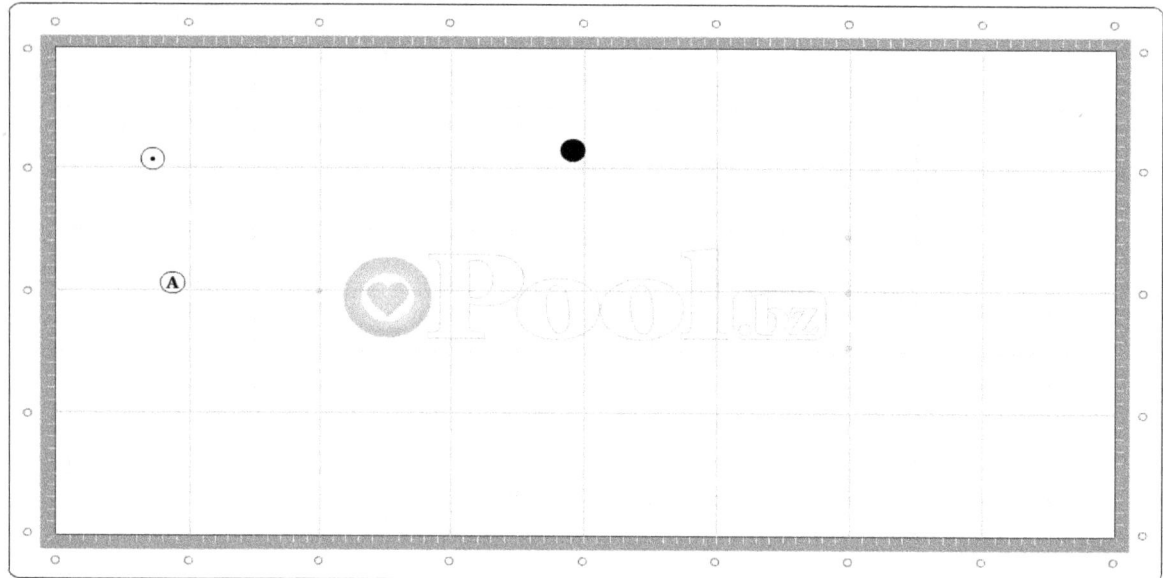

Notater og ideer:

Skudd mønster

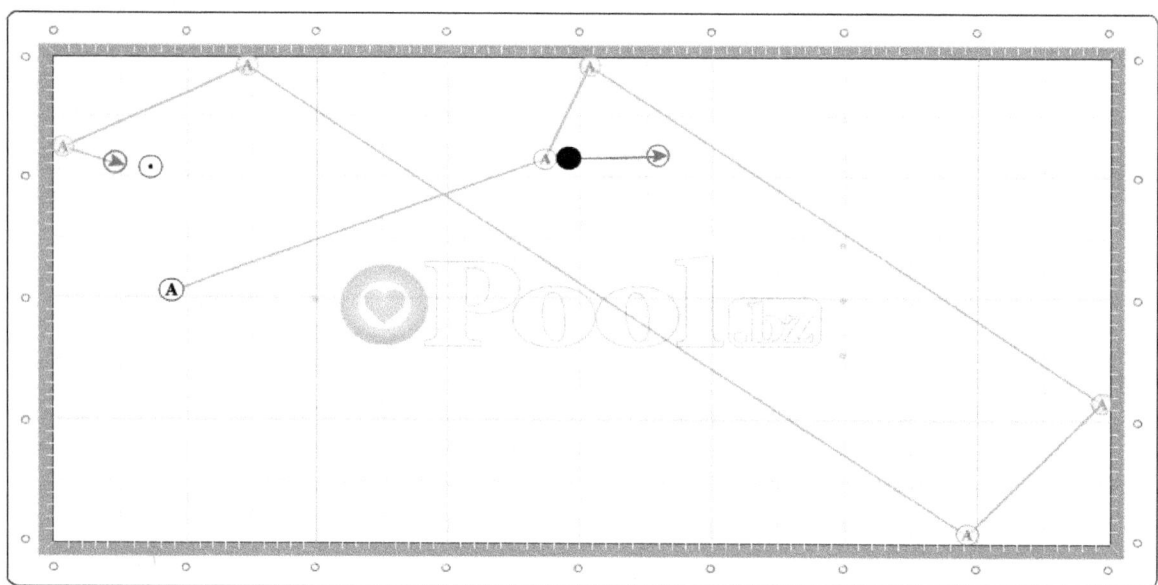

C:4b – Setup

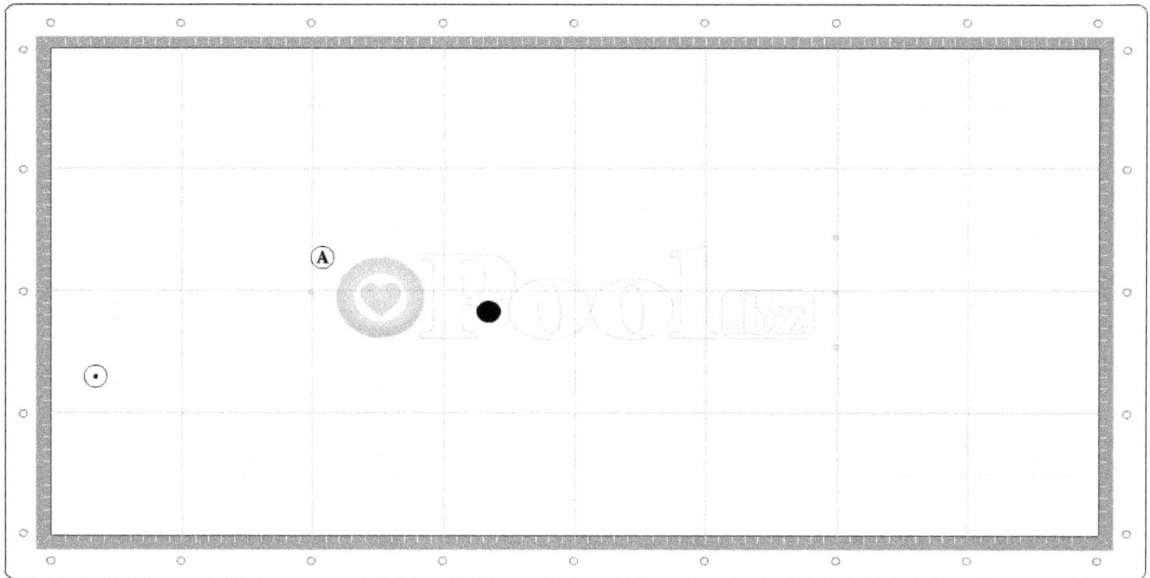

Notater og ideer:

Skudd mønster

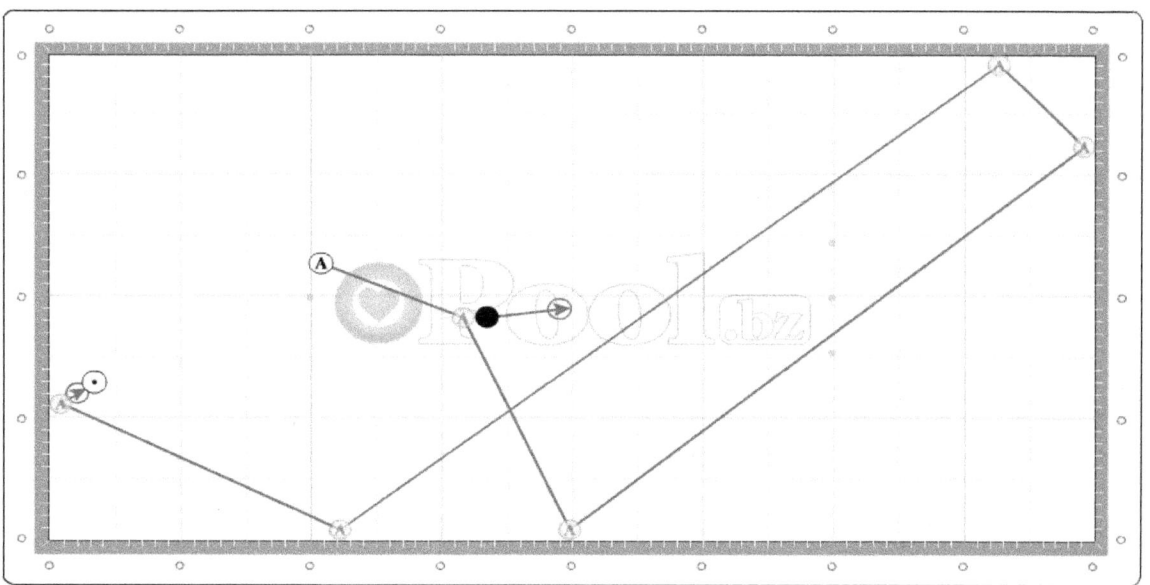

C:4c – Setup

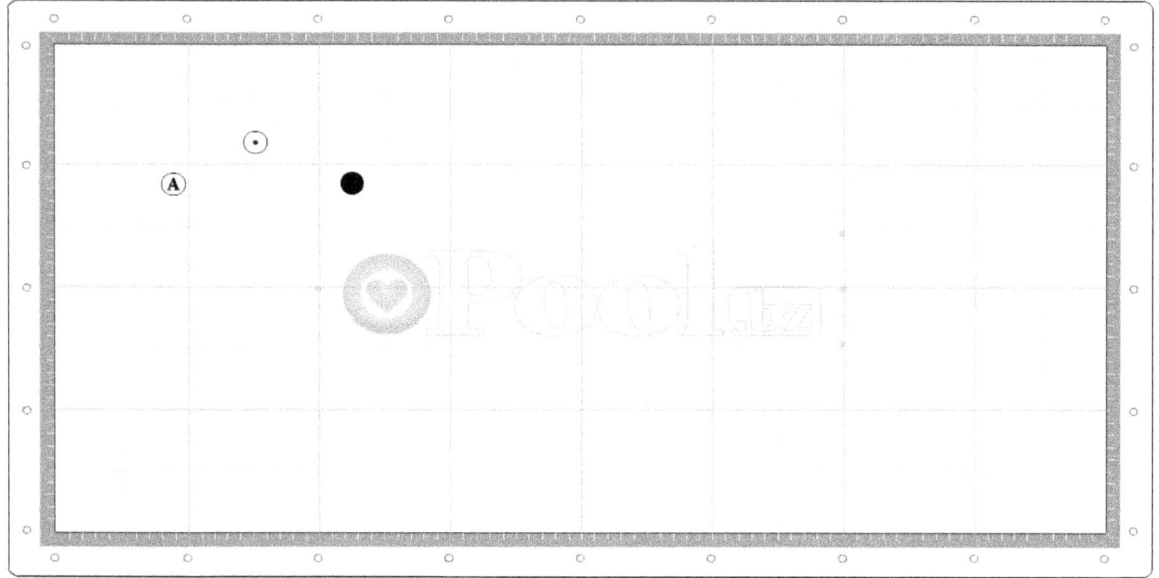

Notater og ideer:

Skudd mønster

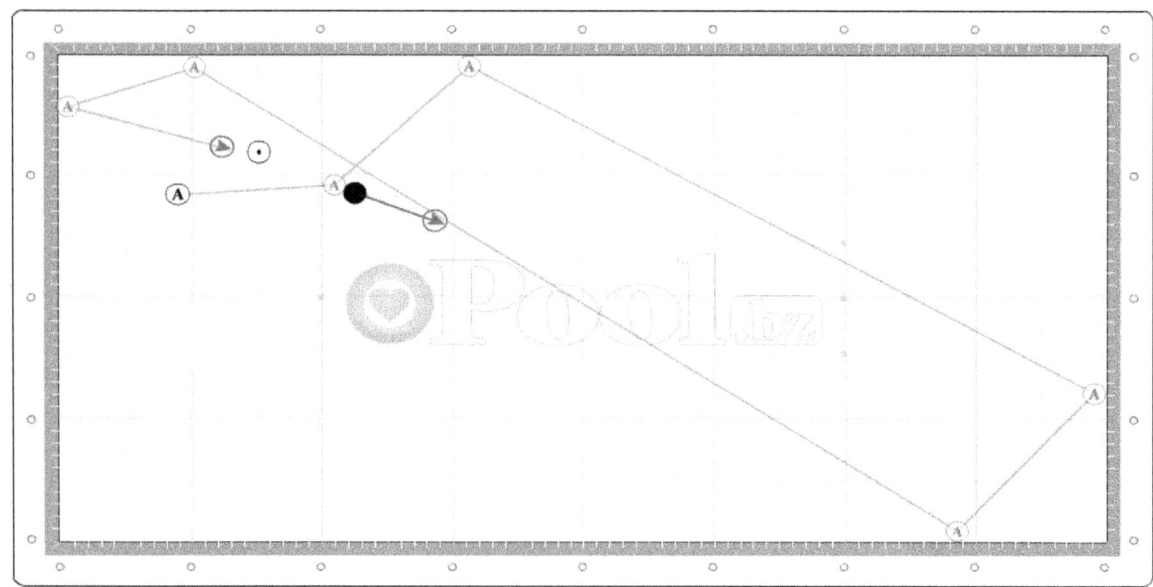

C:4d – Setup

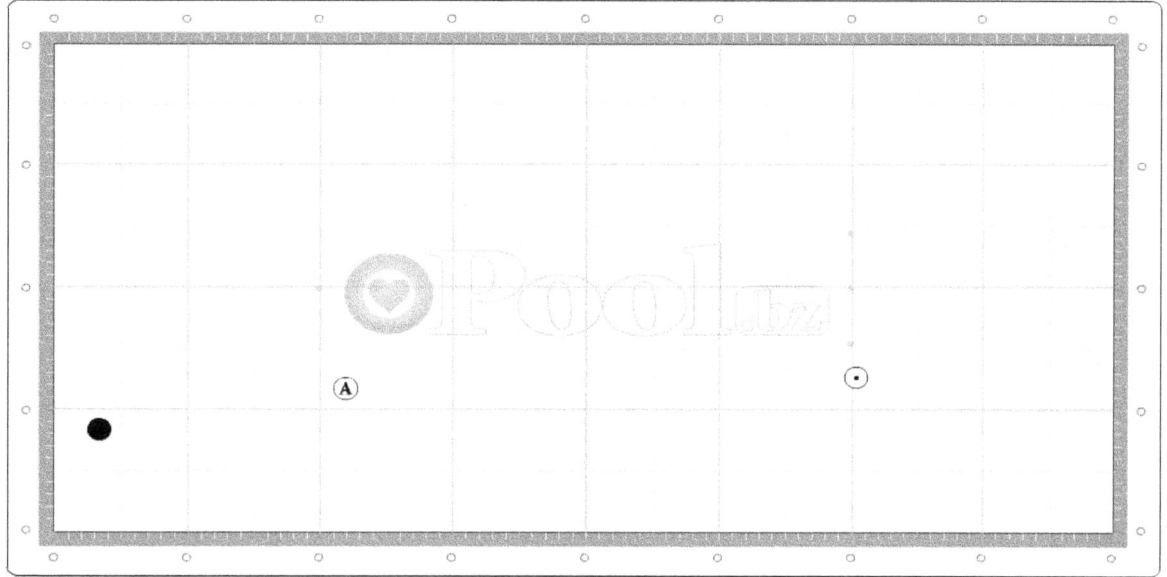

Notater og ideer:

Skudd mønster

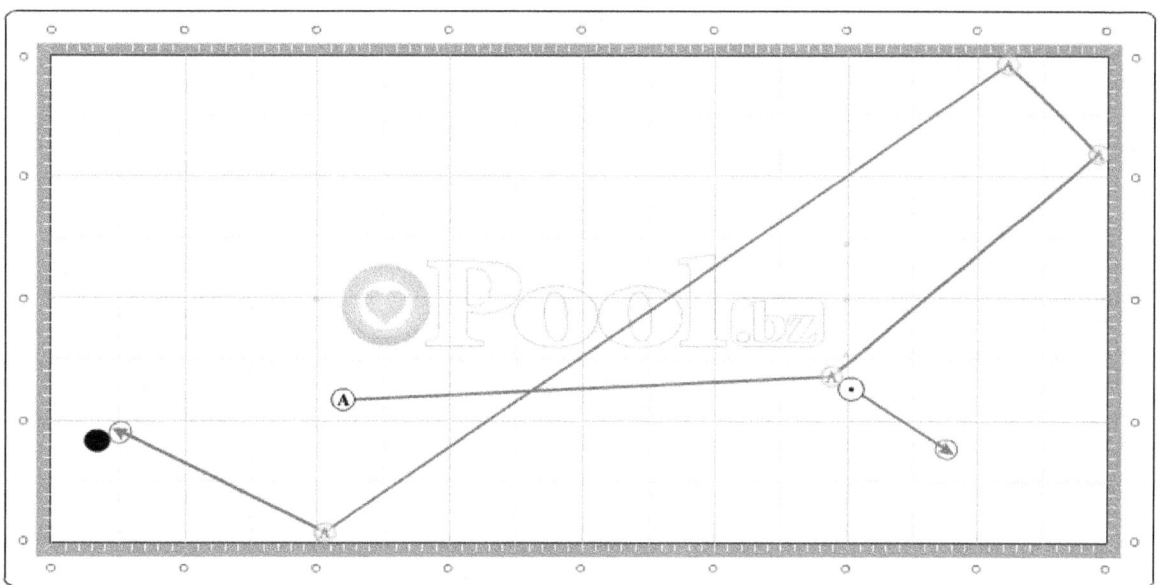

C: Gruppe 5

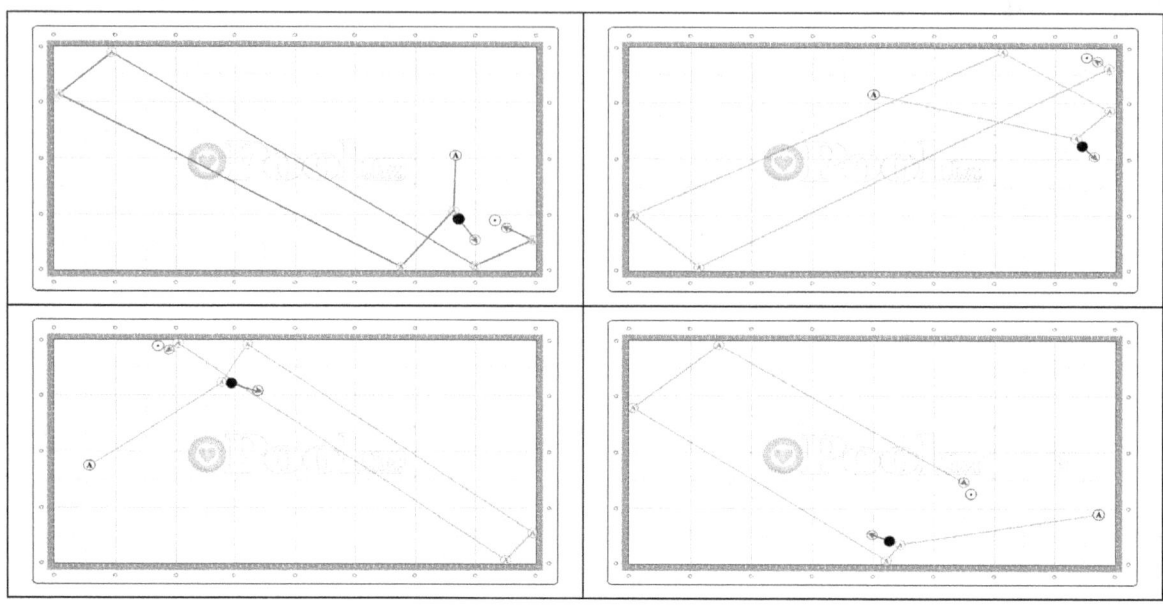

Analyse:

C:5a. _____

C:5b. _____

C:5c. _____

C:5d. _____

C:5a – Setup

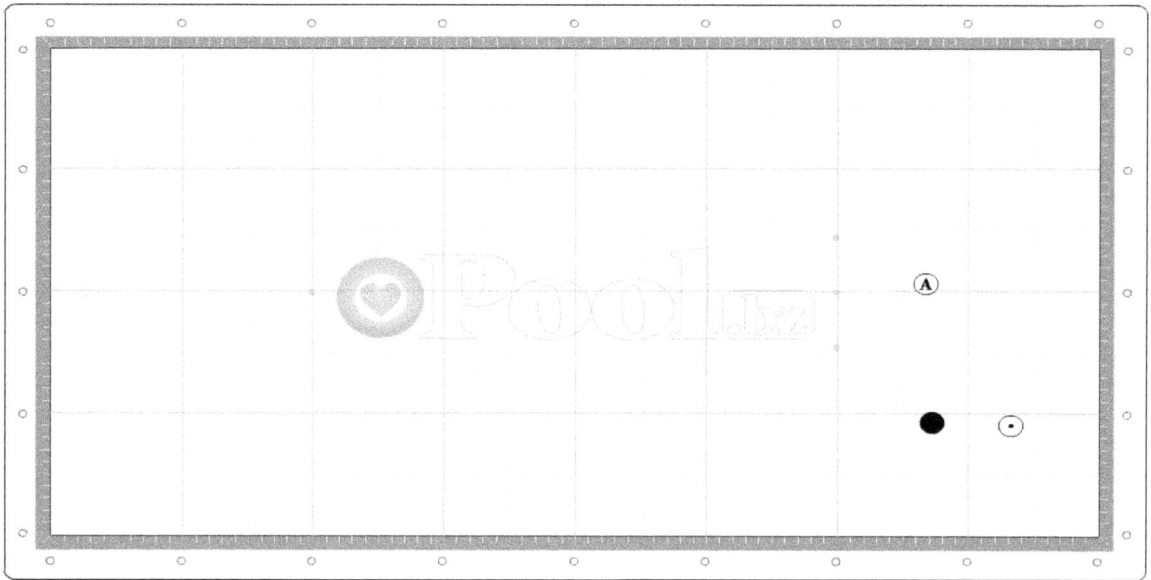

Notater og ideer:

Skudd mønster

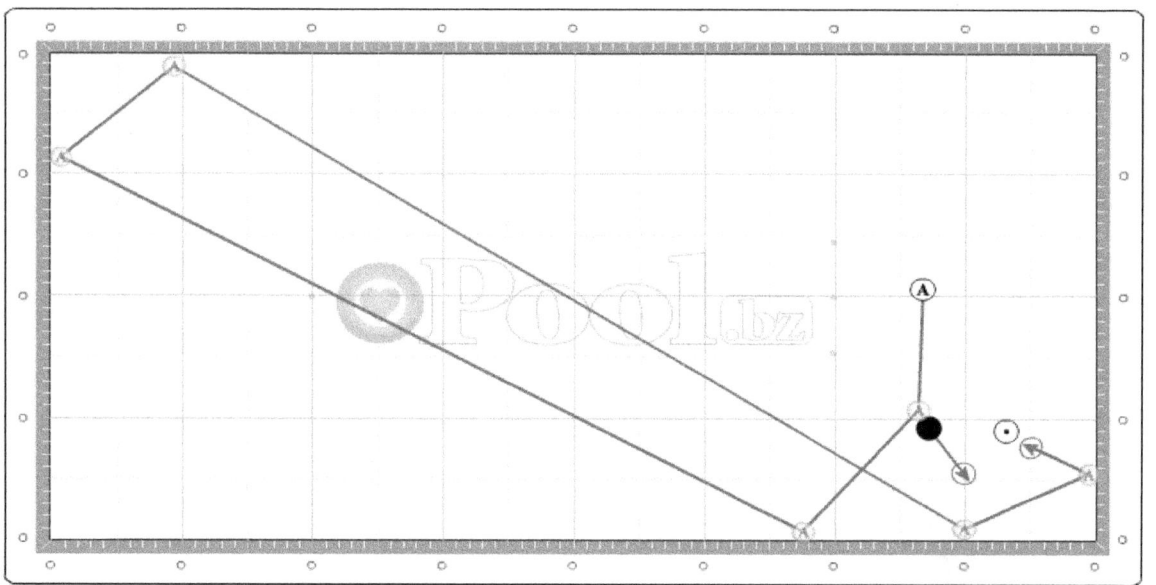

C:5b – Setup

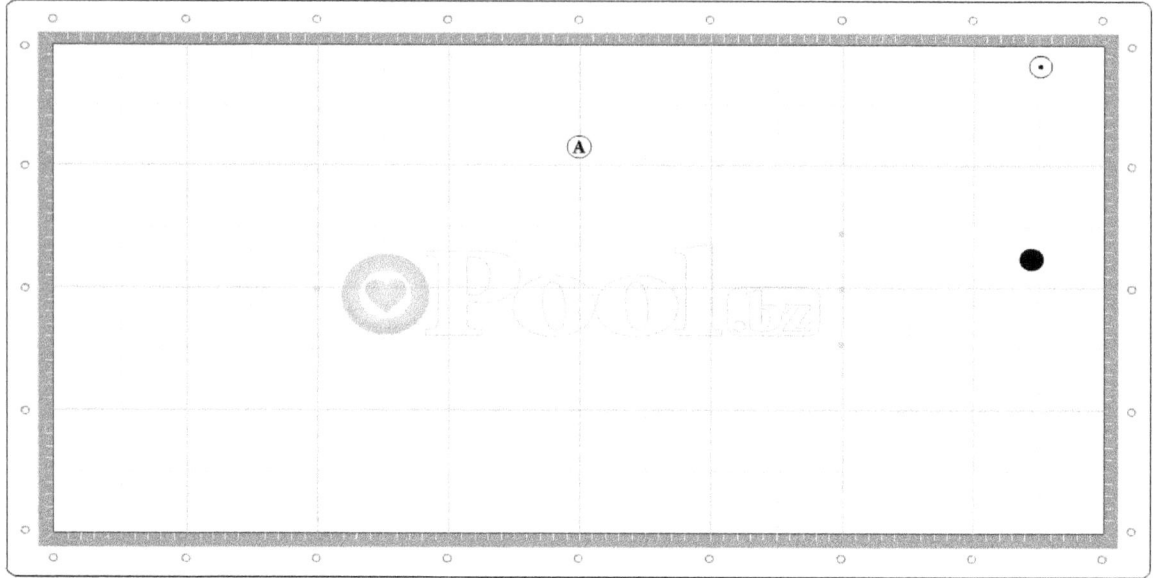

Notater og ideer:

Skudd mønster

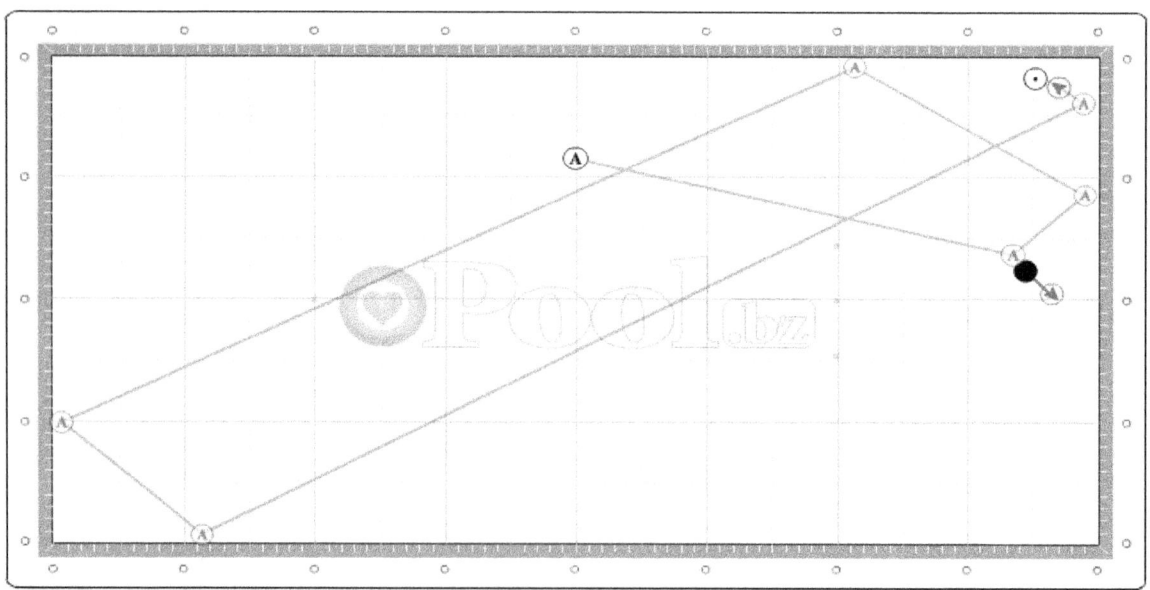

C:5c – Setup

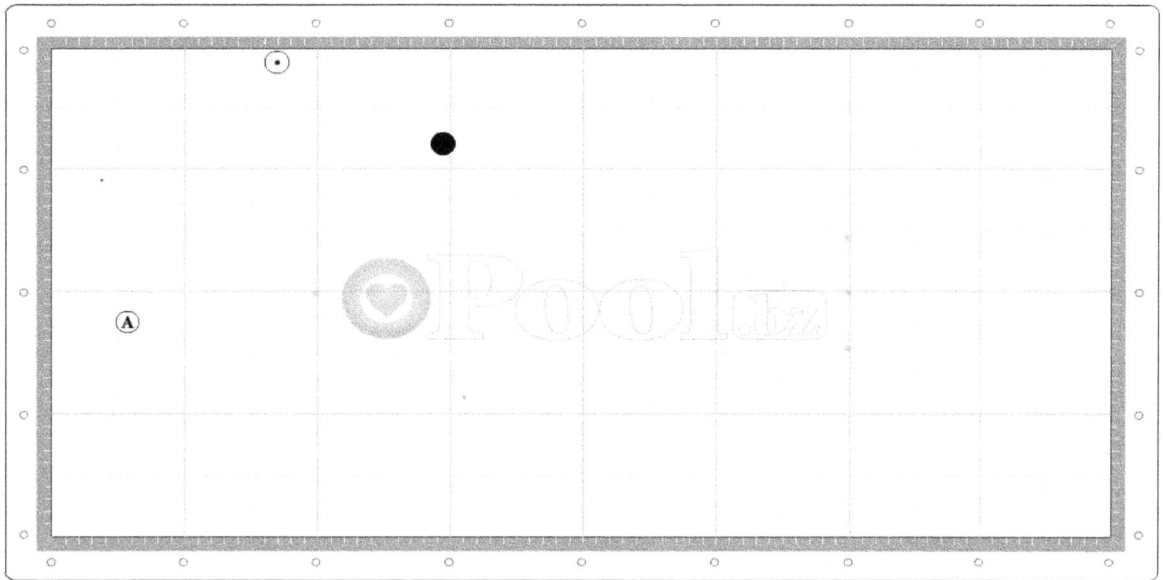

Notater og ideer:

Skudd mønster

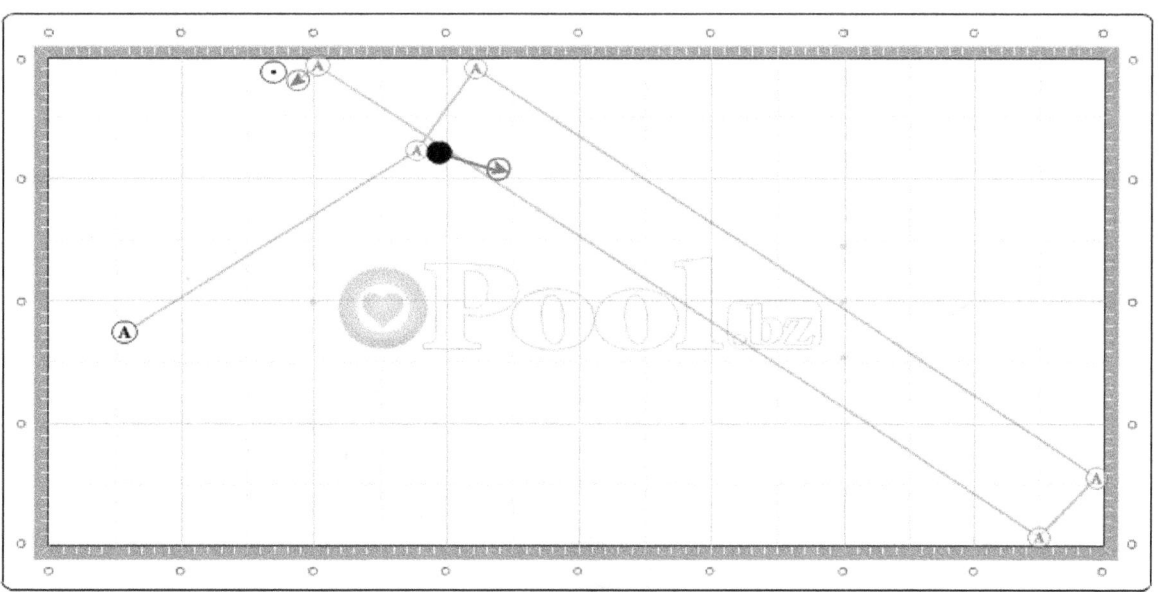

C:5d – Setup

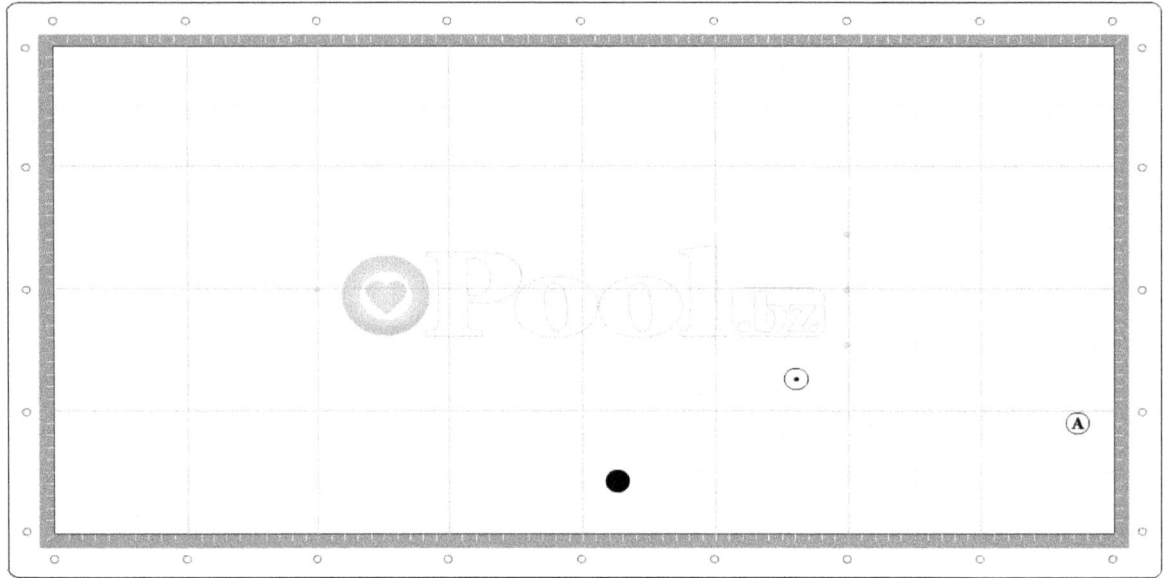

Notater og ideer:

Skudd mønster

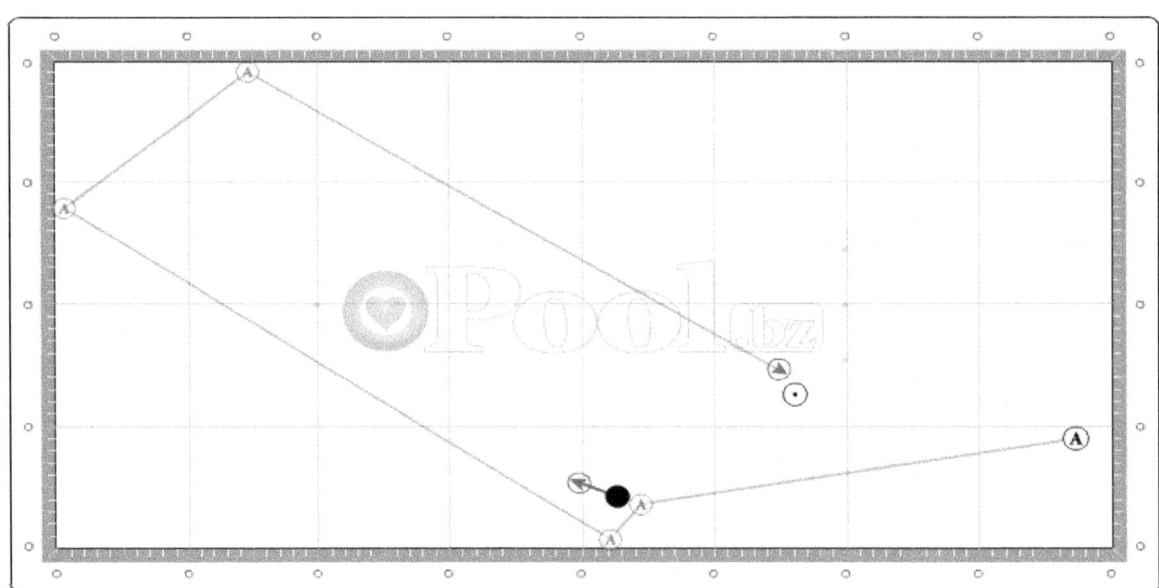

D: Dobbel diagonal

Den (CB) kommer av den første (OB) inn i en av hjørnene. Den kommer ut og leder til motsatt hjørne. De innkommende og utgående banene er ikke parallelle.

Ⓐ (CB) (biljardkule) - ⊙ (OB) (motstander billiardball) - ● (OB) (rød biljardball)

D: Gruppe 1

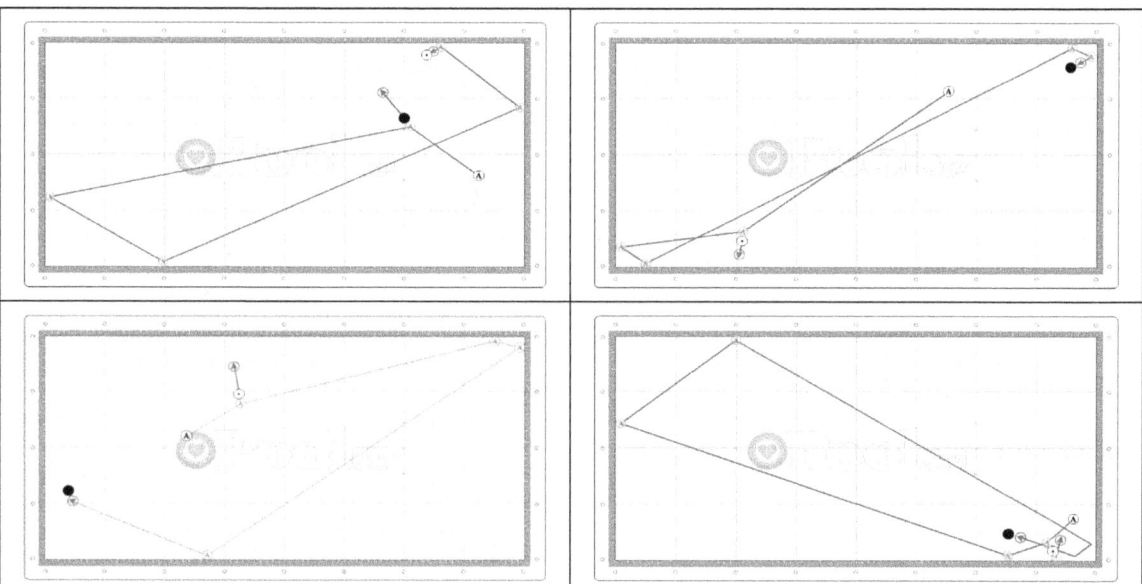

Analyse:

D:1a. _____

D:1b. _____

D:1c. _____

D:1d. _____

D:1a – Setup

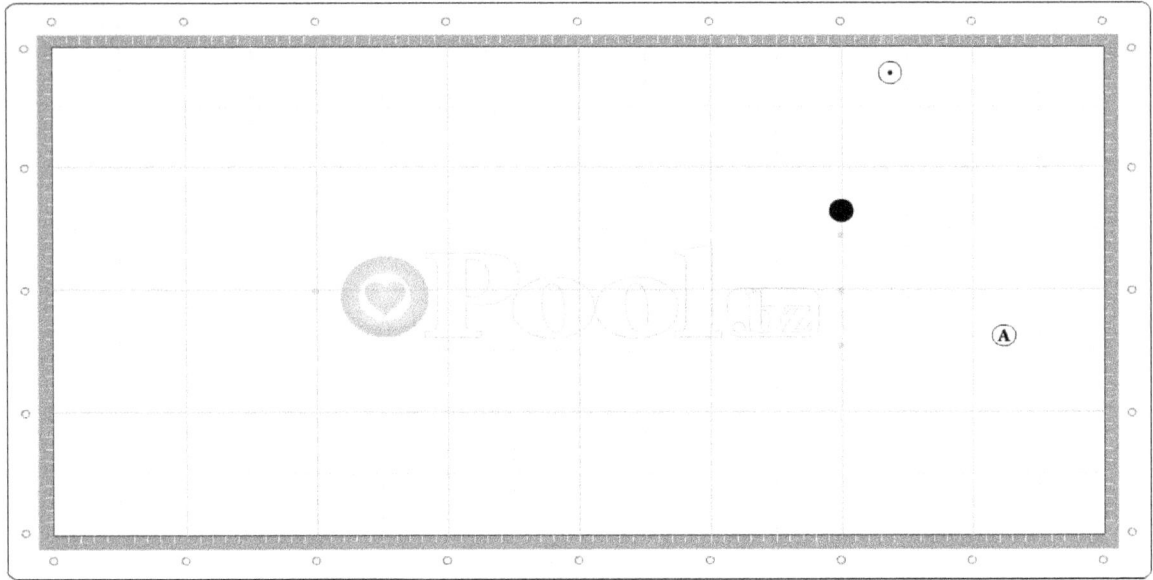

Notater og ideer:

Skudd mønster

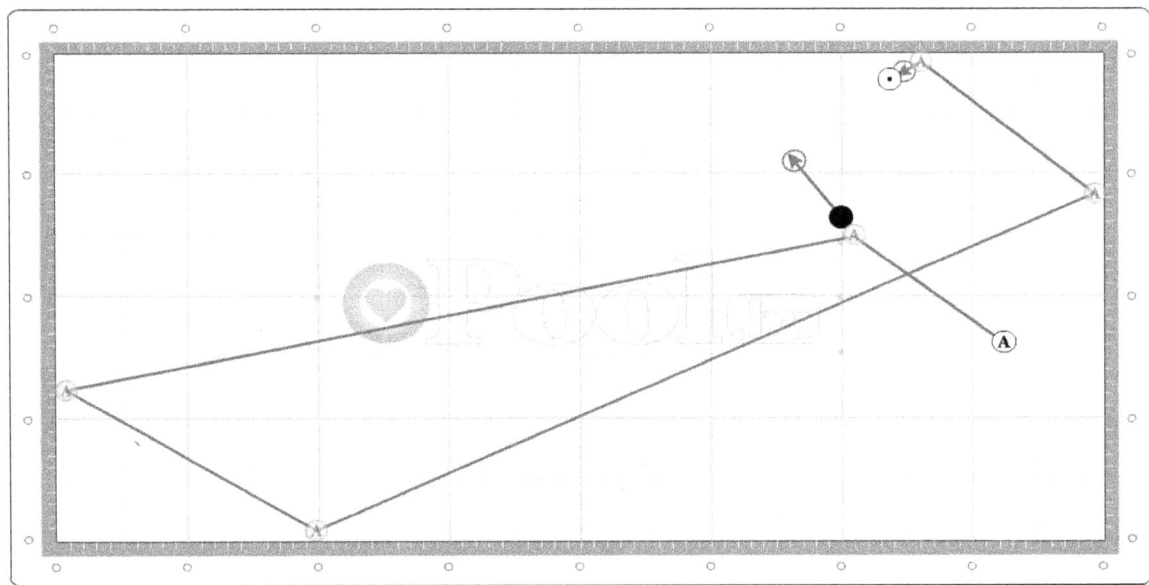

D:1b – Setup

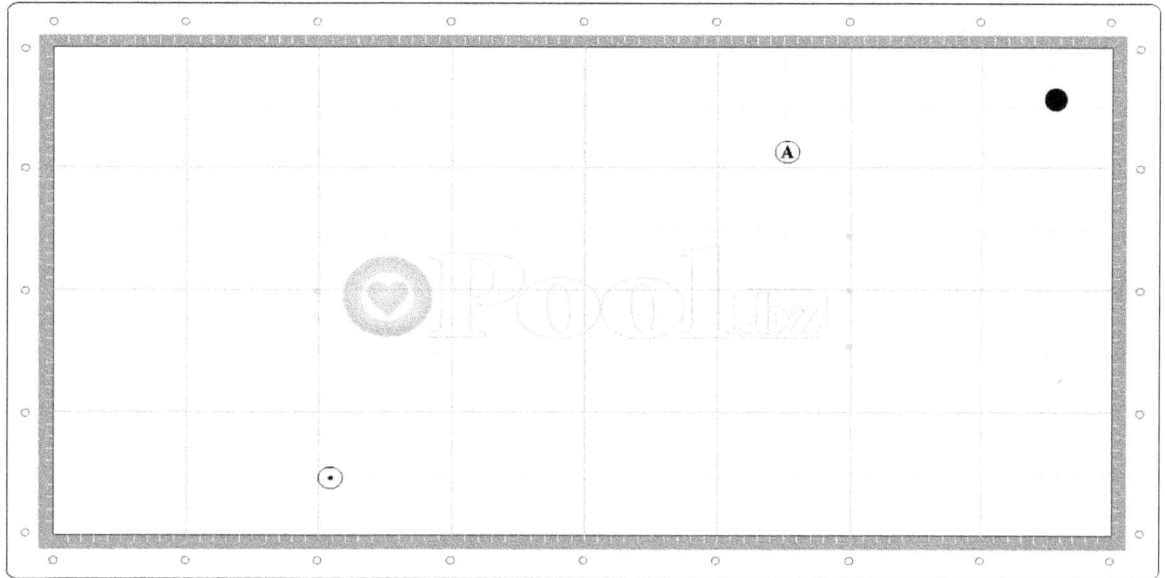

Notater og ideer:

Skudd mønster

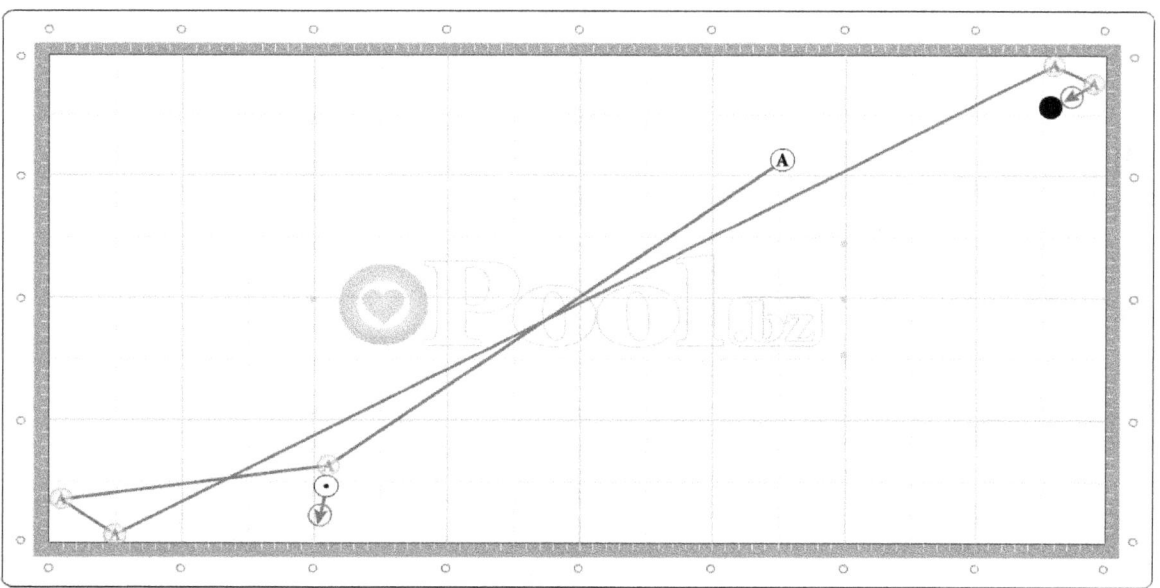

D:1c – Setup

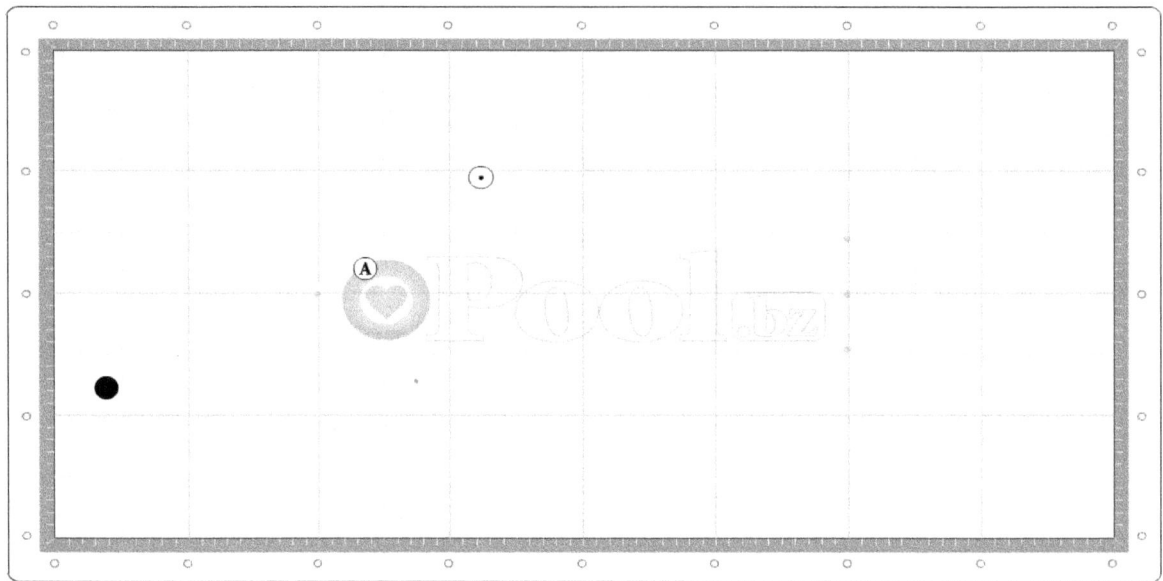

Notater og ideer:

Skudd mønster

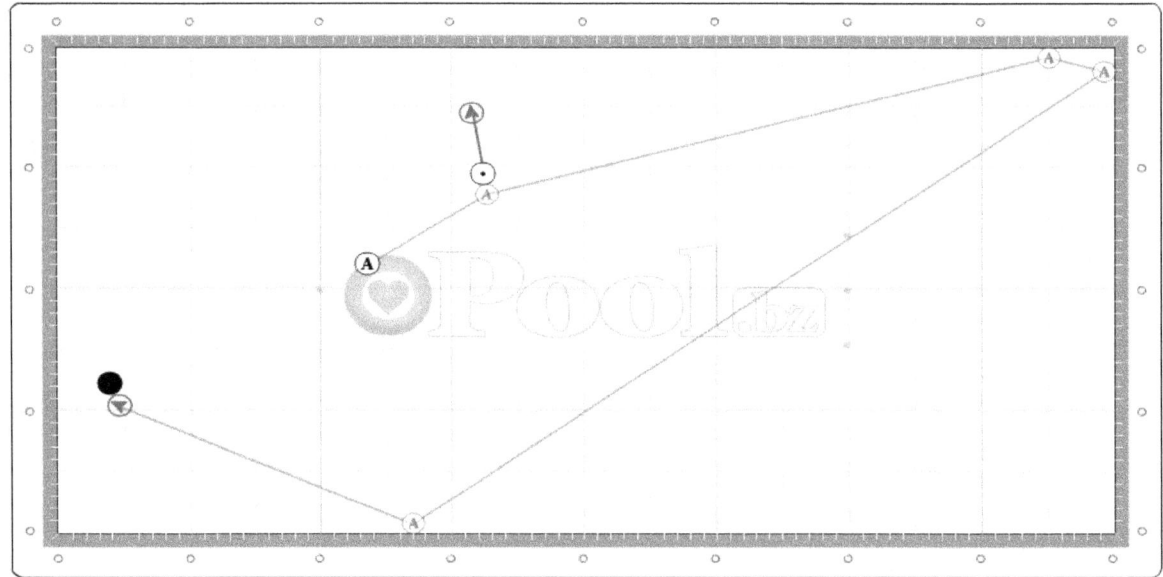

D:1d – Setup

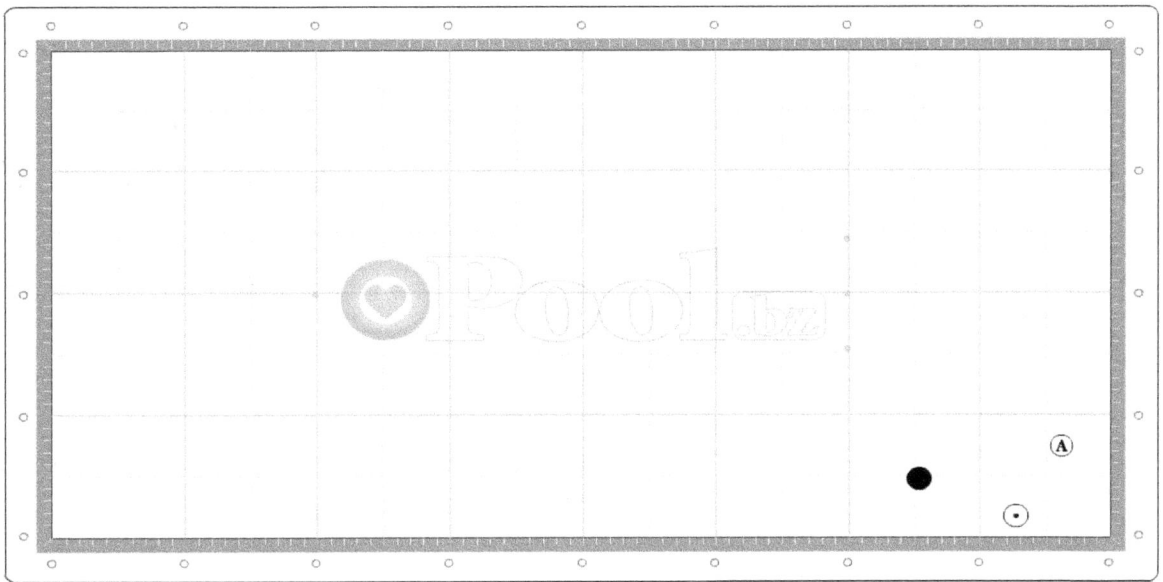

Notater og ideer:

Skudd mønster

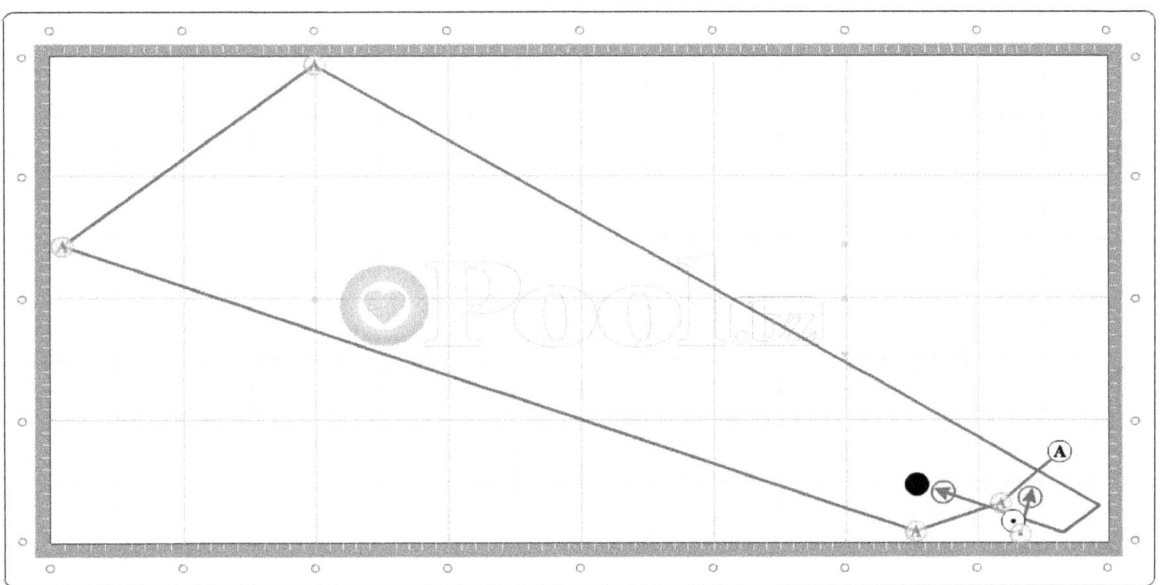

D: Gruppe 2

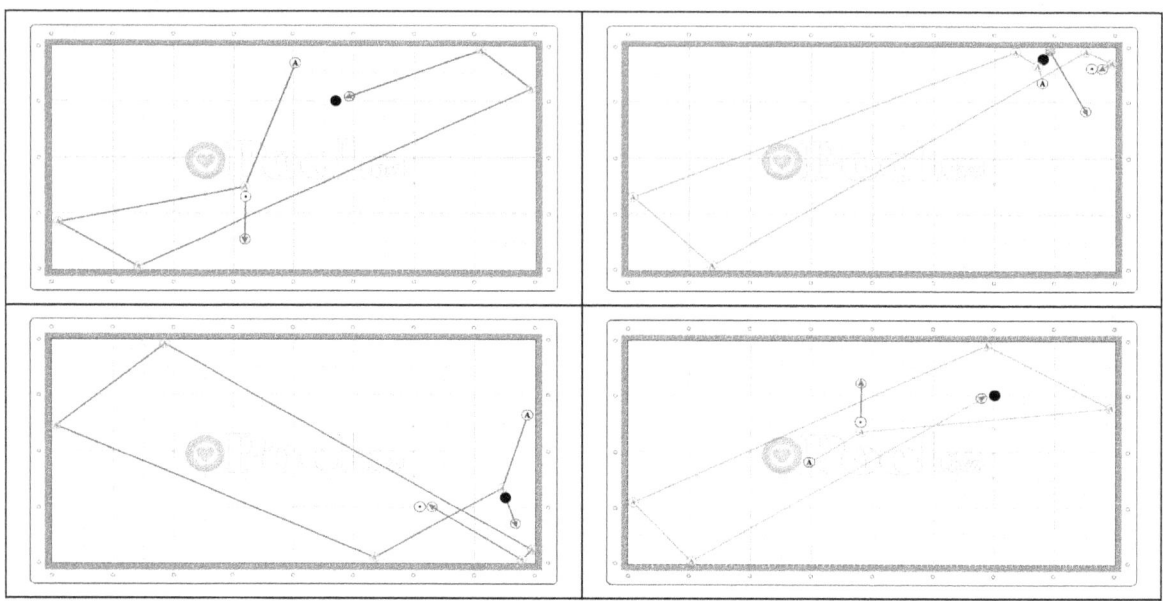

Analyse:

D:2a. _____

D:2b. _____

D:2c. _____

D:2d. _____

D:2a – Setup

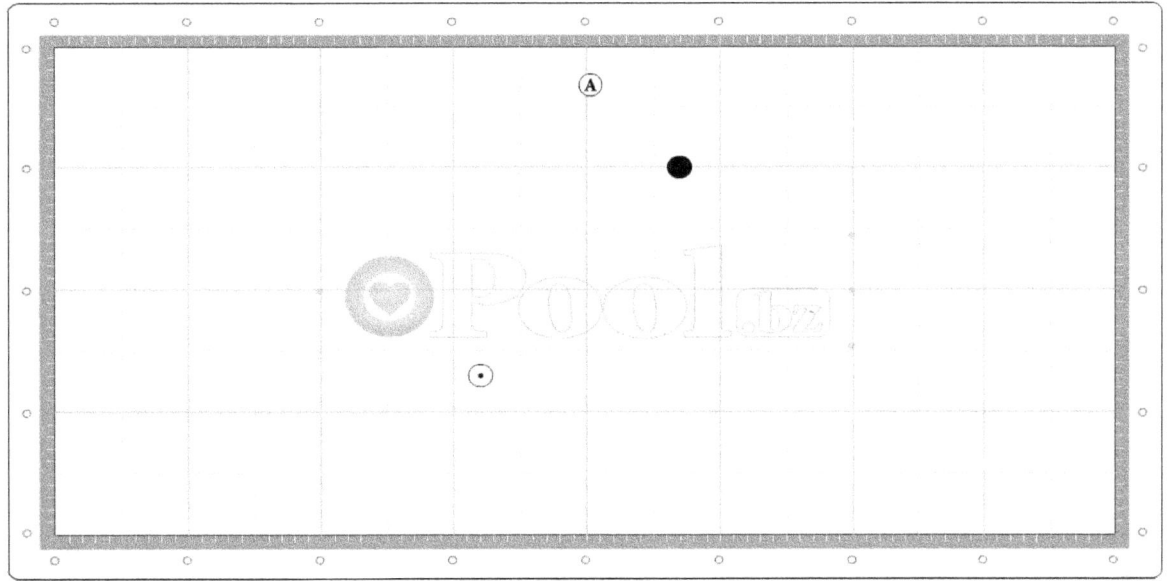

Notater og ideer:

Skudd mønster

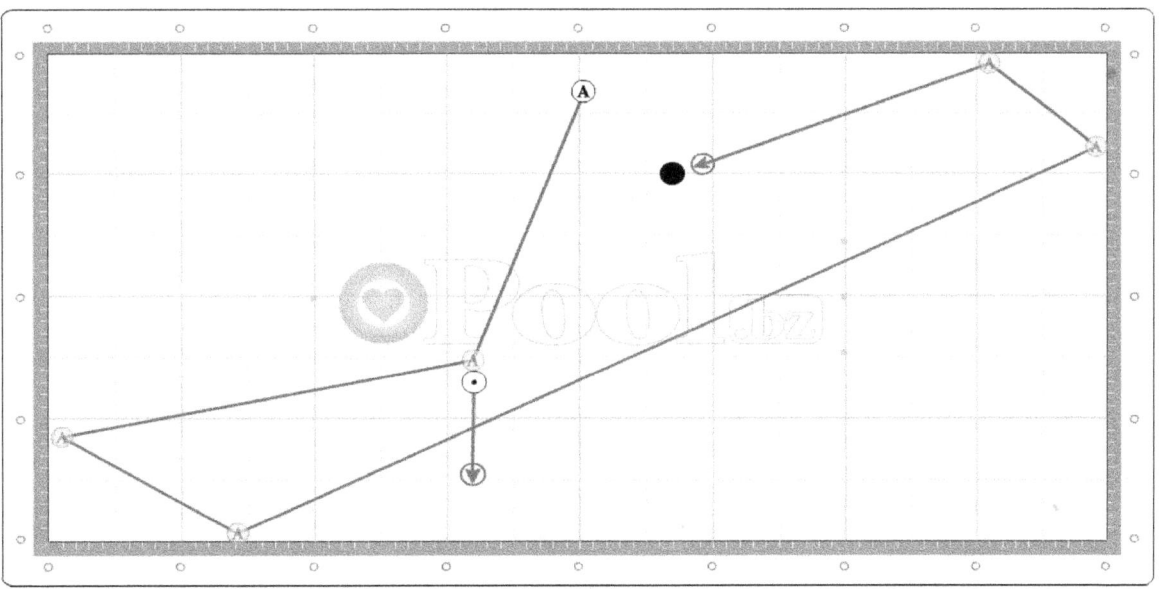

D:2b – Setup

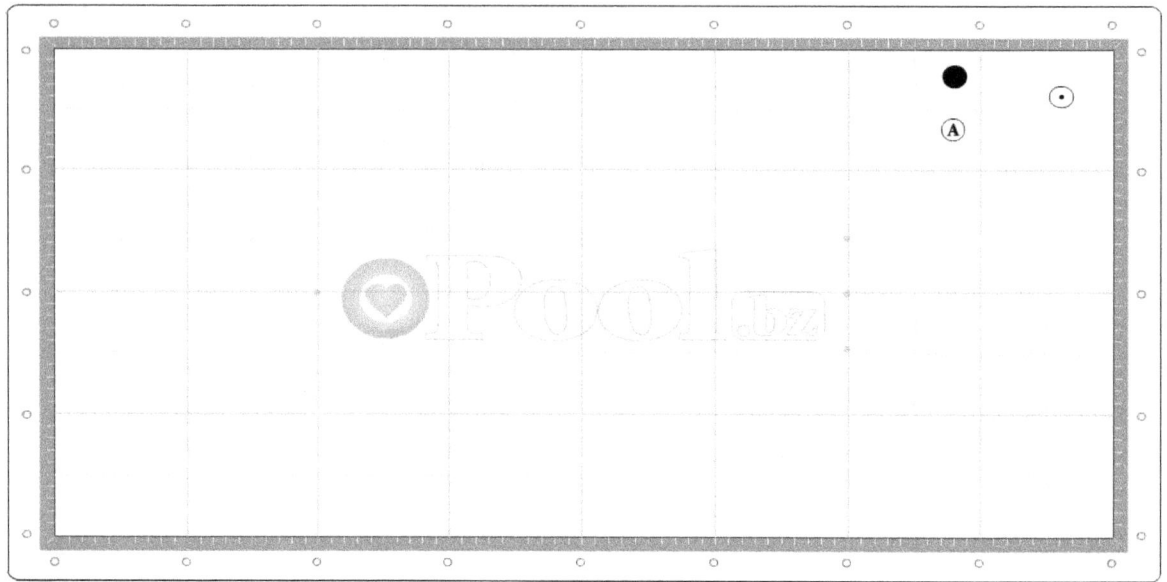

Notater og ideer:

Skudd mønster

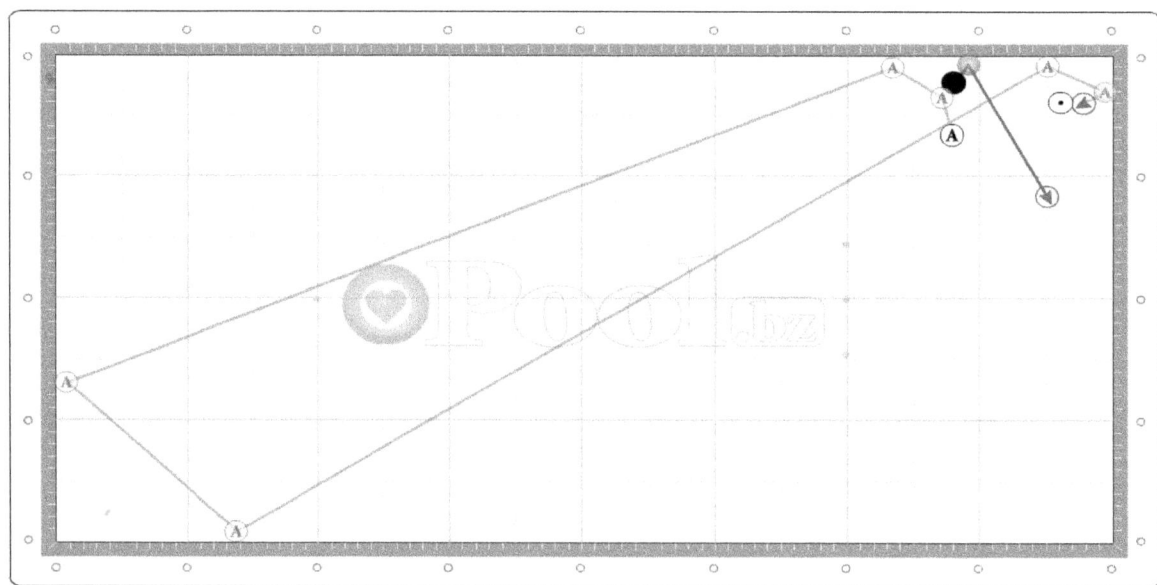

D:2c – Setup

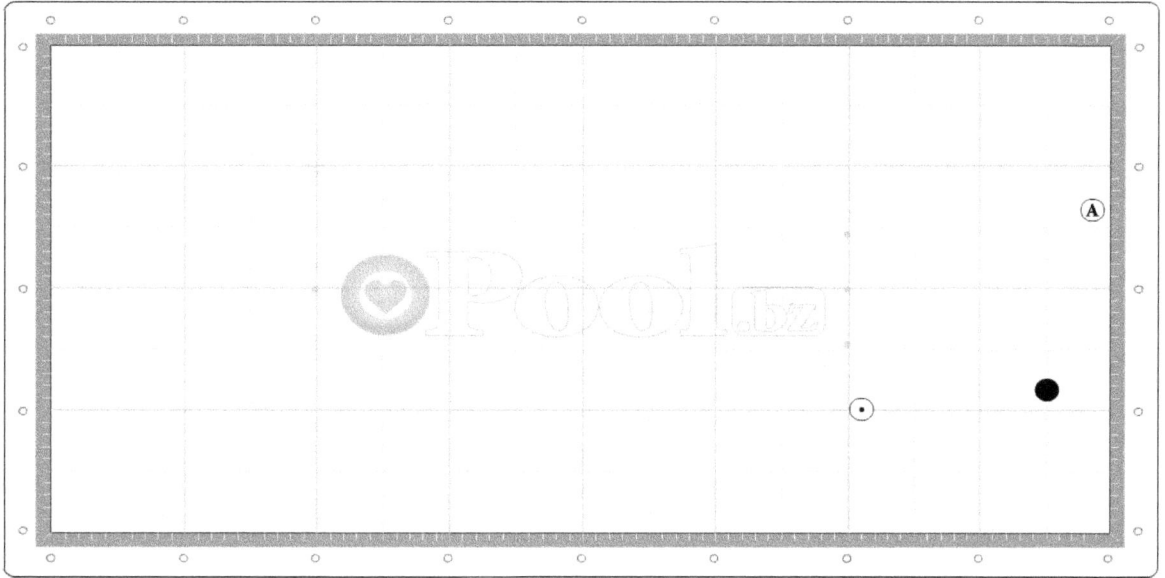

Notater og ideer:

Skudd mønster

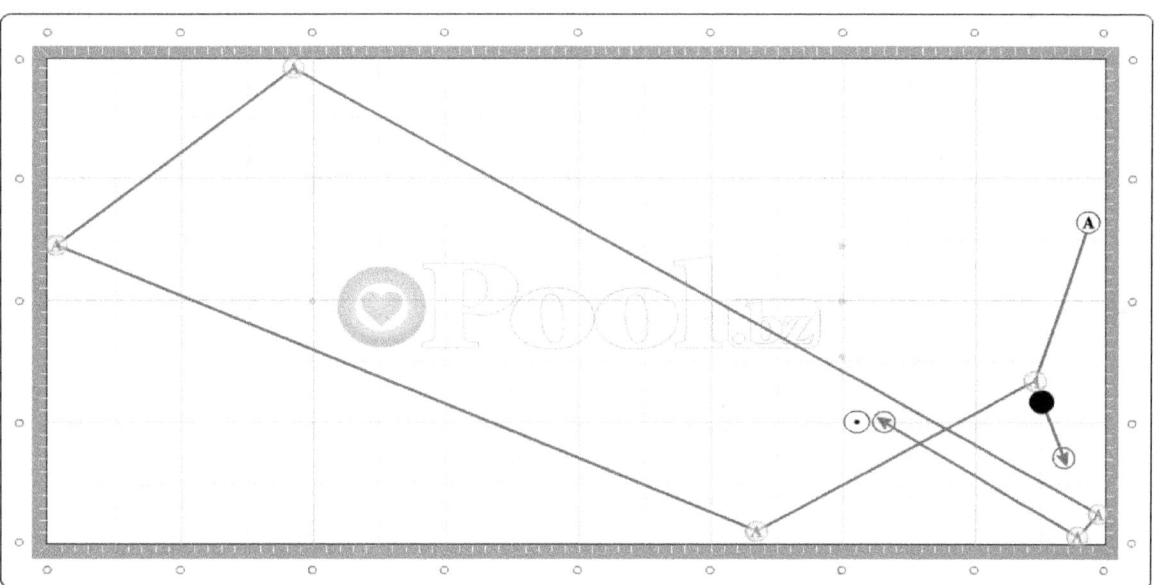

D:2d – Setup

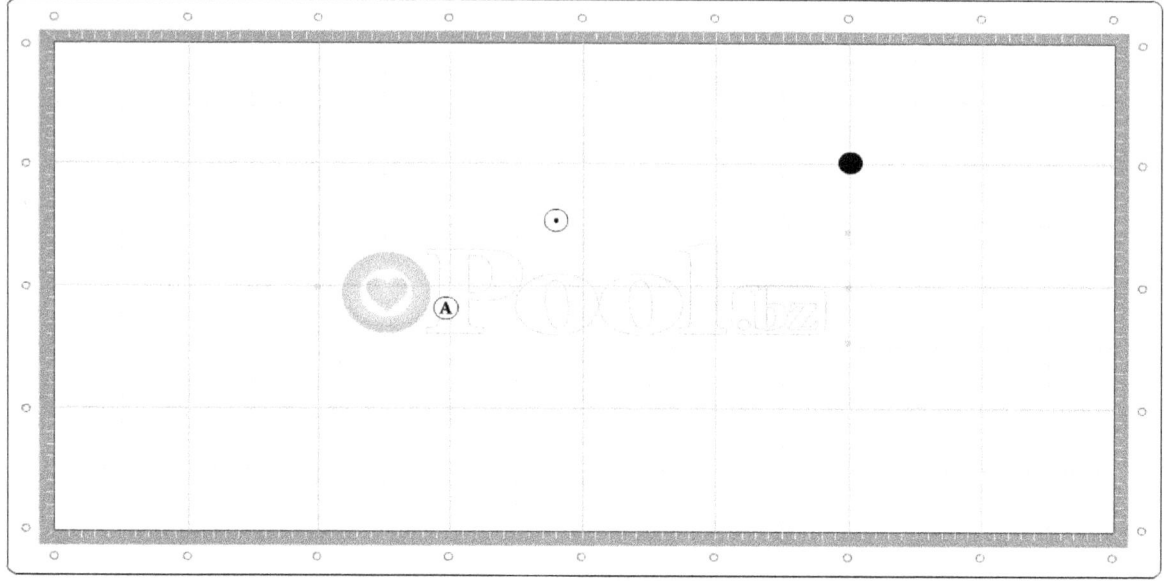

Notater og ideer:

Skudd mønster

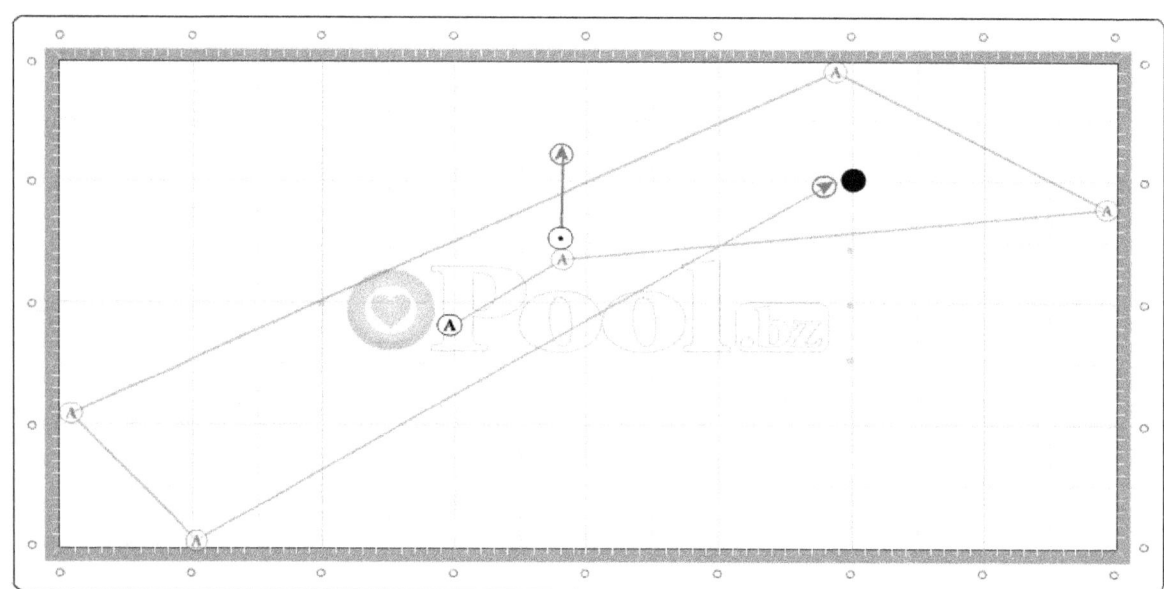

Tre vant carambole: Hjørne til hjørne diagonale mønstre

D: Gruppe 3

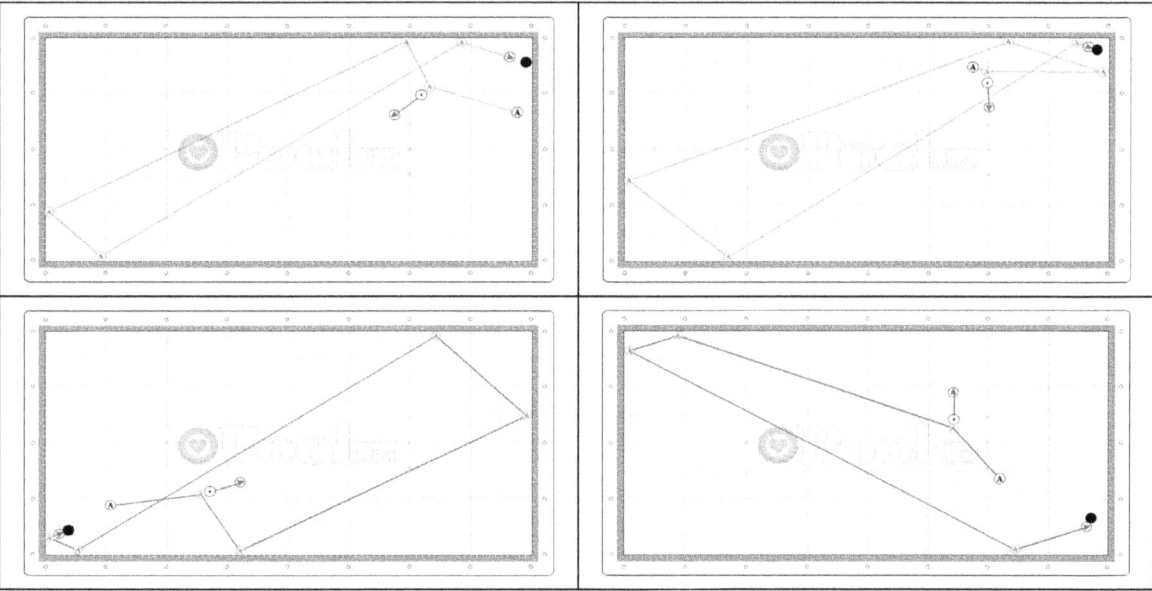

Analyse:

D:3a. _____

D:3b. _____

D:3c. _____

D:3d. _____

D:3a – Setup

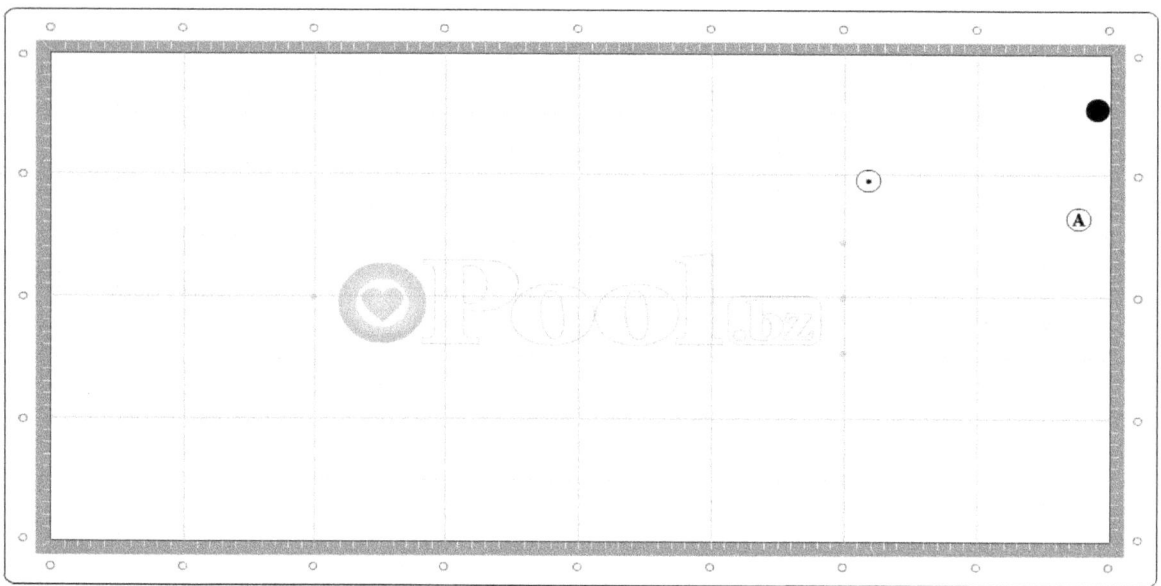

Notater og ideer:

Skudd mønster

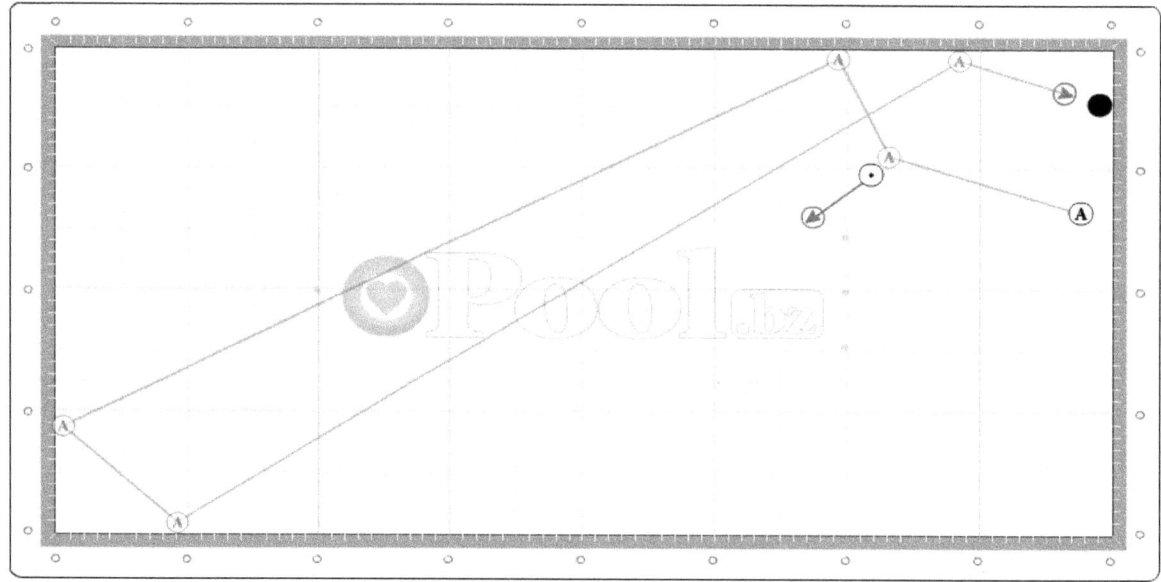

D:3b – Setup

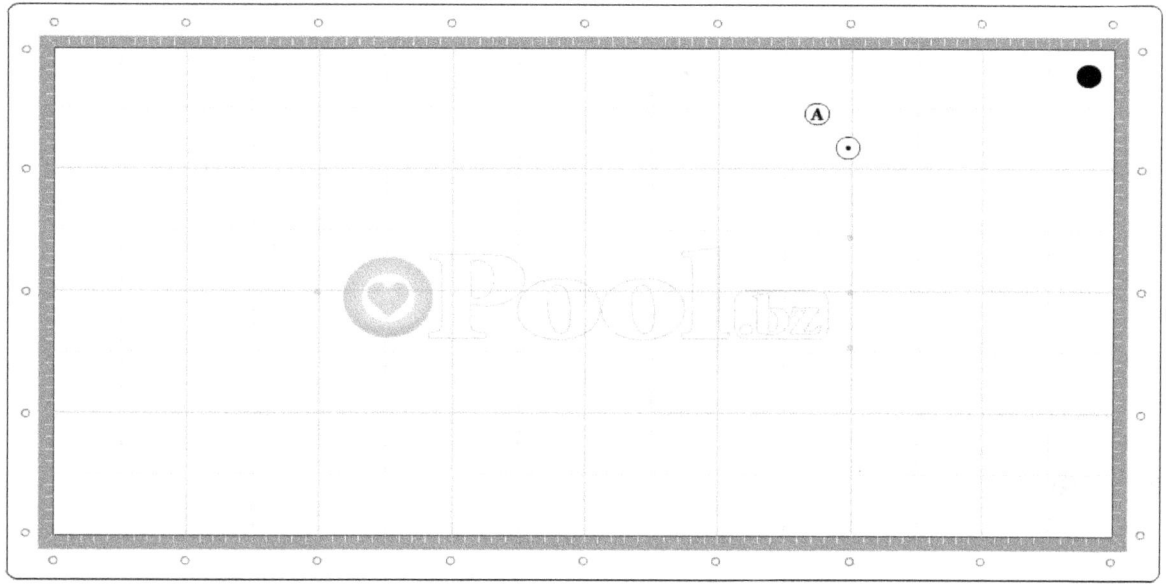

Notater og ideer:

Skudd mønster

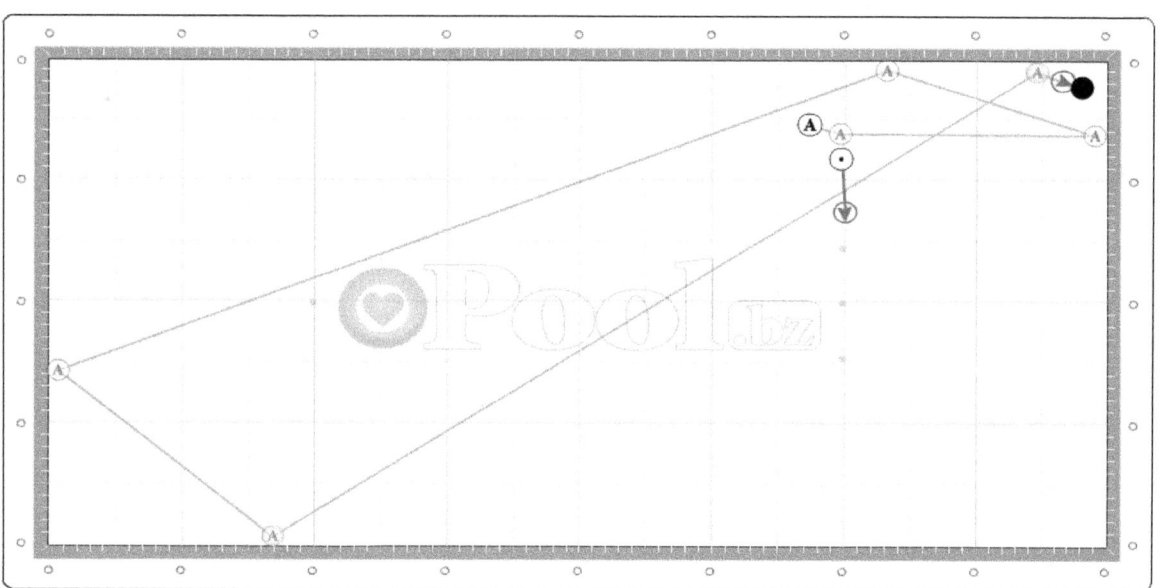

D:3c – Setup

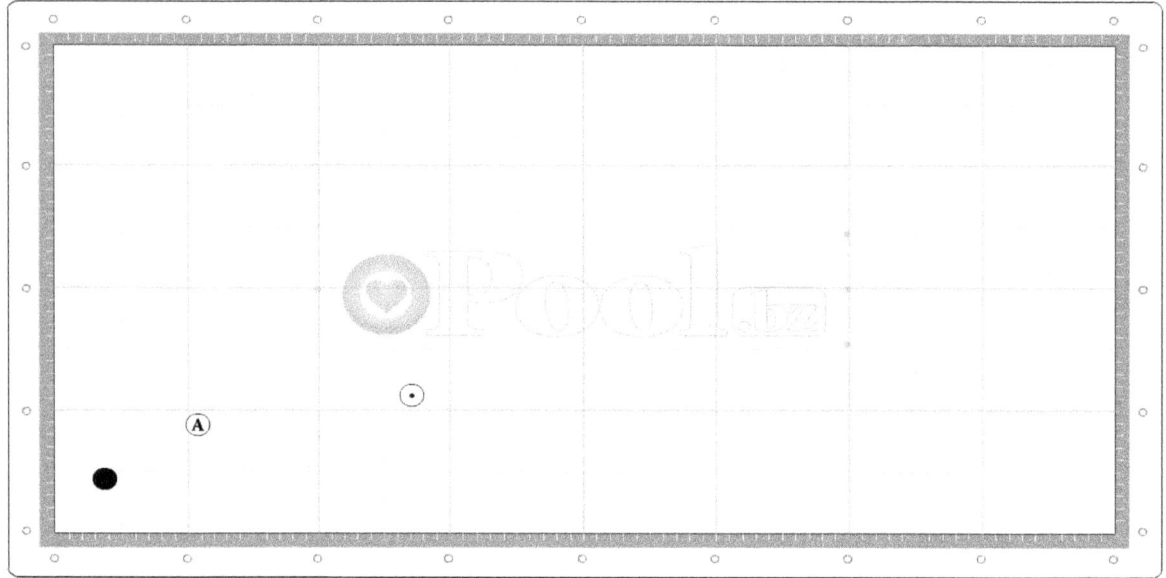

Notater og ideer:

Skudd mønster

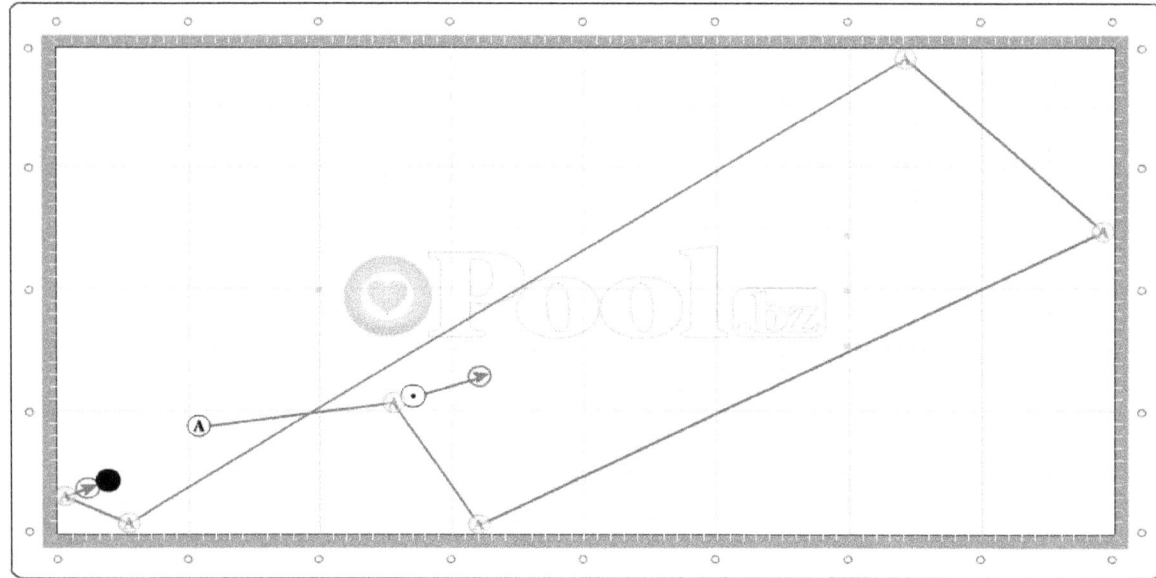

D:3d – Setup

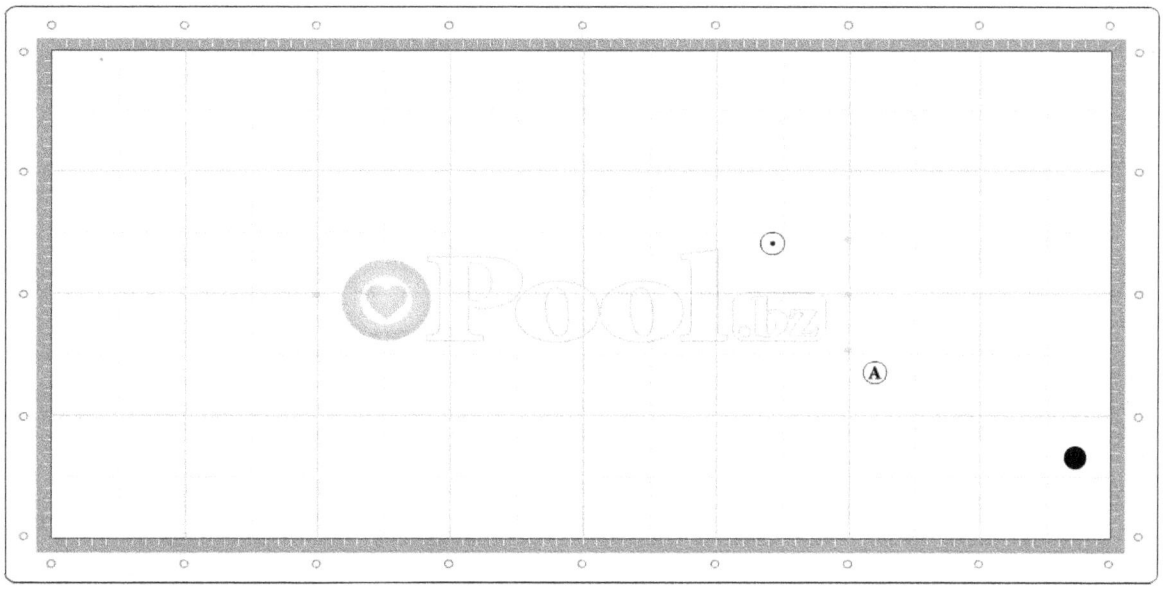

Notater og ideer:

Skudd mønster

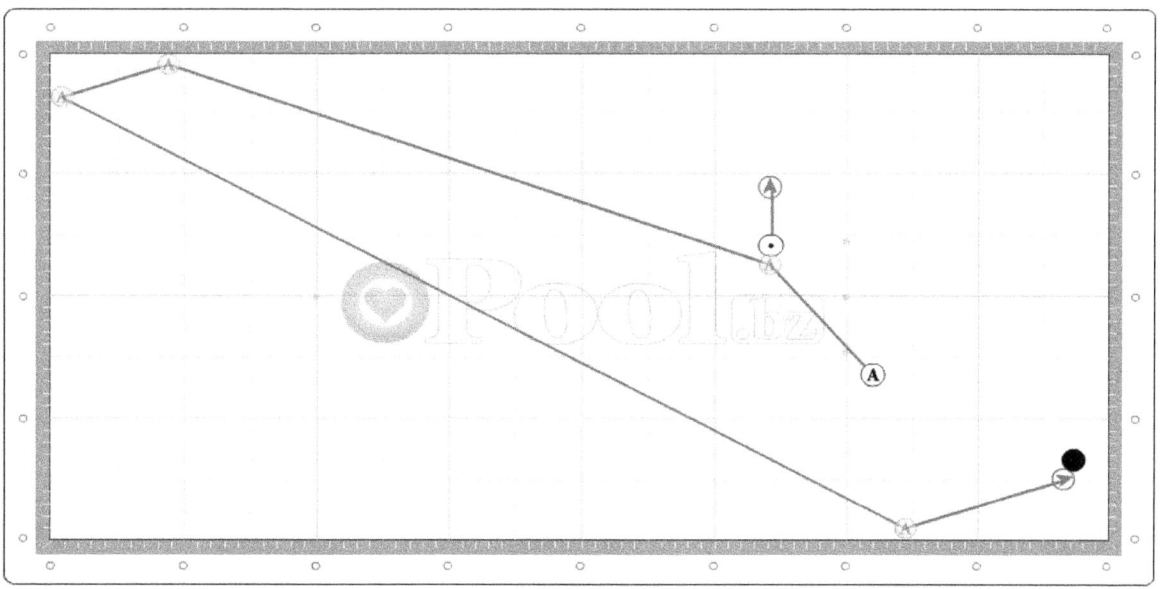

D: Gruppe 4

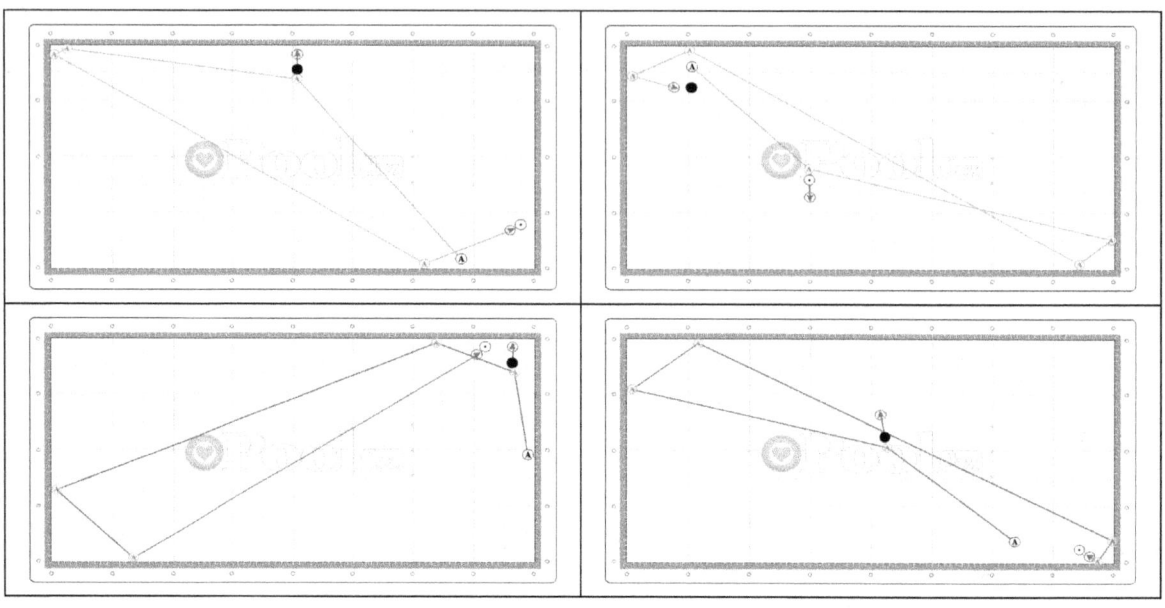

Analyse:

D:4a. _____

D:4b. _____

D:4c. _____

D:4d. _____

Tre vant carambole: Hjørne til hjørne diagonale mønstre

D:4a – Setup

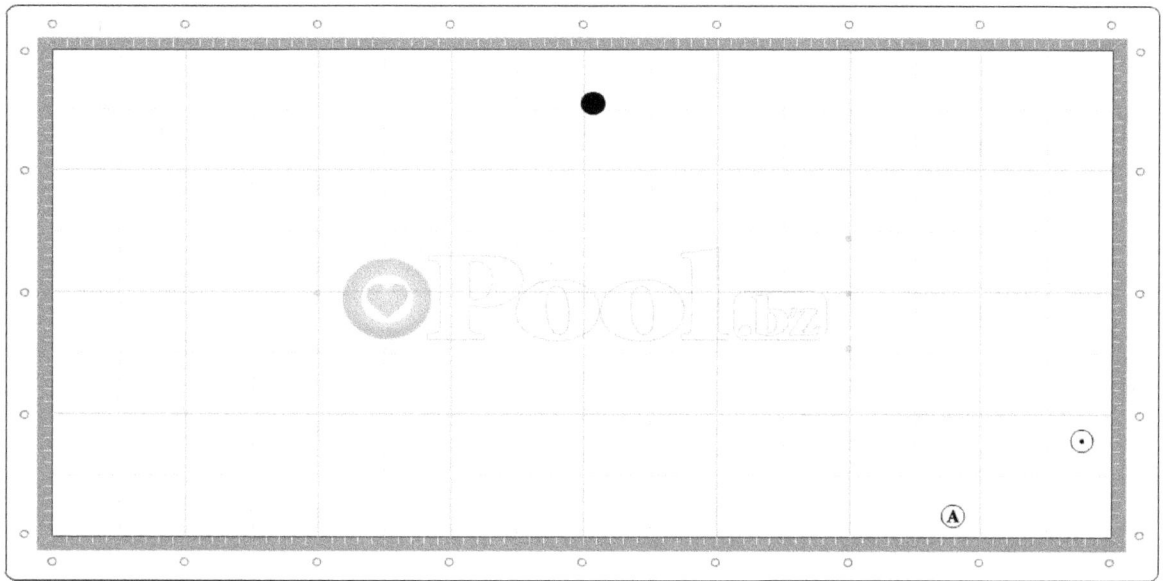

Notater og ideer:

Skudd mønster

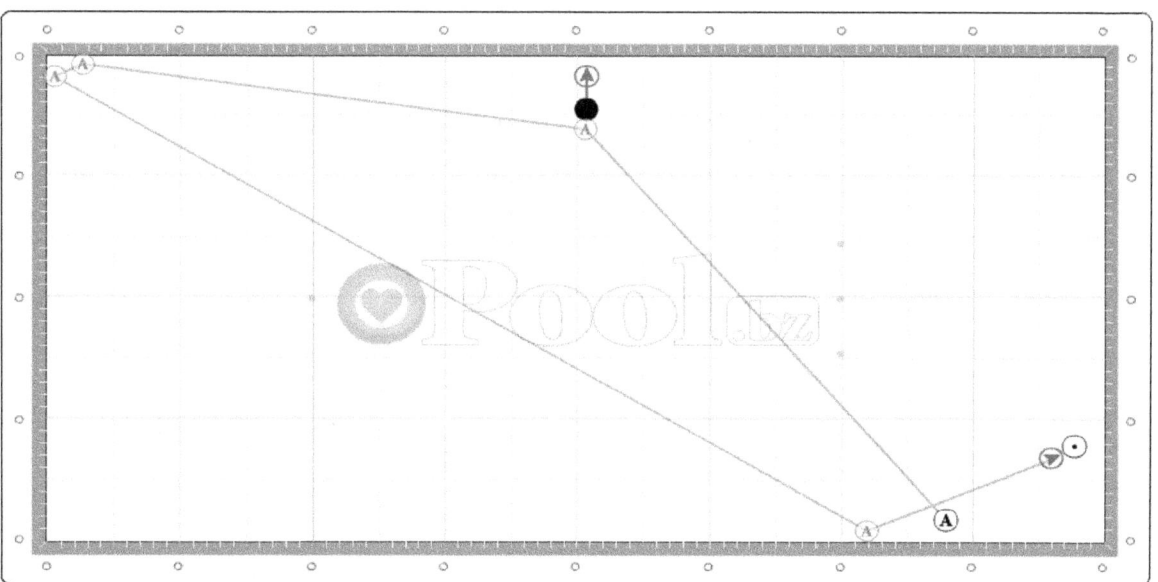

D:4b – Setup

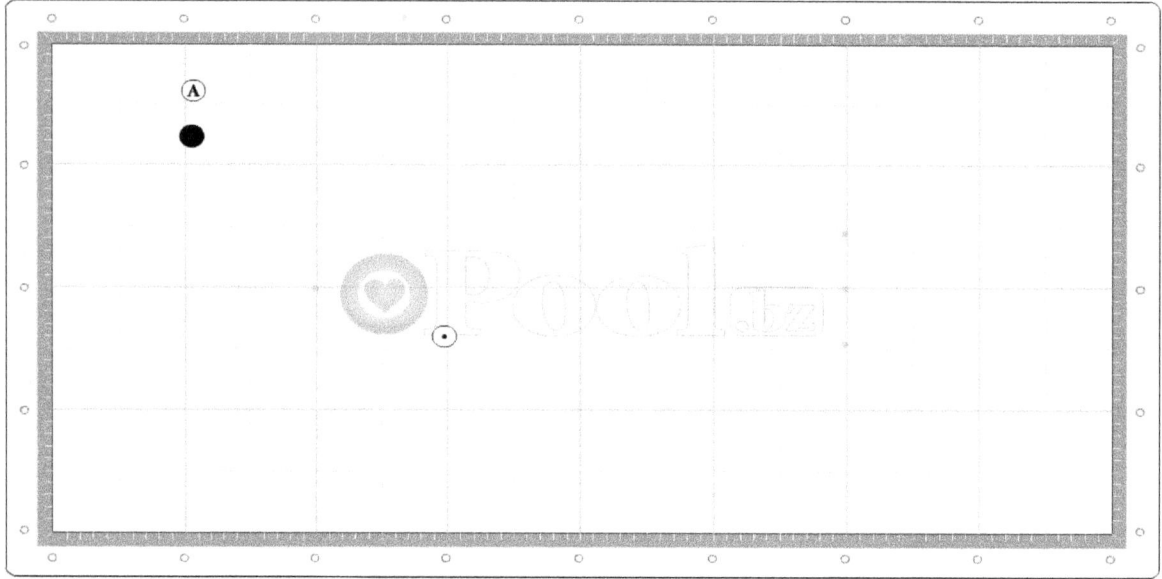

Notater og ideer:

Skudd mønster

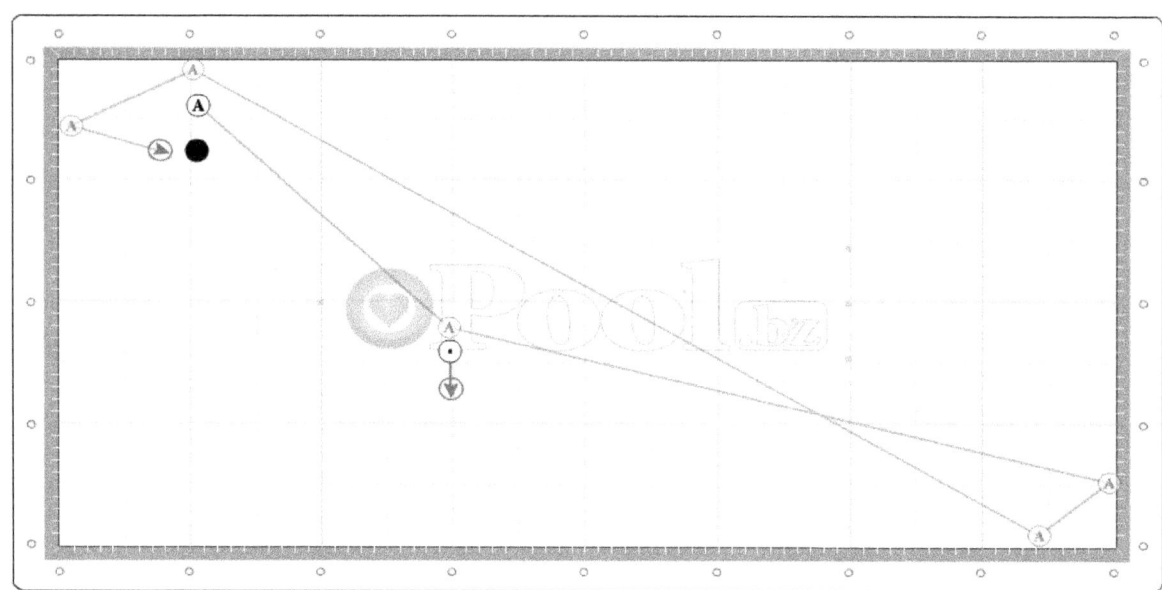

D:4c – Setup

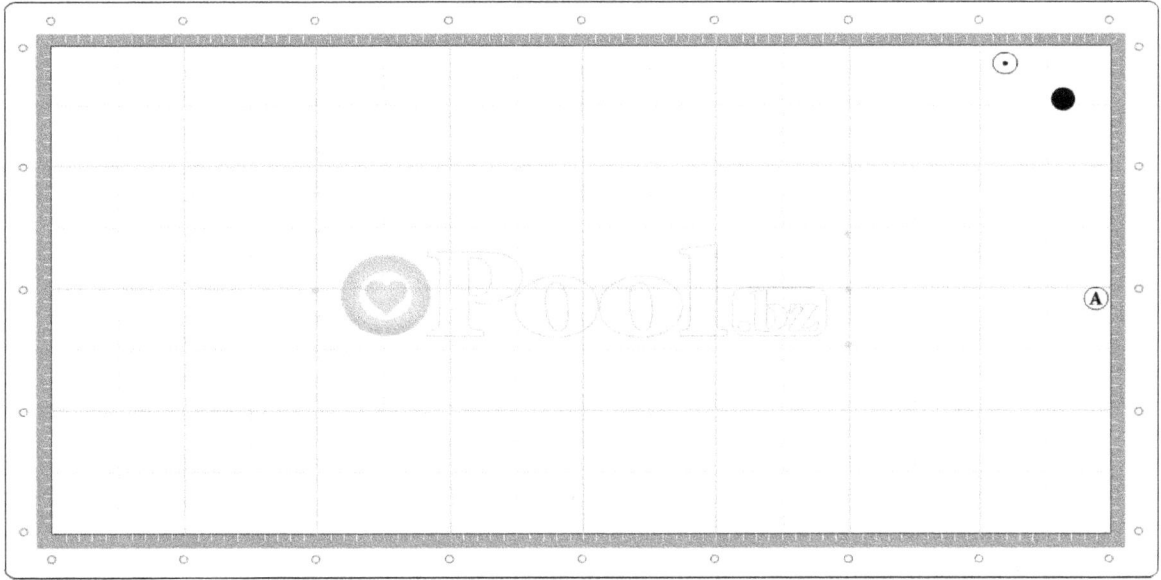

Notater og ideer:

Skudd mønster

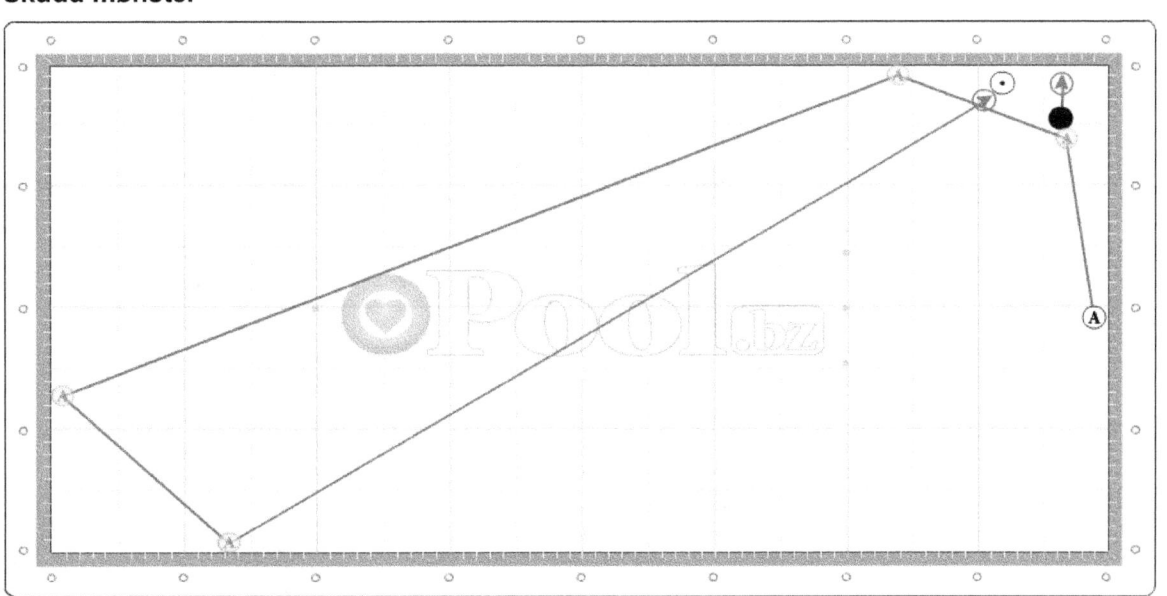

D:4d – Setup

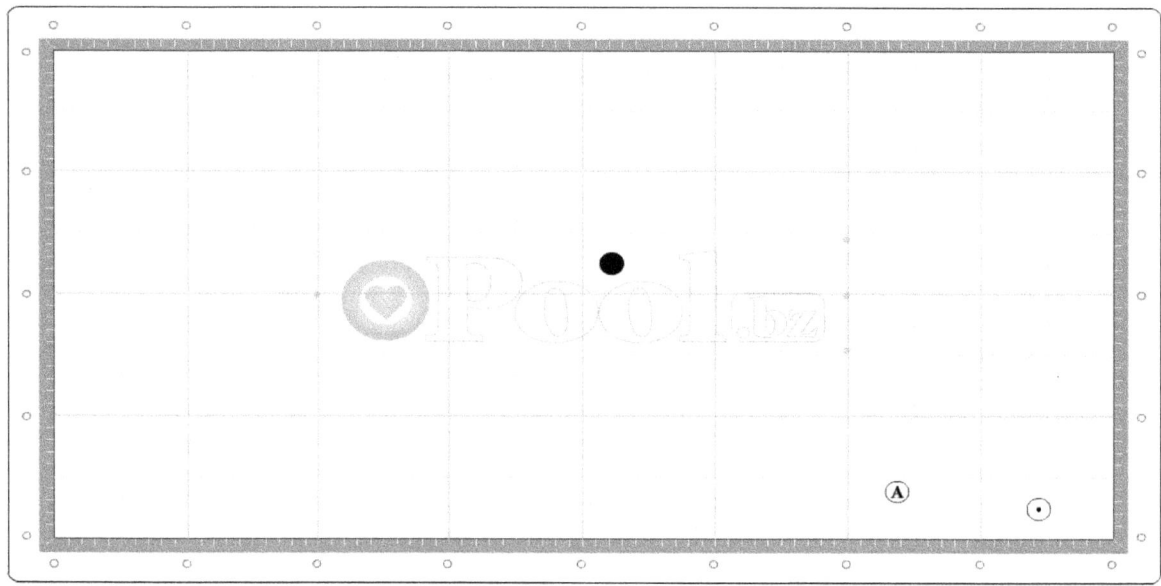

Notater og ideer:

Skudd mønster

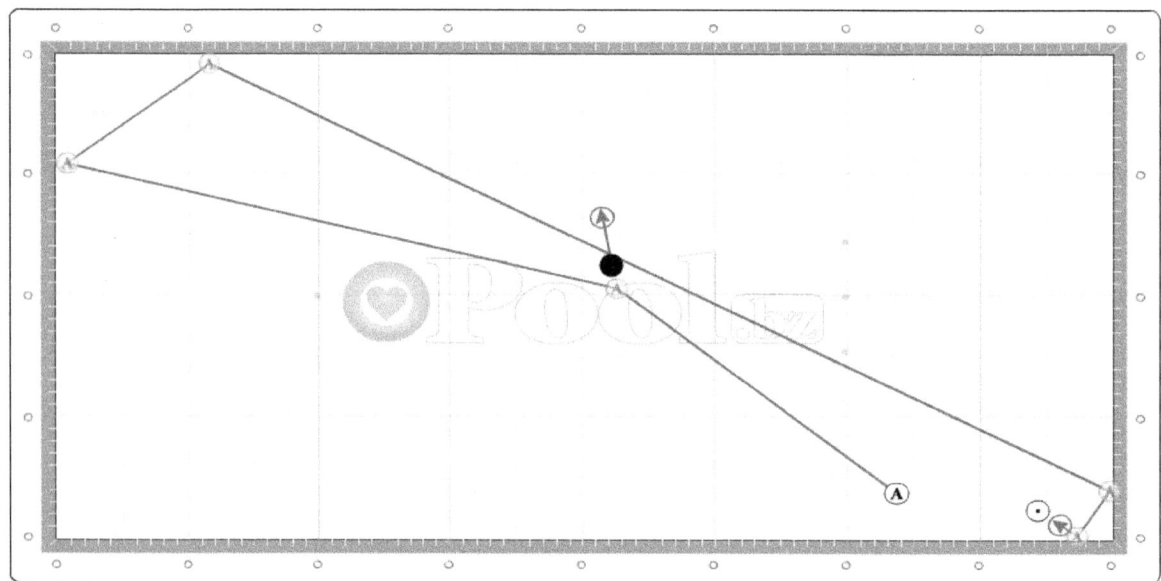

D: Gruppe 5

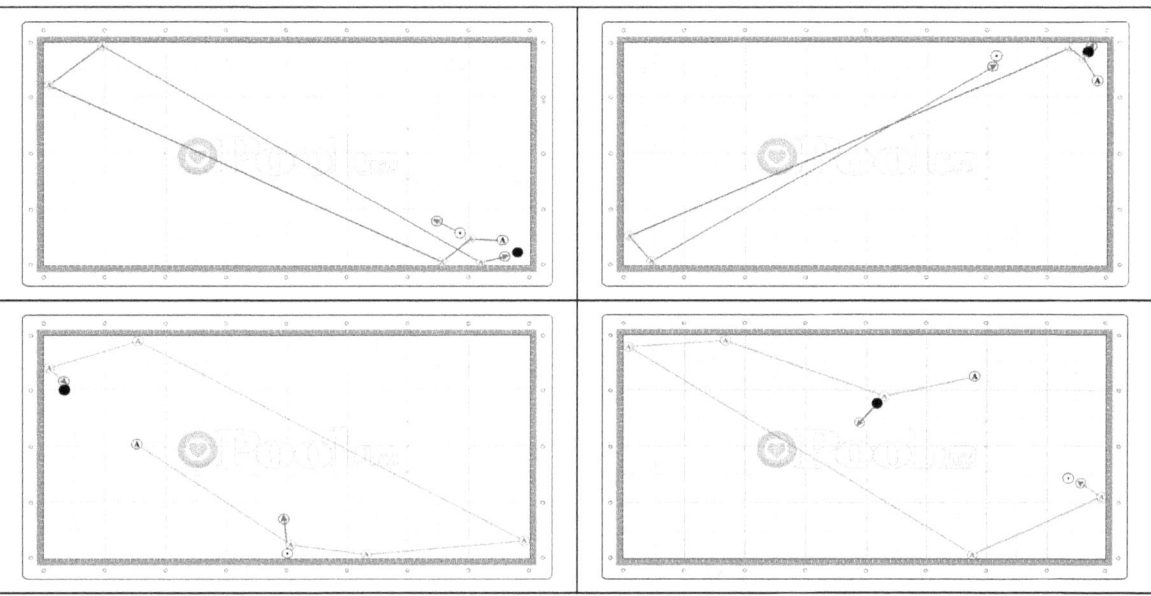

Analyse:

D:5a. _____

D:5b. _____

D:5c. _____

D:5d. _____

D:5a – Setup

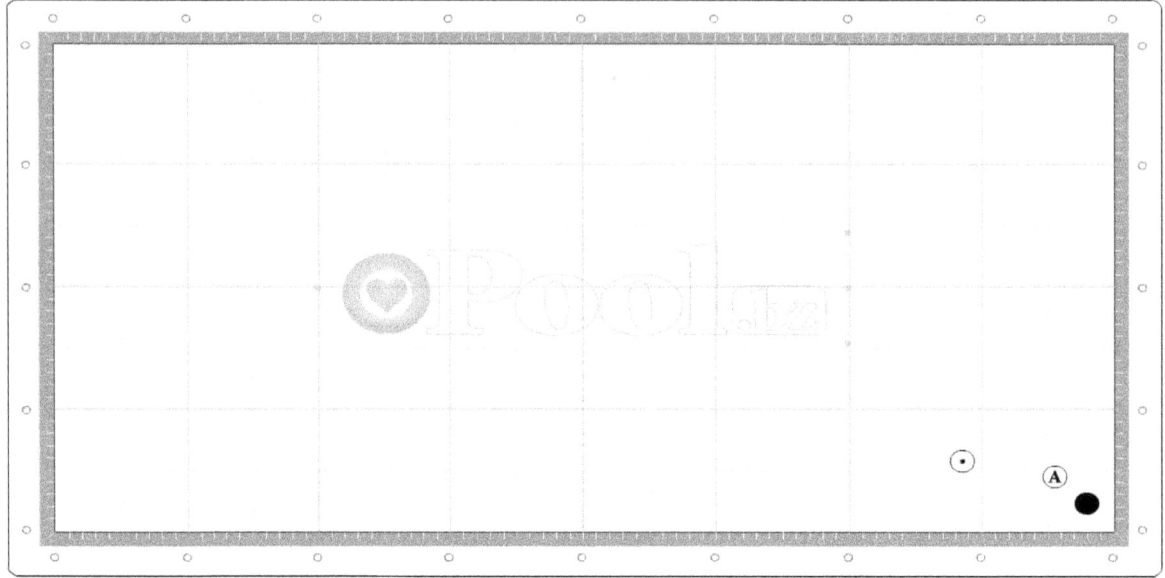

Notater og ideer:

Skudd mønster

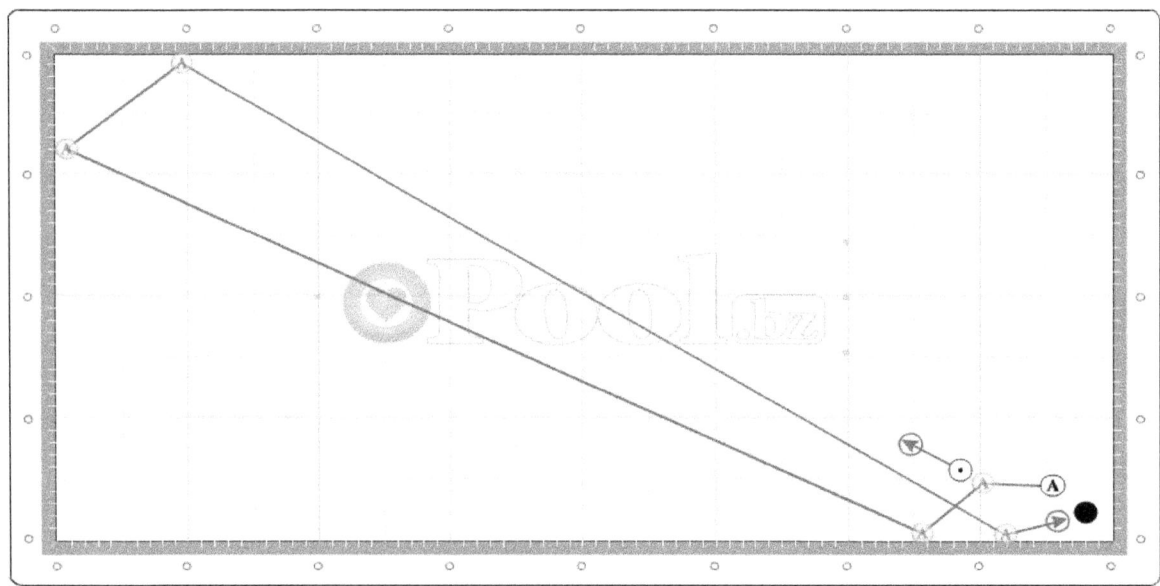

D:5b – Setup

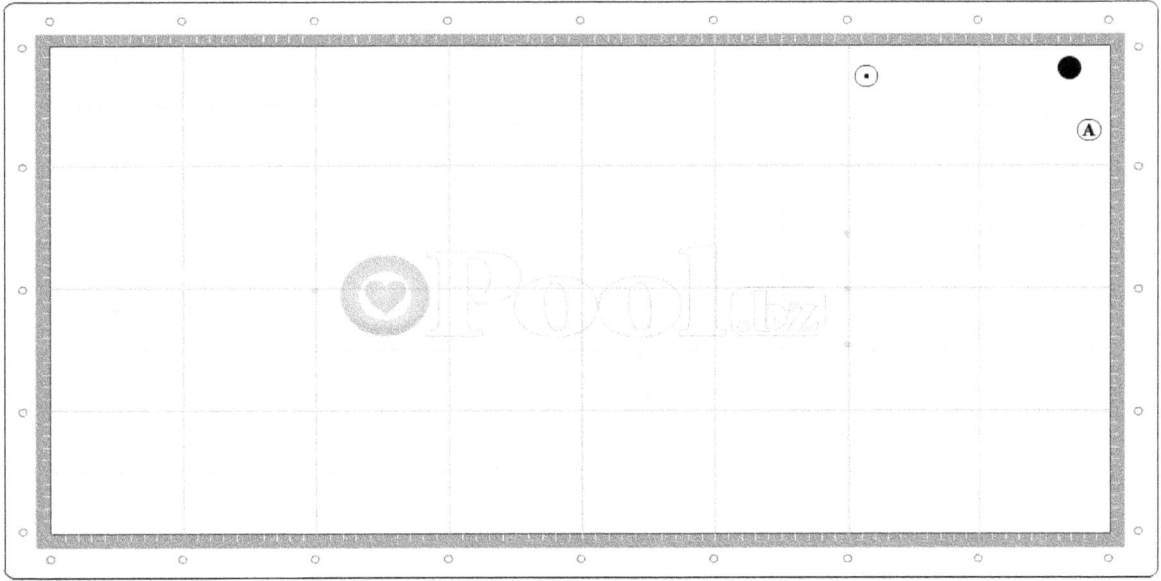

Notater og ideer:

Skudd mønster

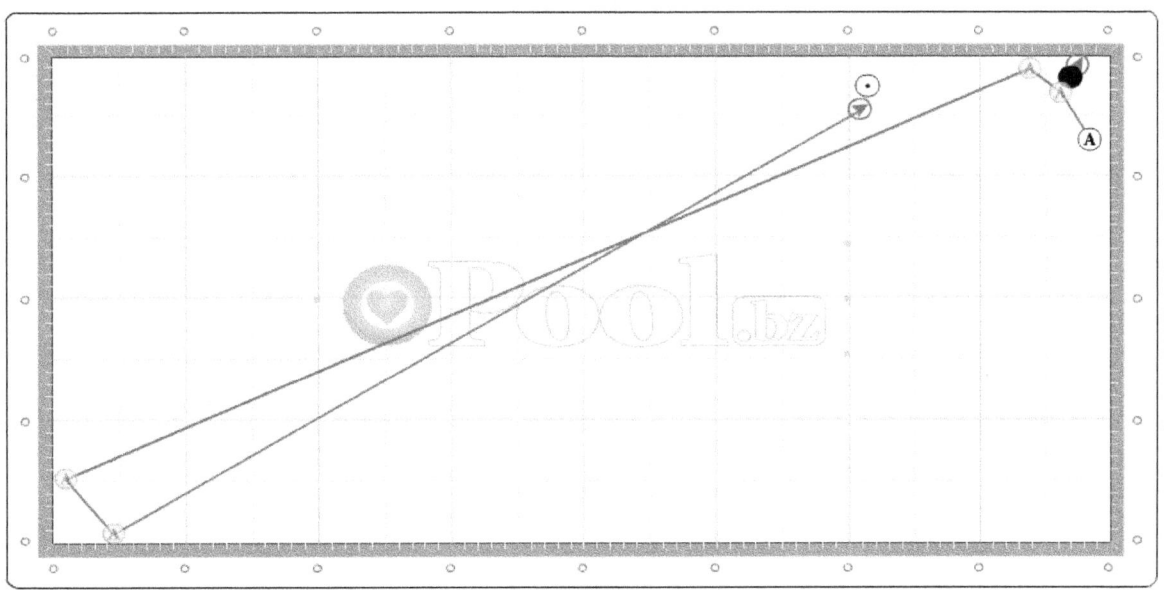

D:5c – Setup

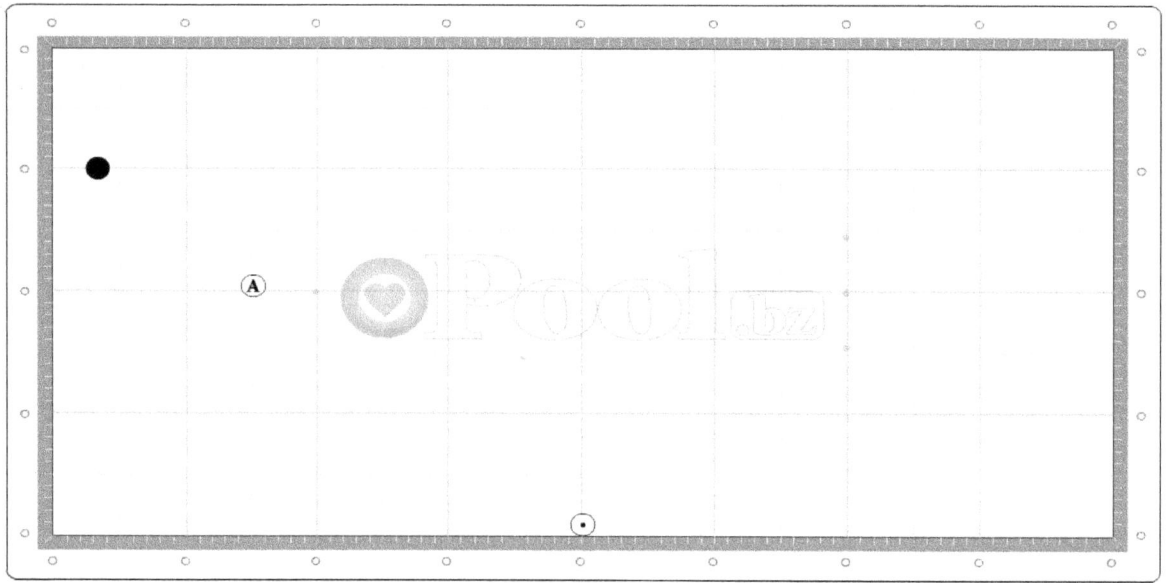

Notater og ideer:

Skudd mønster

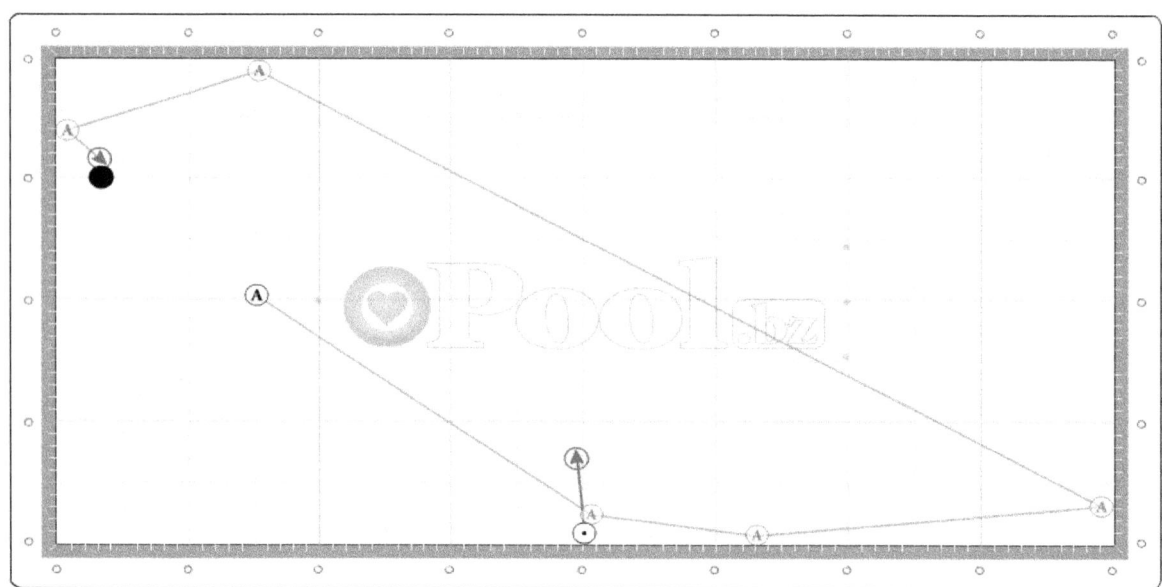

D:5d – Setup

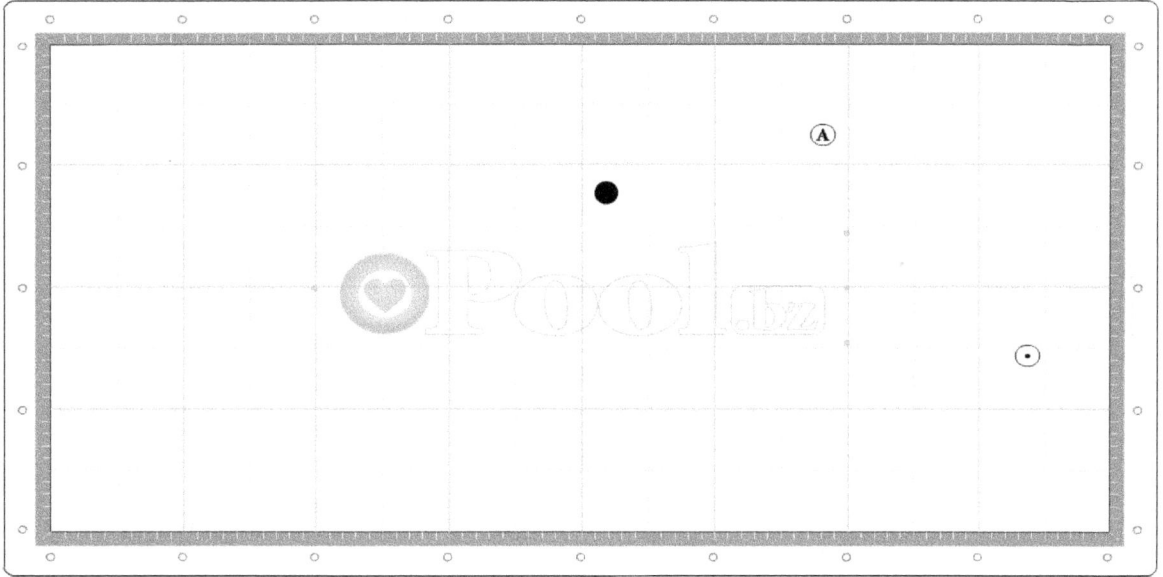

Notater og ideer:

Skudd mønster

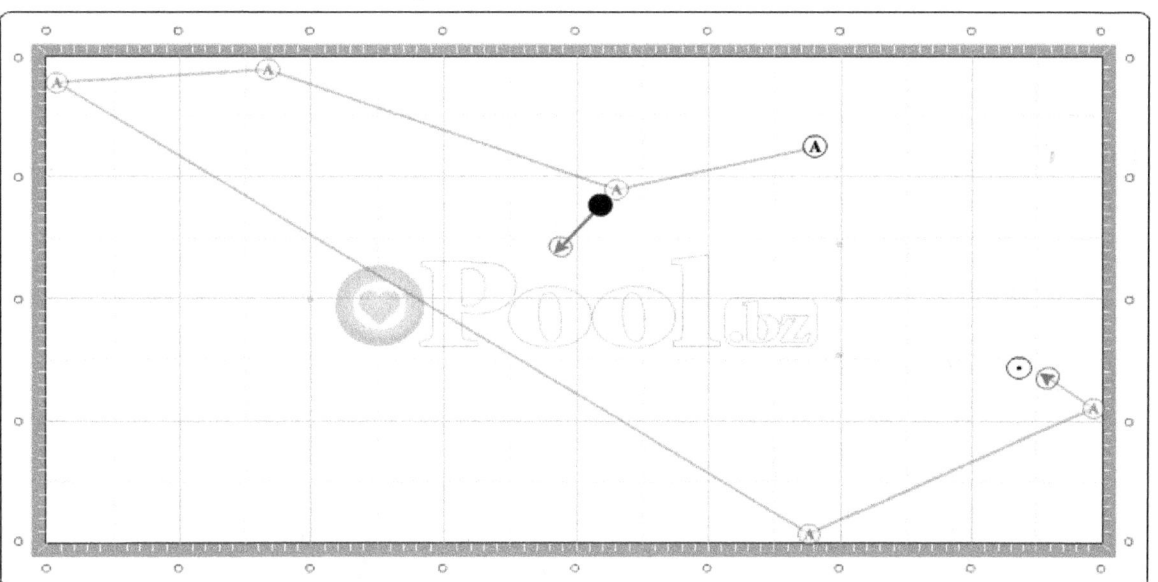

D: Gruppe 6

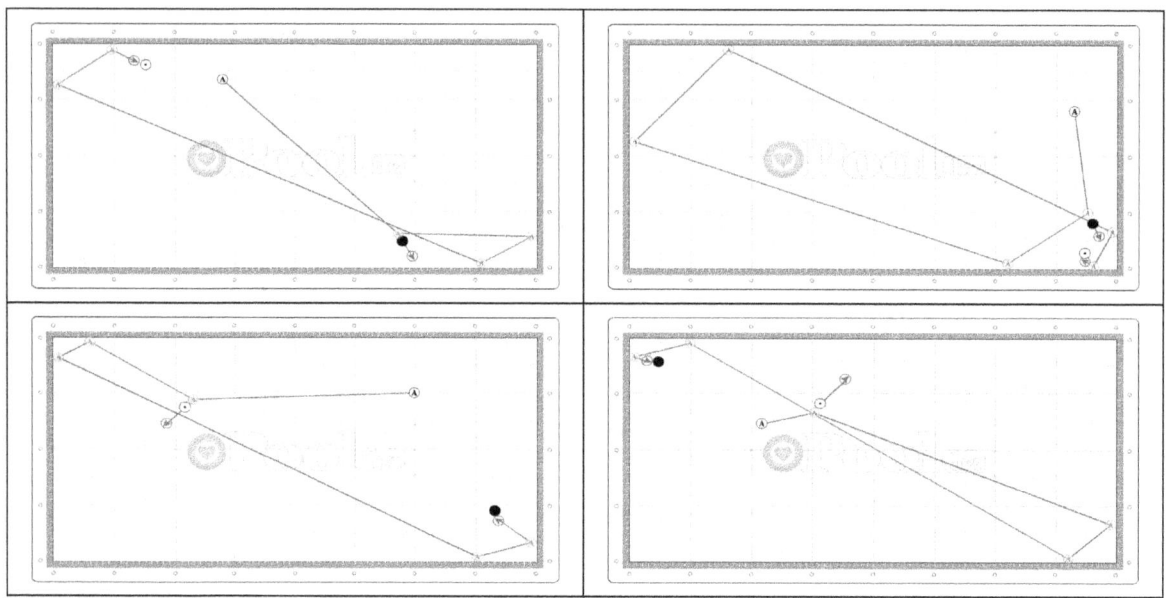

Analyse:

D:6a. _____

D:6b. _____

D:6c. _____

D:6d. _____

D:6a – Setup

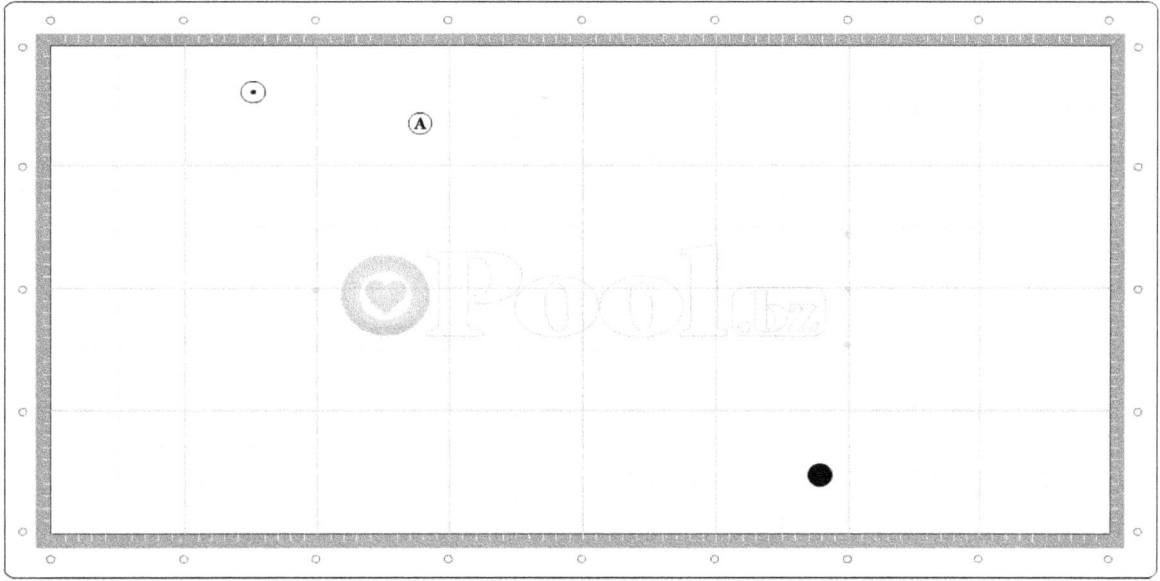

Notater og ideer:

Skudd mønster

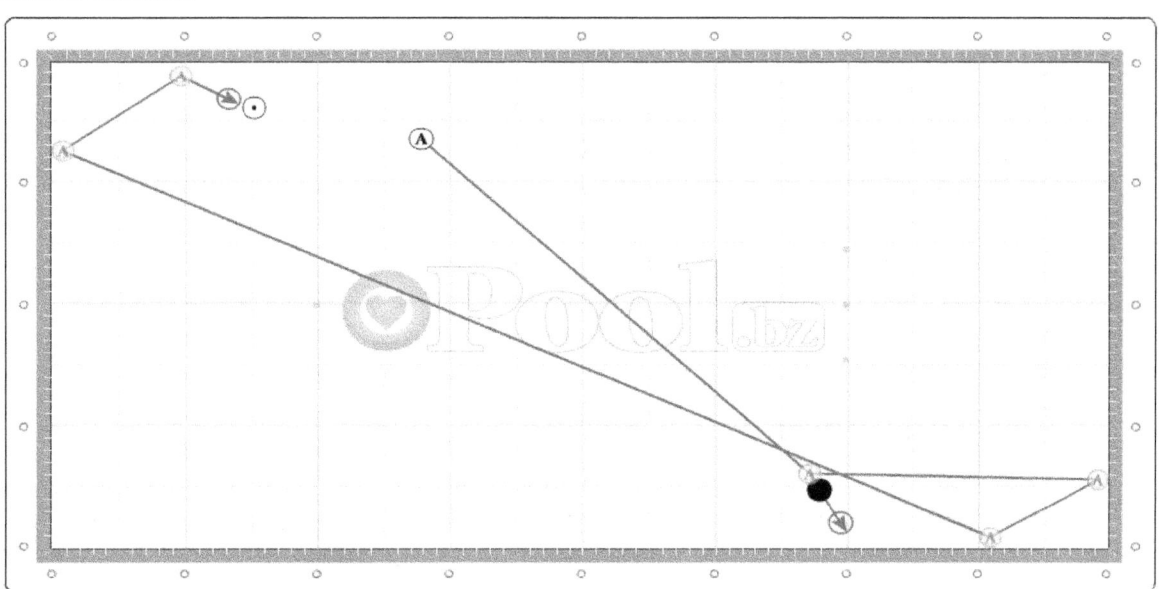

D:6b – Setup

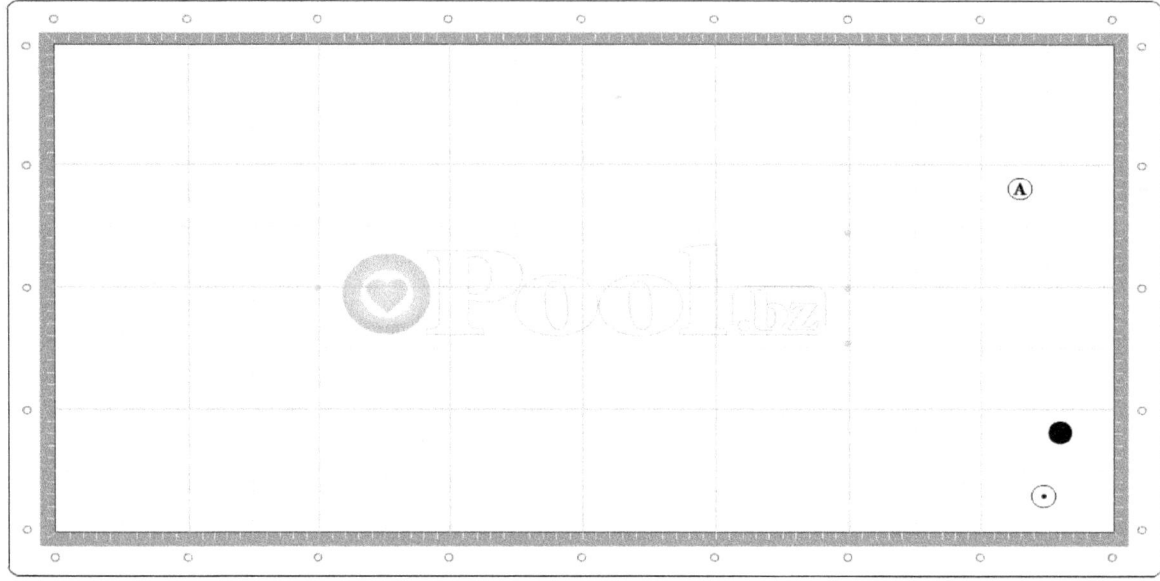

Notater og ideer:

Skudd mønster

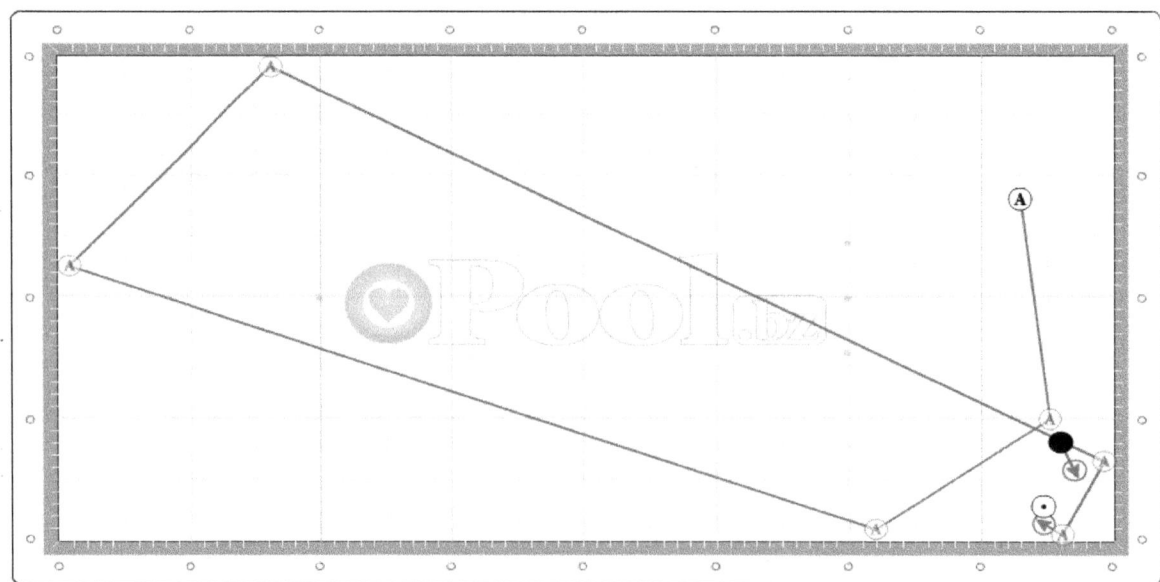

D:6c – Setup

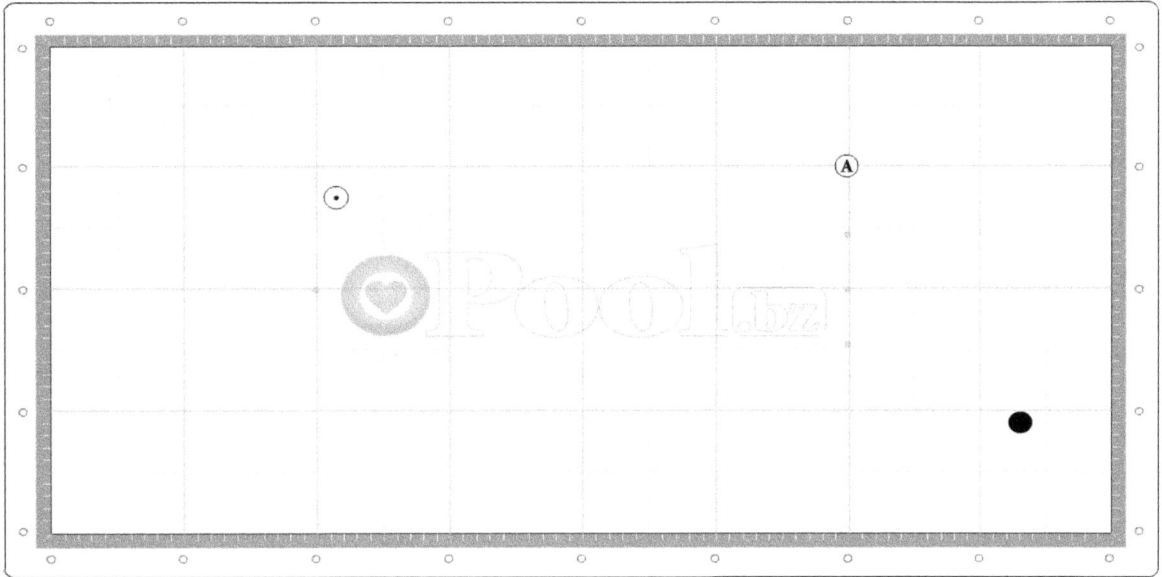

Notater og ideer:

Skudd mønster

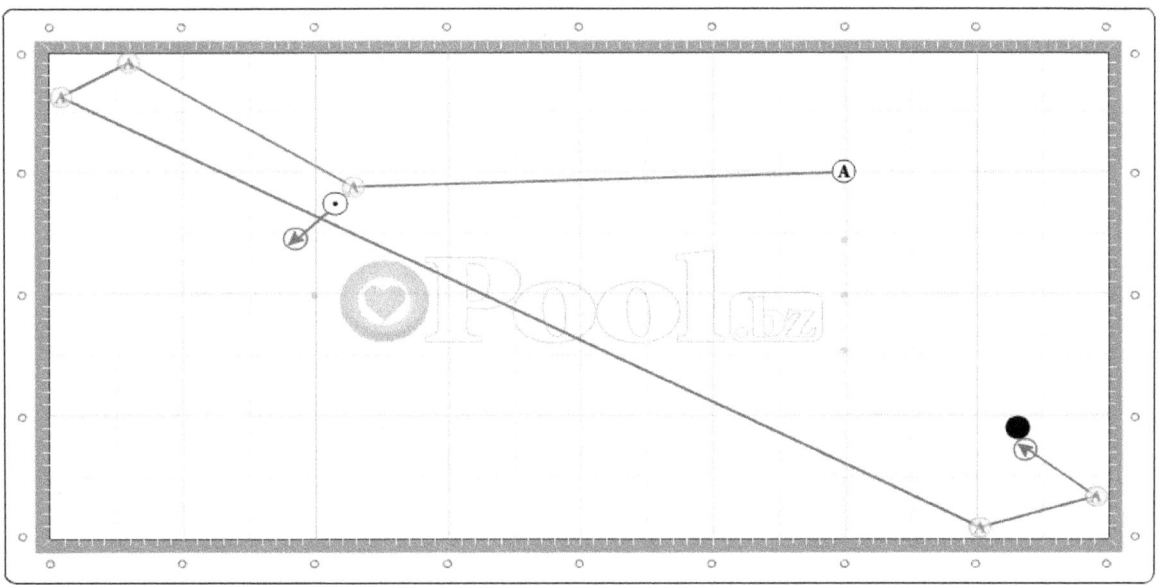

D:6d – Setup

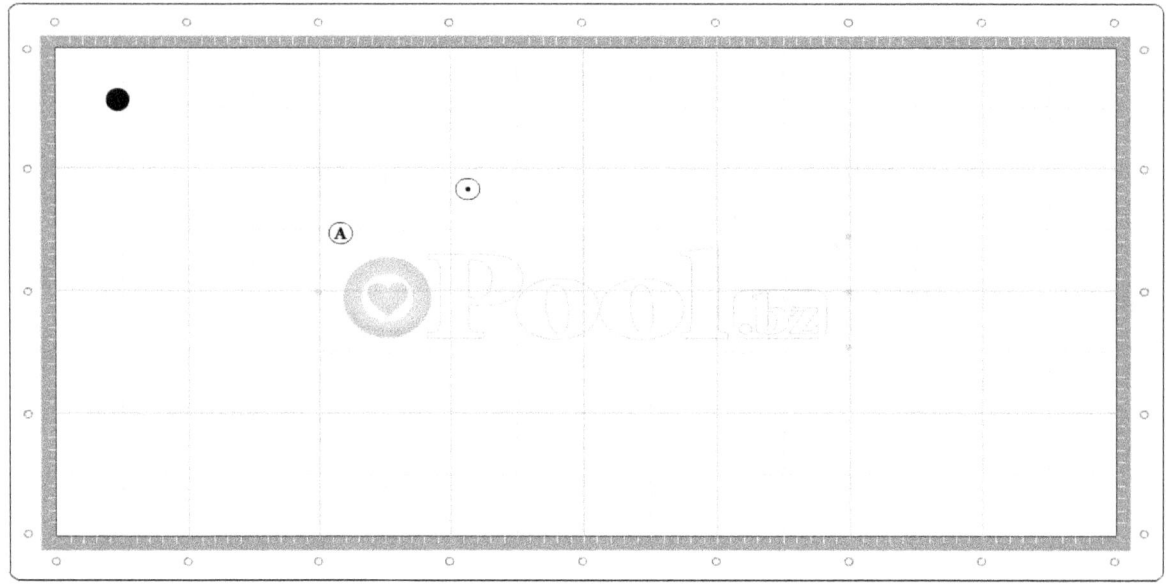

Notater og ideer:

Skudd mønster

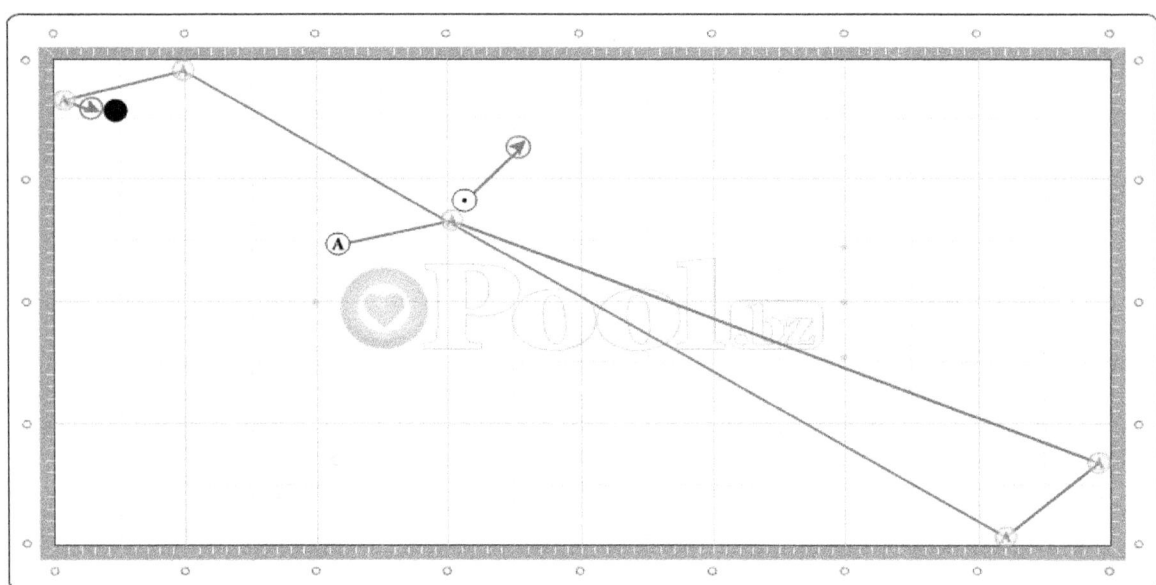

D: Gruppe 7

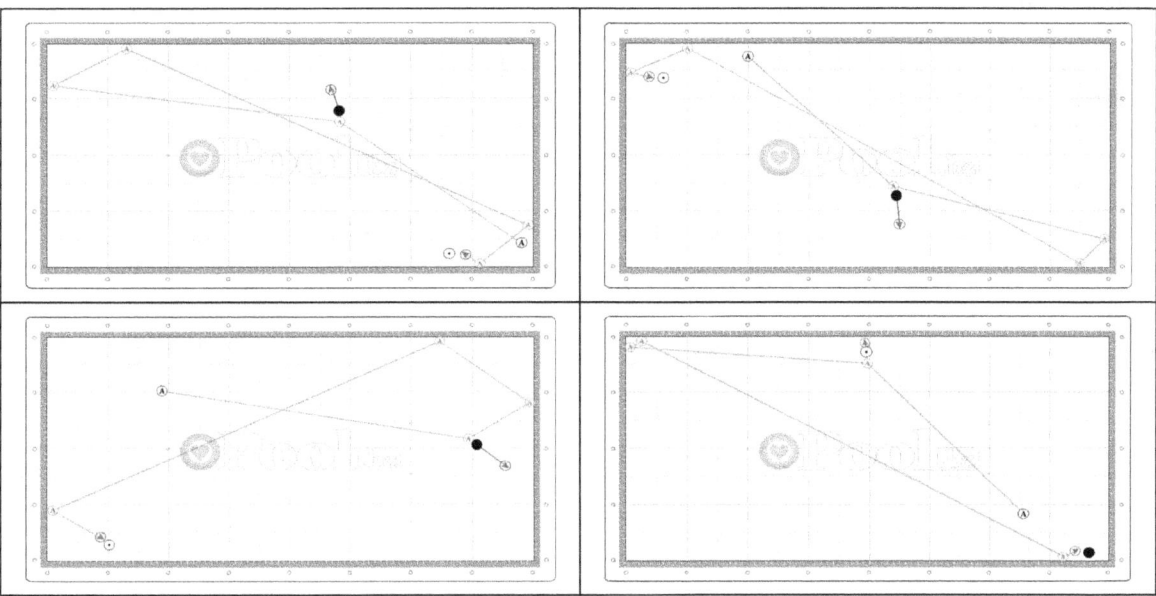

Analyse:

D:7a. _____

D:7b. _____

D:7c. _____

D:7d. _____

D:7a – Setup

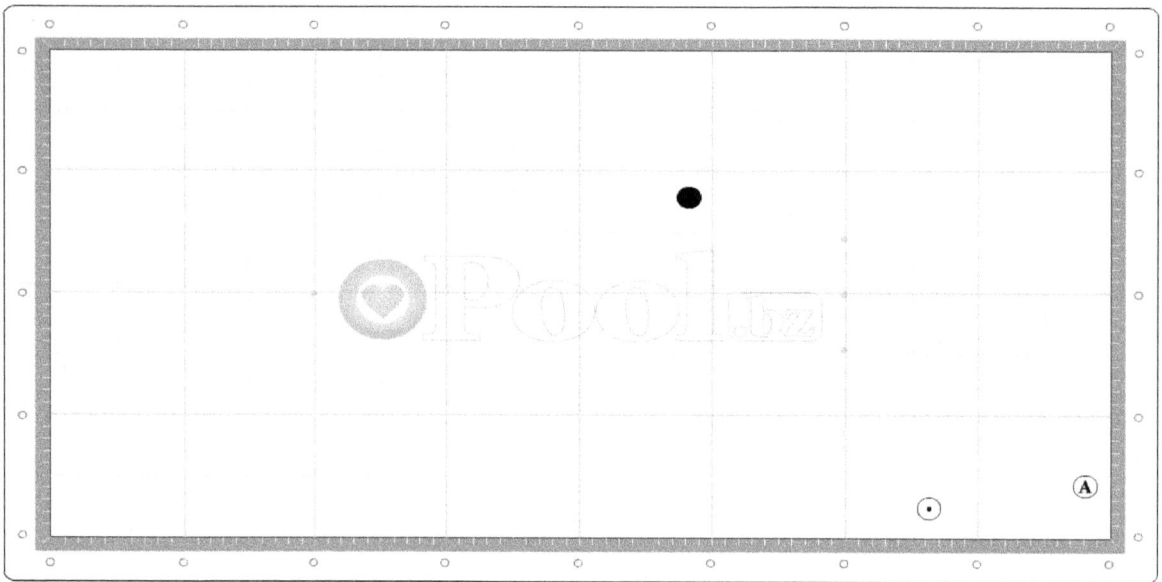

Notater og ideer:

Skudd mønster

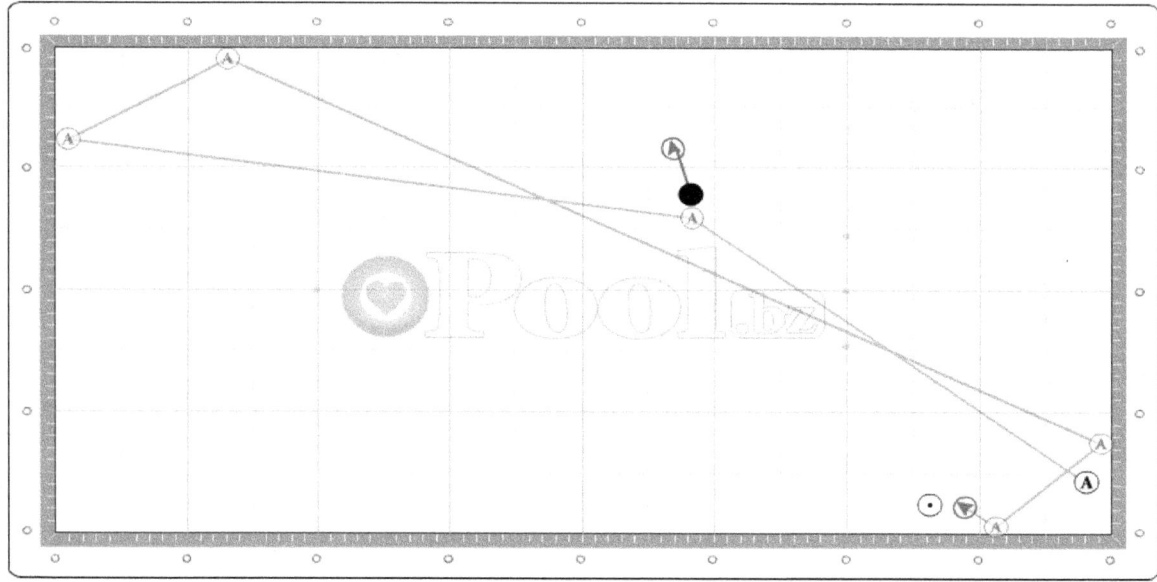

D:7b – Setup

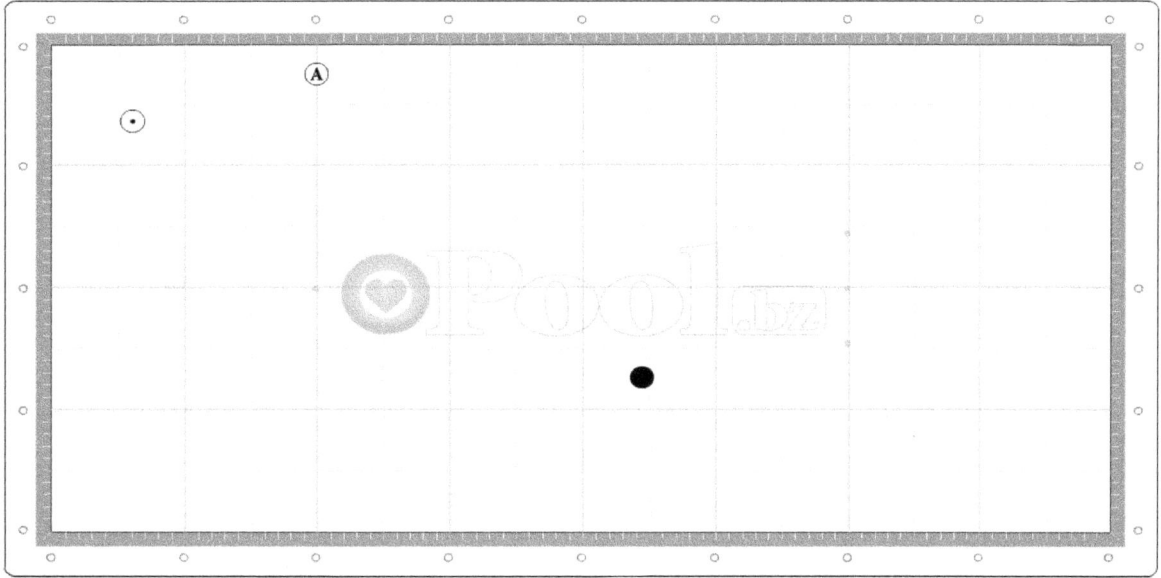

Notater og ideer:

Skudd mønster

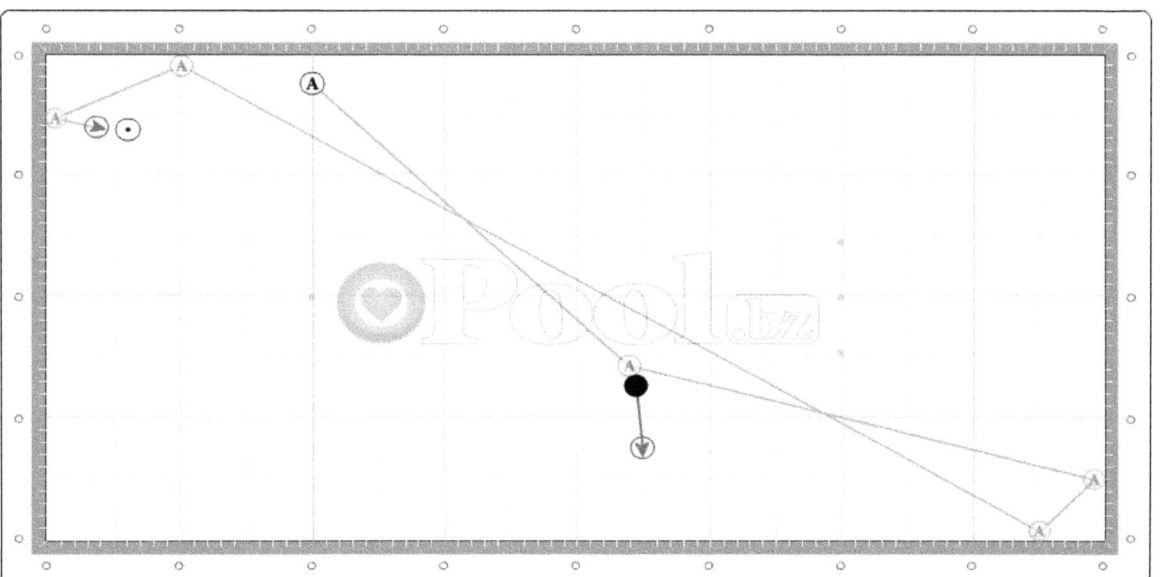

Tre vant carambole: Hjørne til hjørne diagonale mønstre

D:7c – Setup

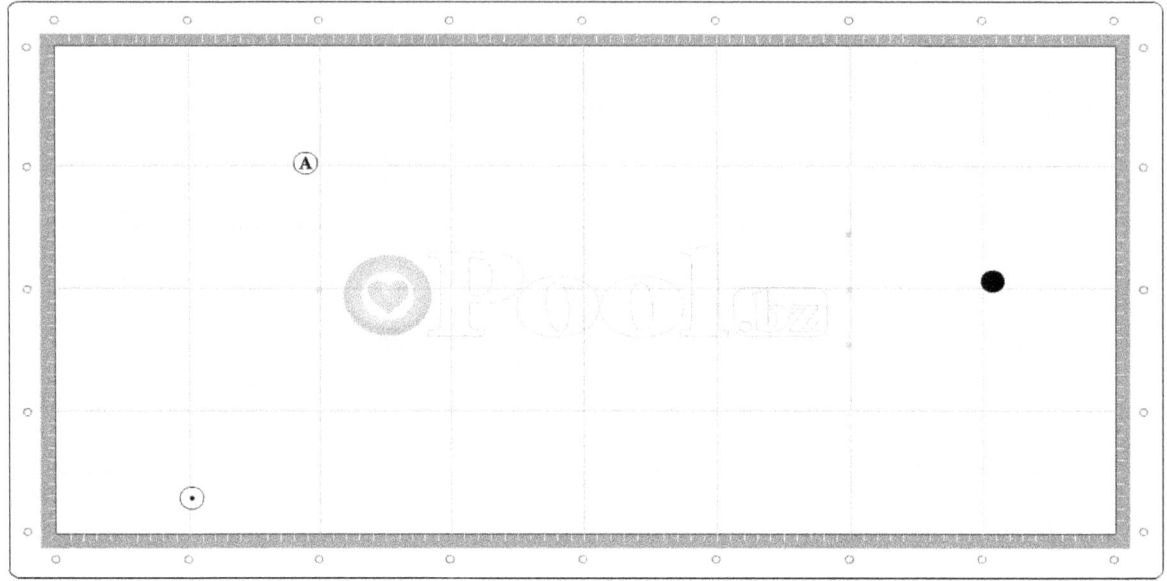

Notater og ideer:

Skudd mønster

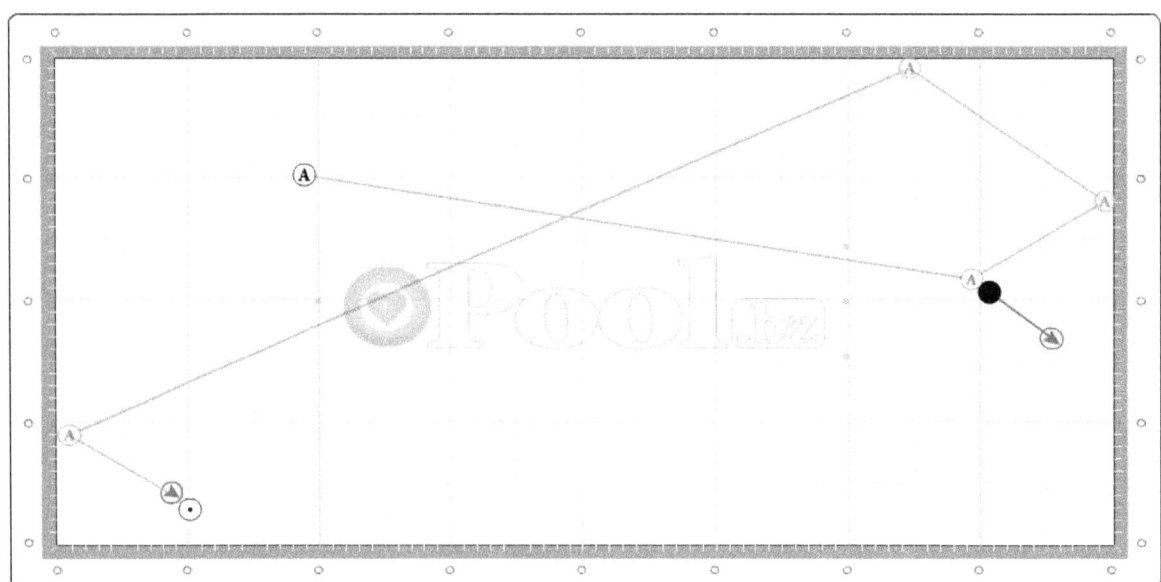

D:7d – Setup

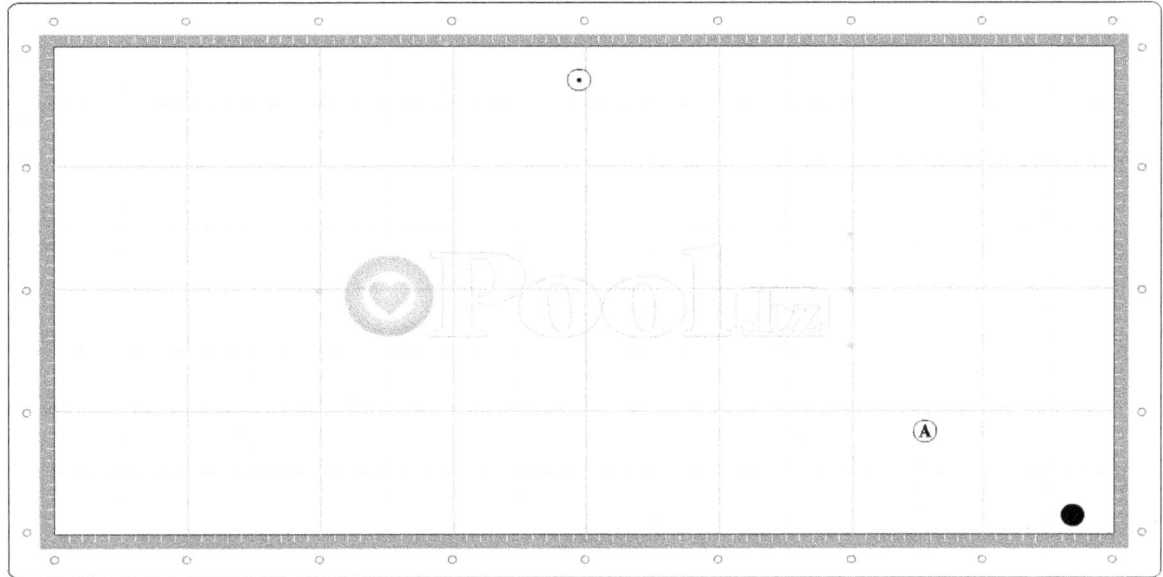

Notater og ideer:

Skudd mønster

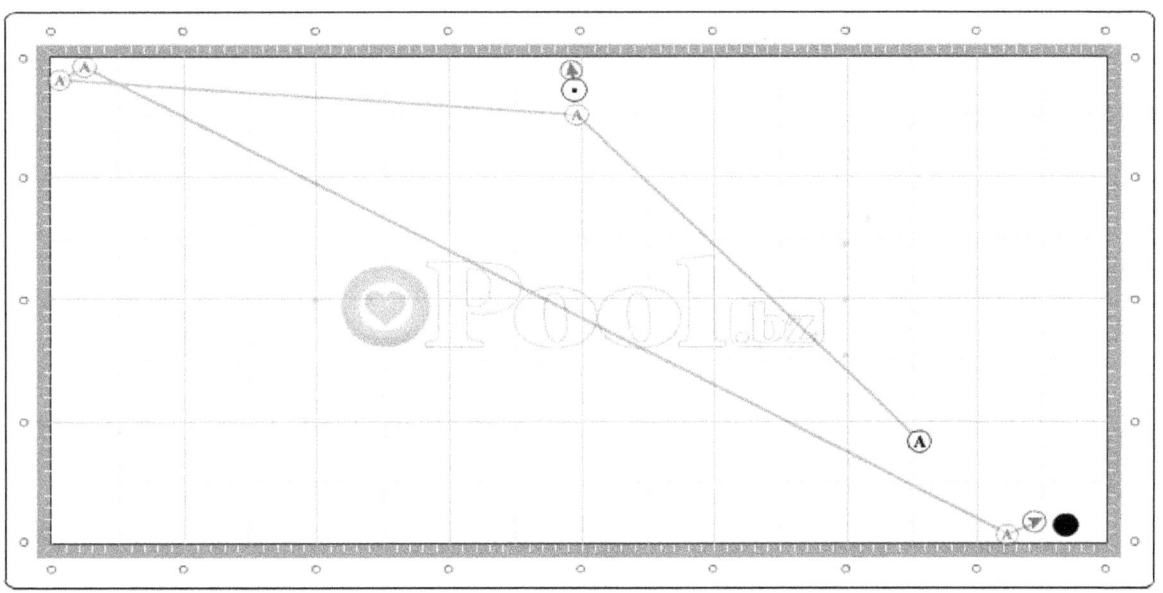

E: Dobbel diagonal (modifisert)

Den (CB) kommer av den første (OB) og starter diagonalmønsteret. (CB) går inn i hjørnet og returnerer deretter på en diagonal sti for å komme i kontakt med den andre (OB).

Ⓐ (CB) (biljardkule) - ⊙ (OB) (motstander billiardball) - ● (OB) (rød biljardball)

E: Gruppe 1

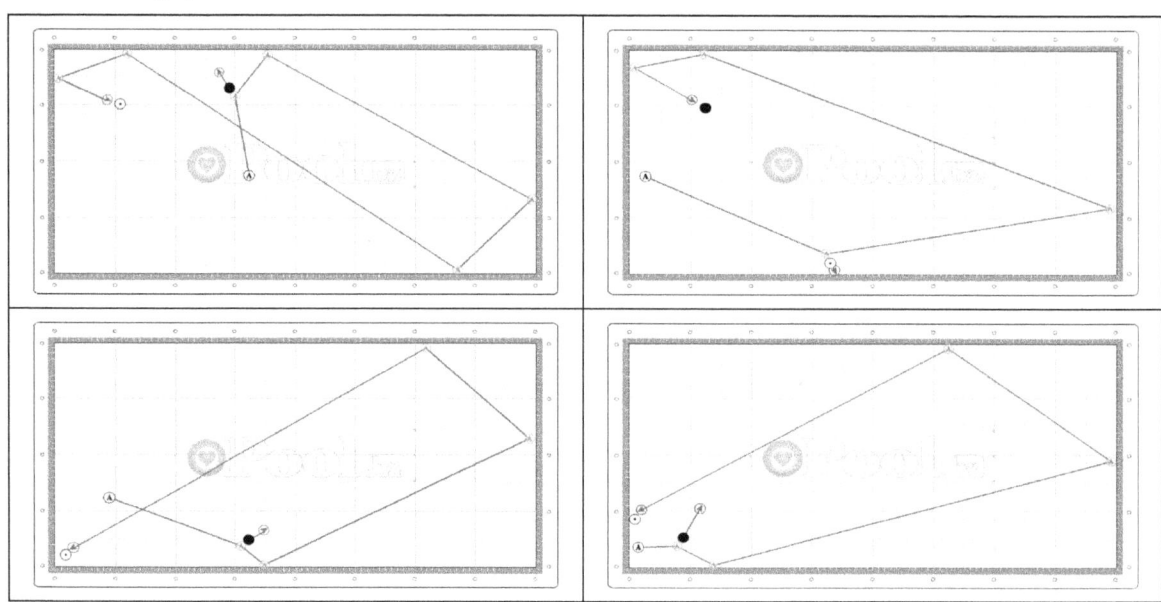

Analyse:

E:1a. _____

E:1b. _____

E:1c. _____

E:1d. _____

E:1a – Setup

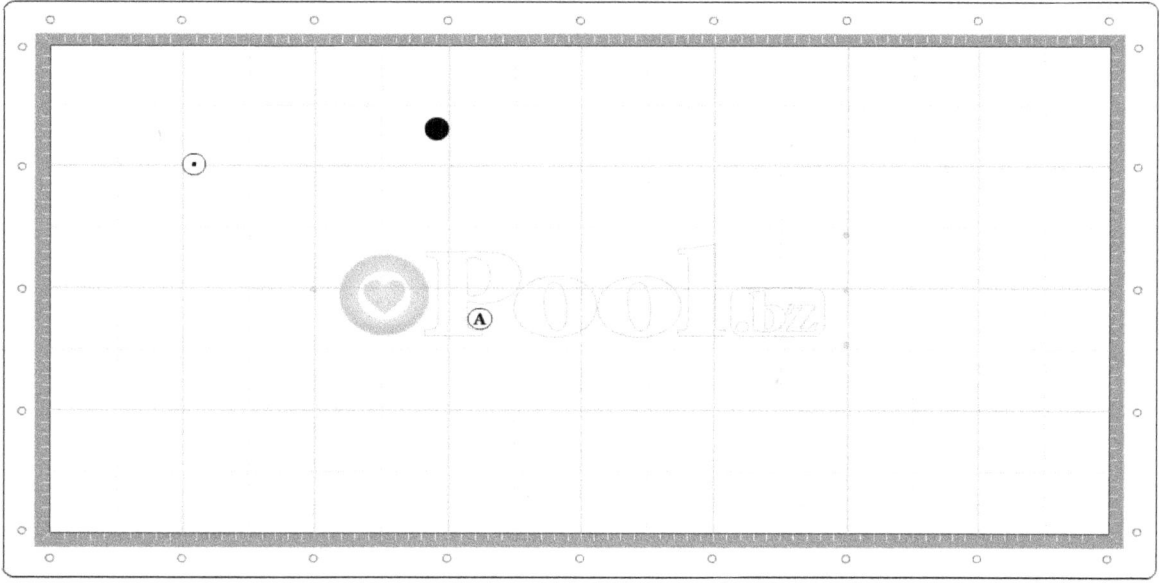

Notater og ideer:

Skudd mønster

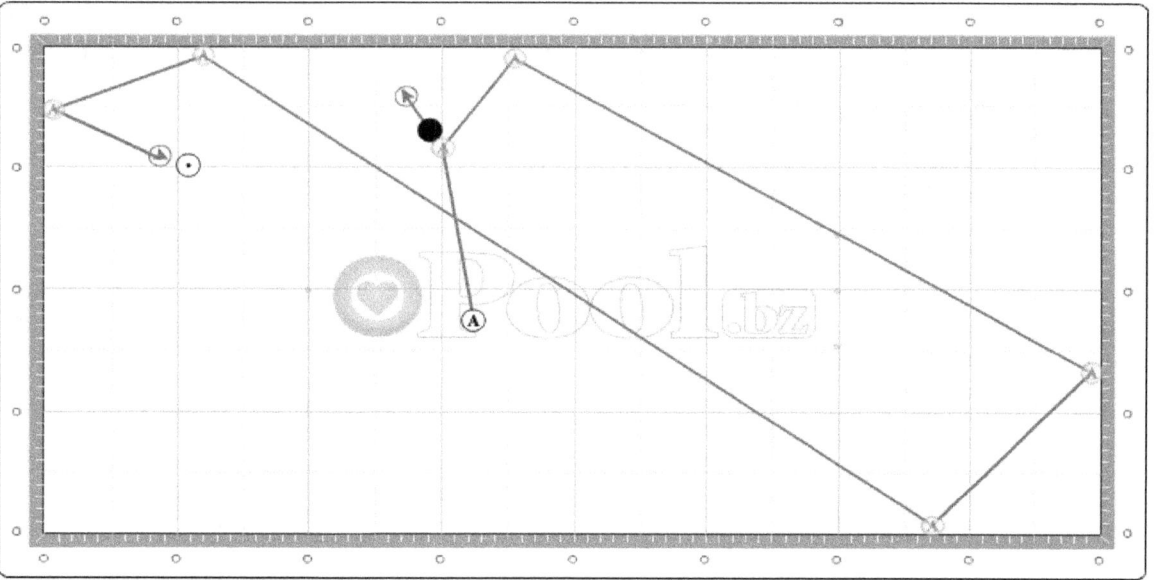

E:1b – Setup

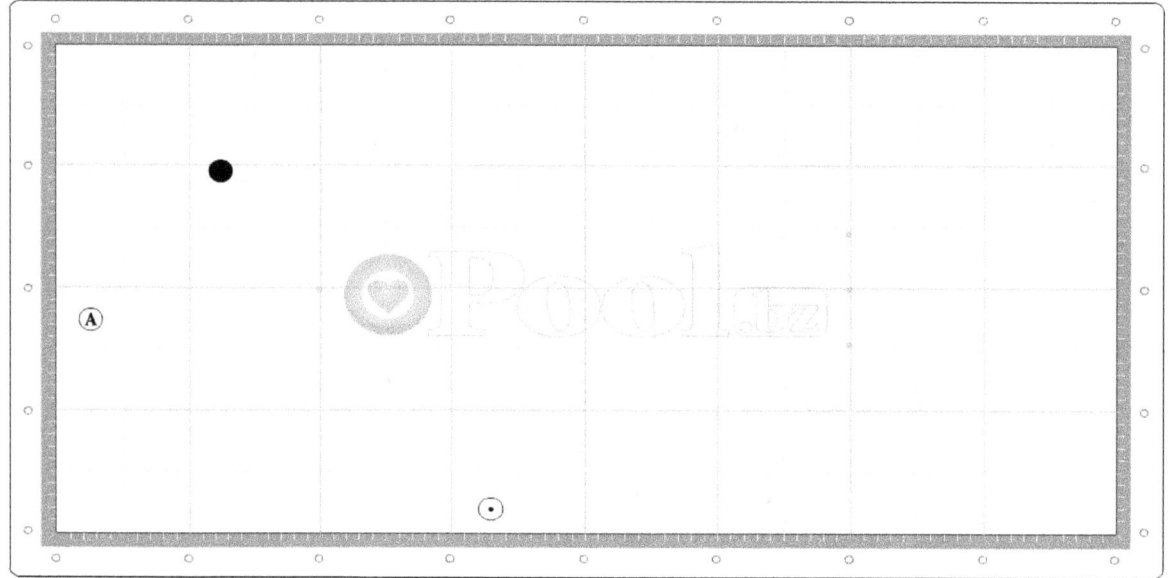

Notater og ideer:

Skudd mønster

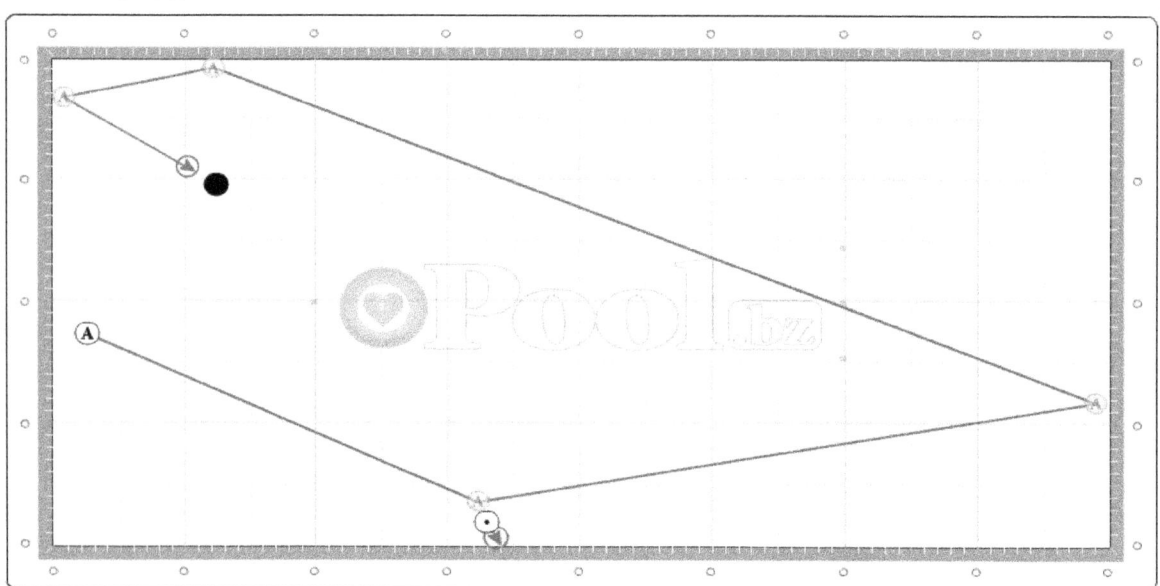

E:1c – Setup

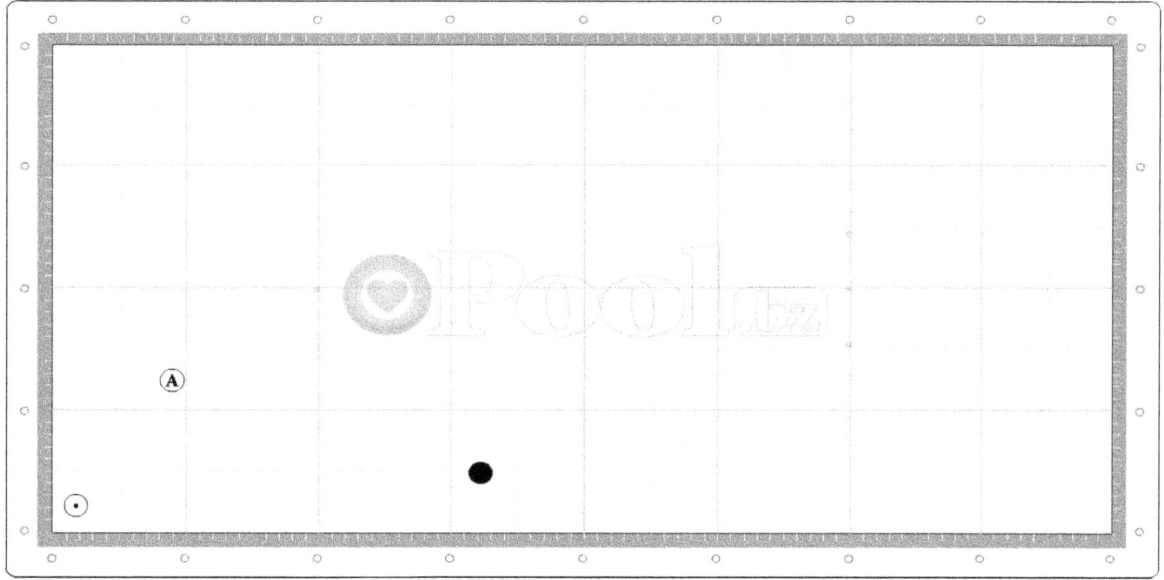

Notater og ideer:

Skudd mønster

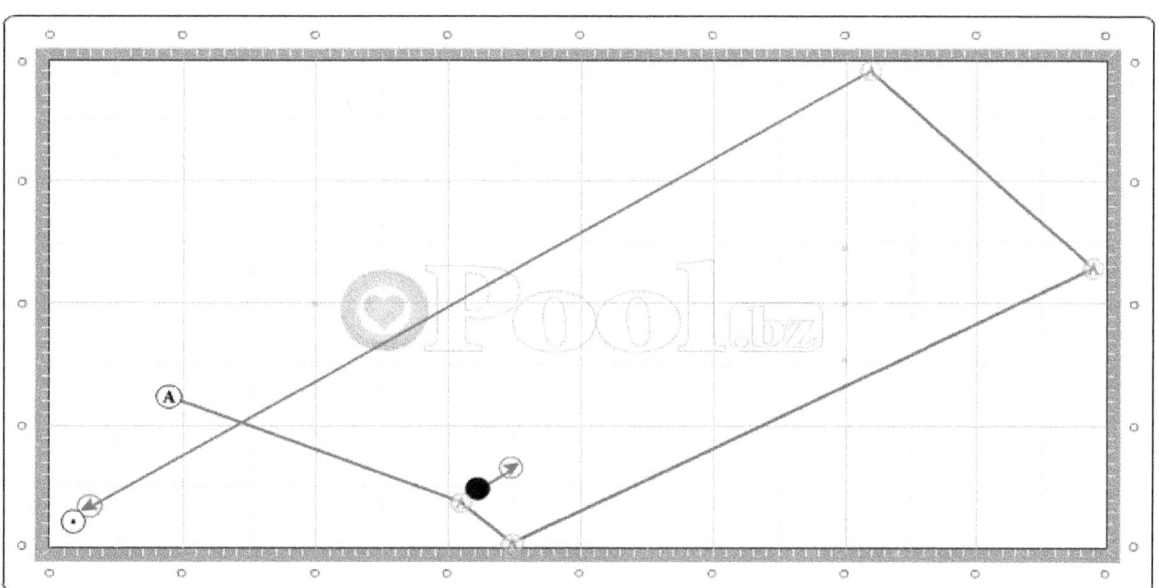

E:1d – Setup

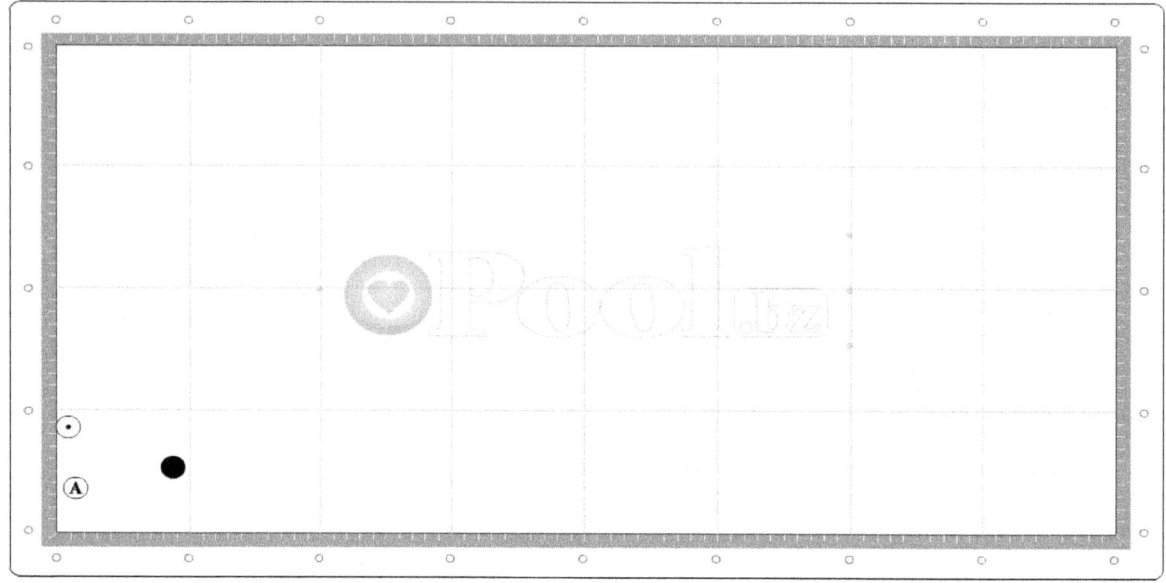

Notater og ideer:

Skudd mønster

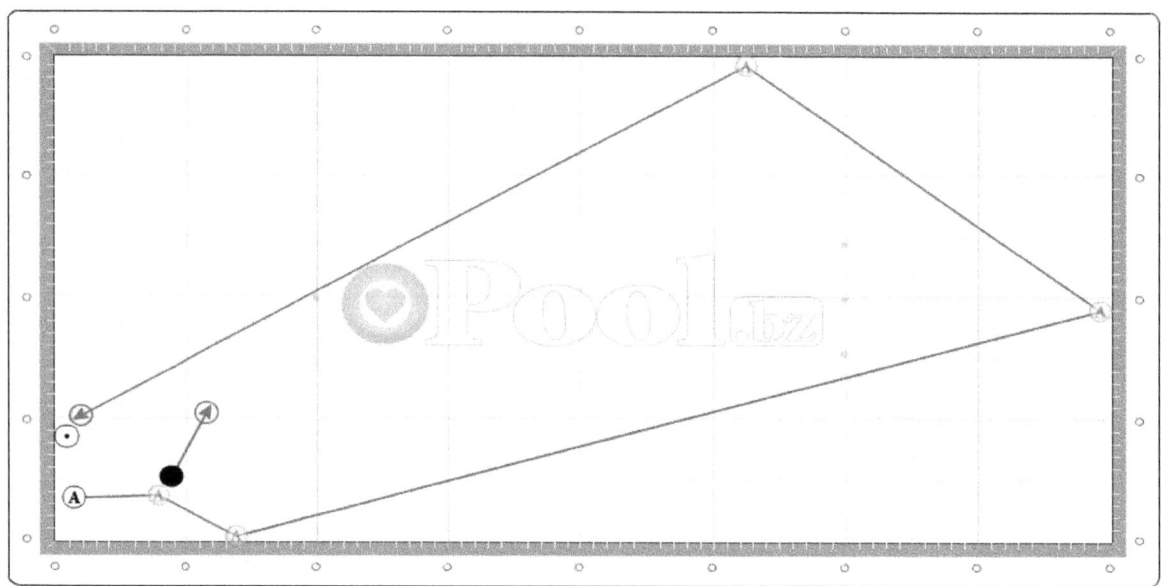

E: Gruppe 2

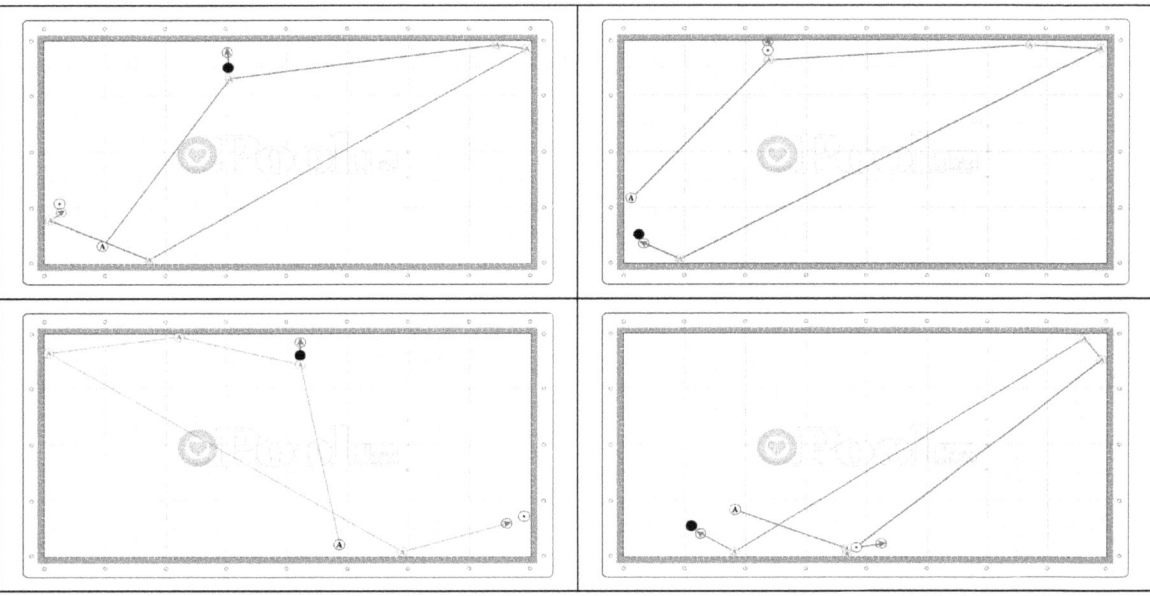

Analyse:

E:2a. _____

E:2b. _____

E:2c. _____

E:2d. _____

E:2a – Setup

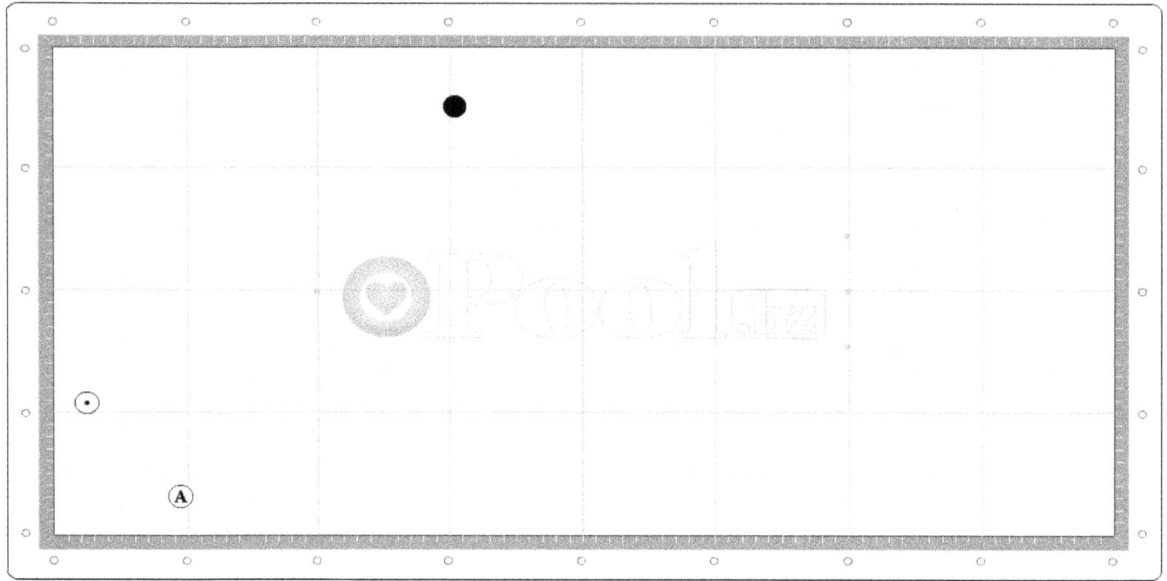

Notater og ideer:

Skudd mønster

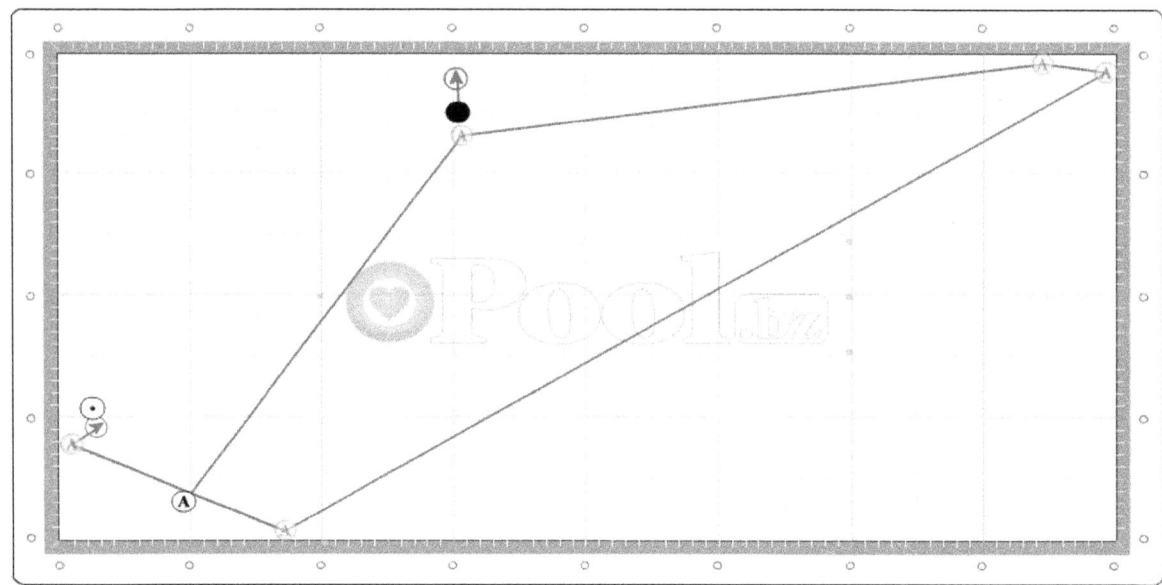

E:2b – Setup

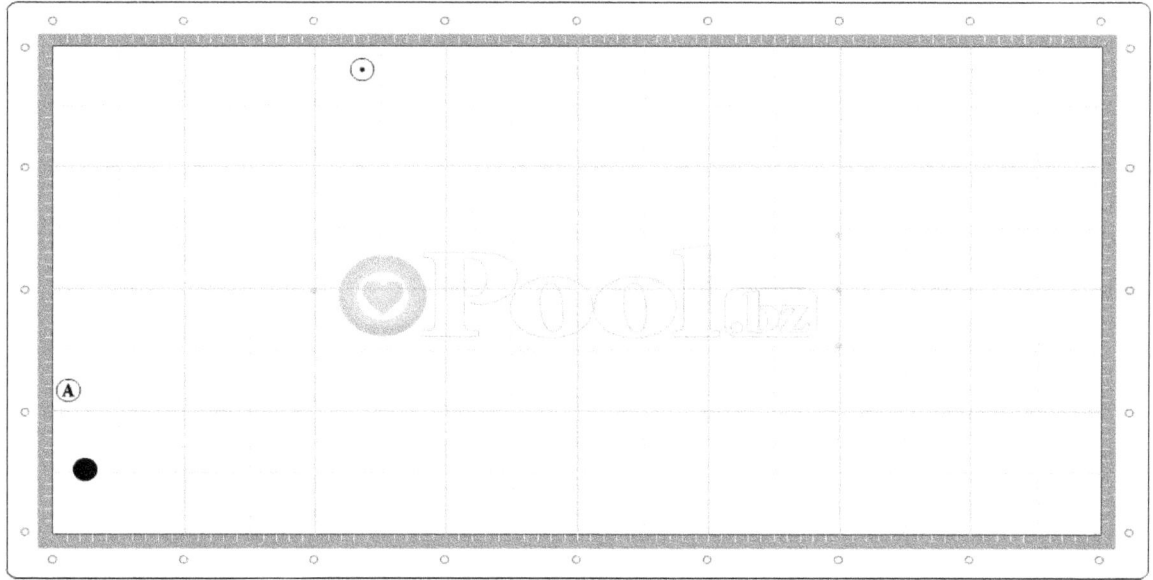

Notater og ideer:

Skudd mønster

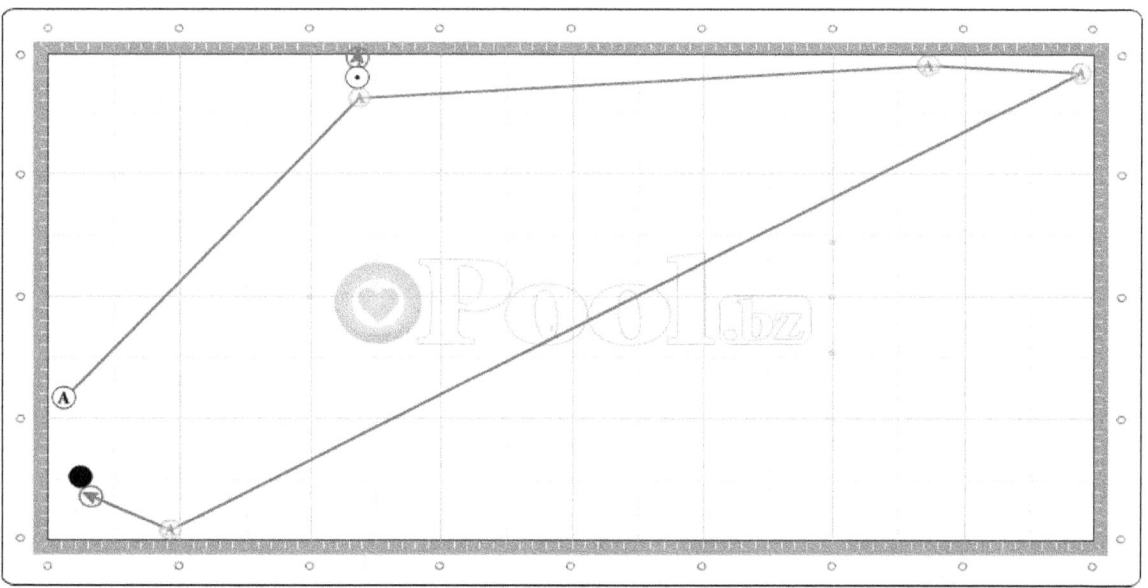

E:2c – Setup

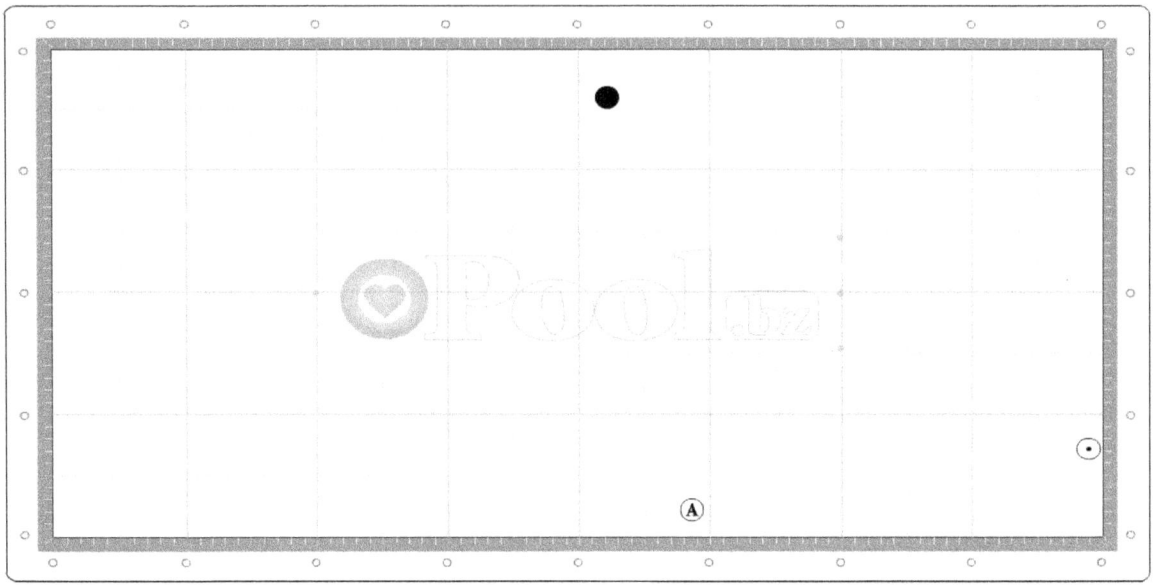

Notater og ideer:

Skudd mønster

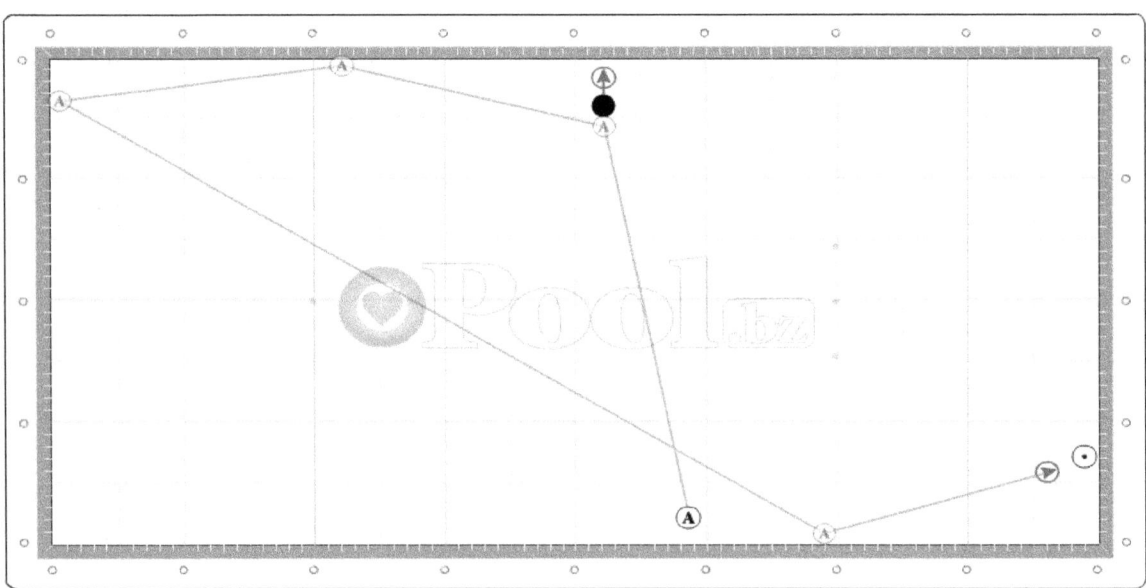

E:2d – Setup

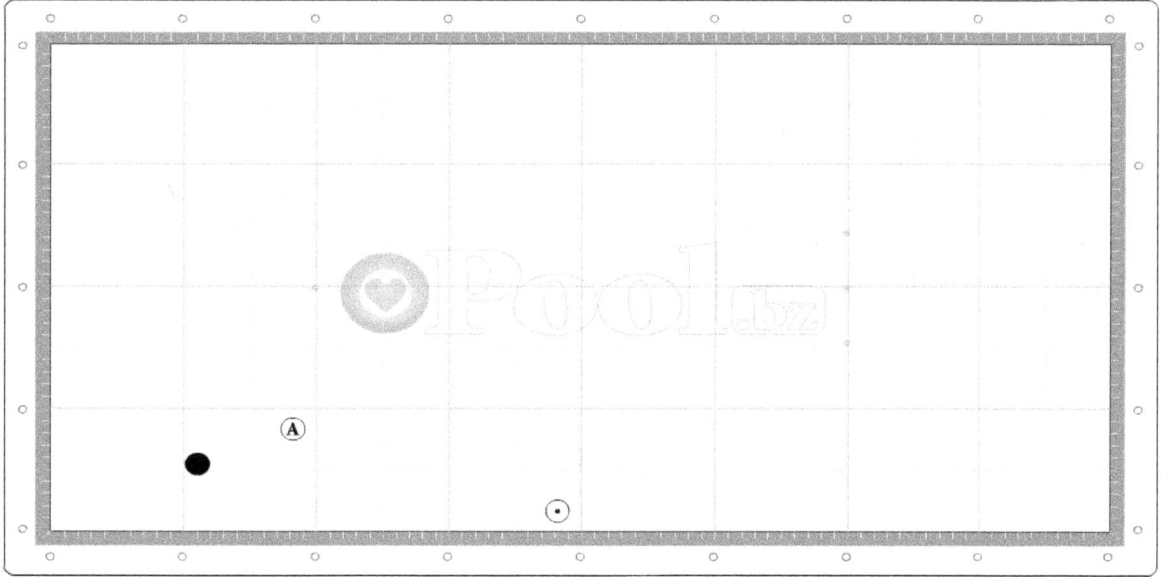

Notater og ideer:

Skudd mønster

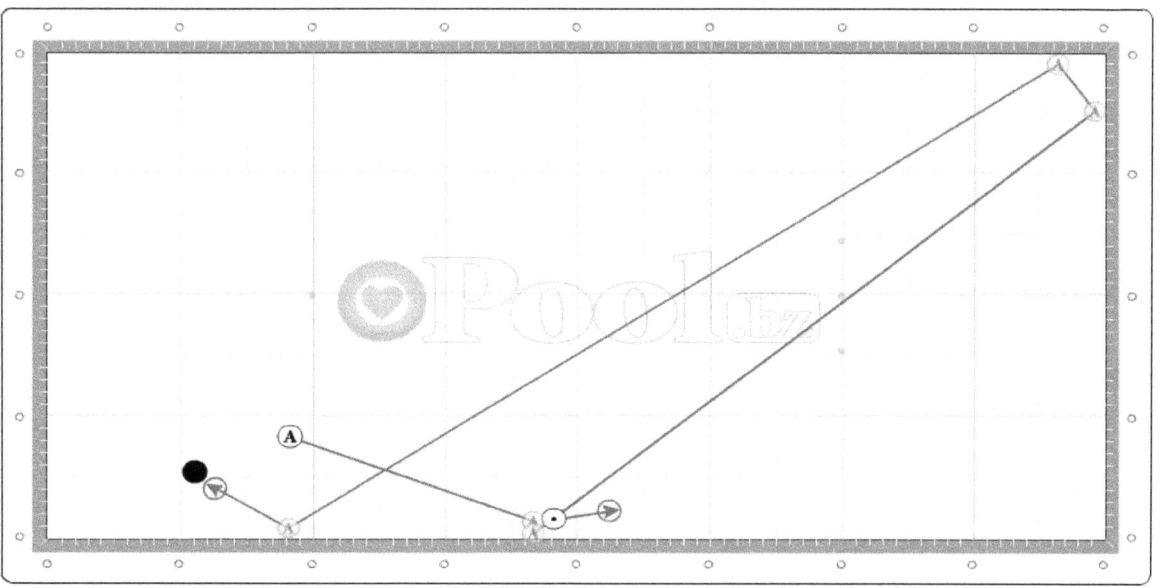

E: Gruppe 3

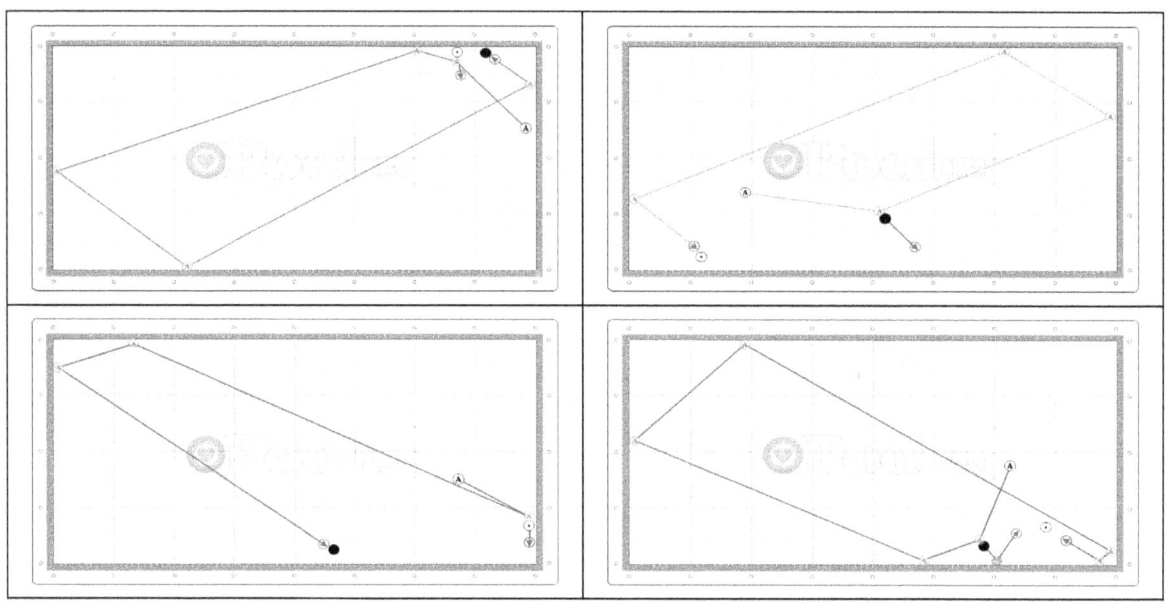

Analyse:

E:3a. _____

E:3b. _____

E:3c. _____

E:3d. _____

E:3a – Setup

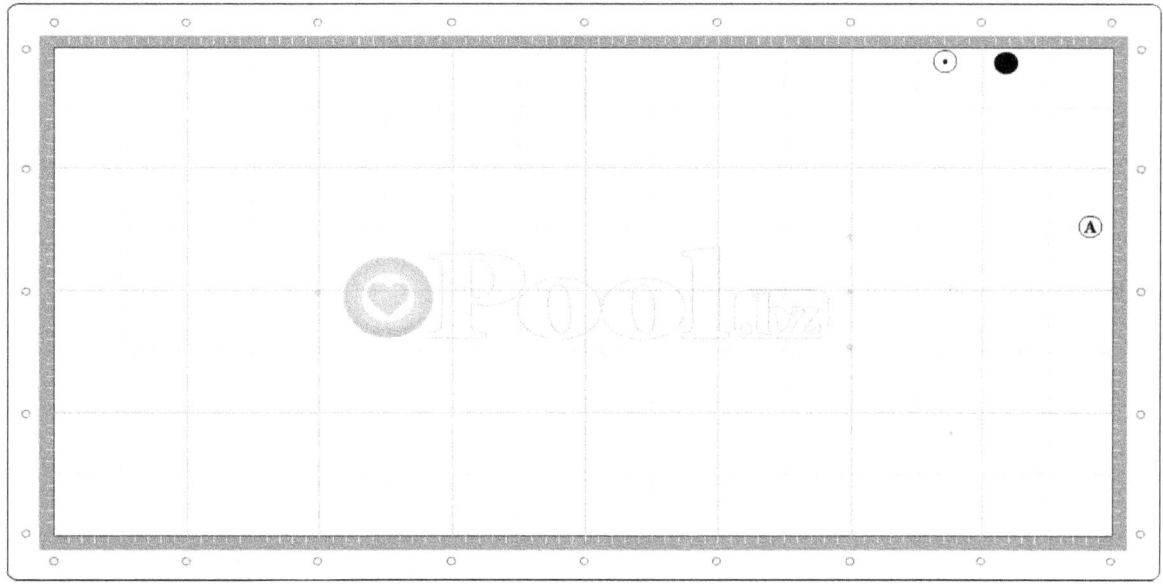

Notater og ideer:

Skudd mønster

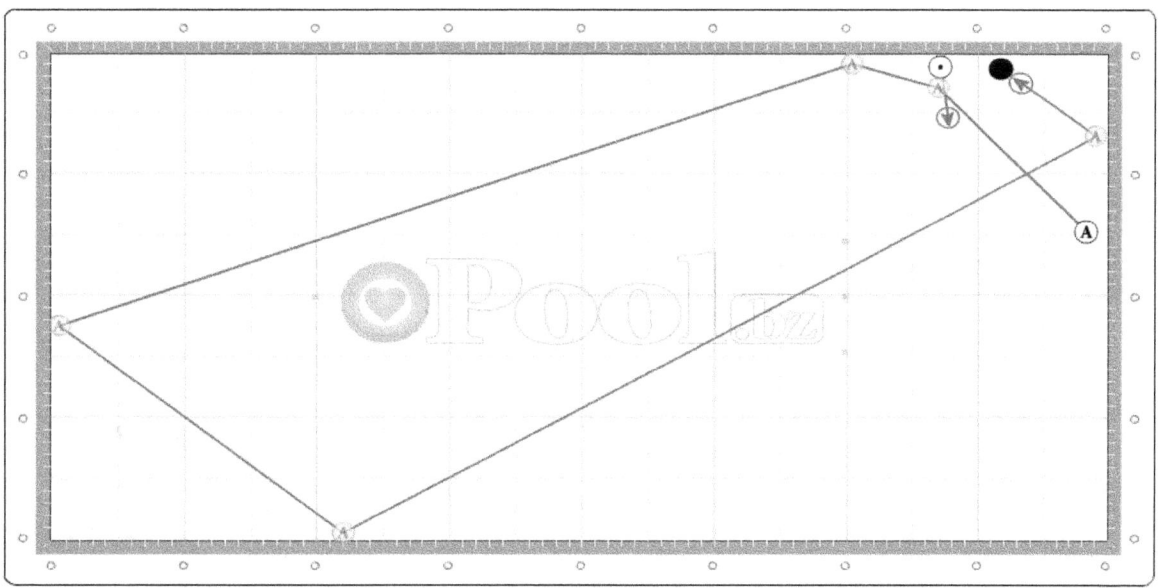

E:3b – Setup

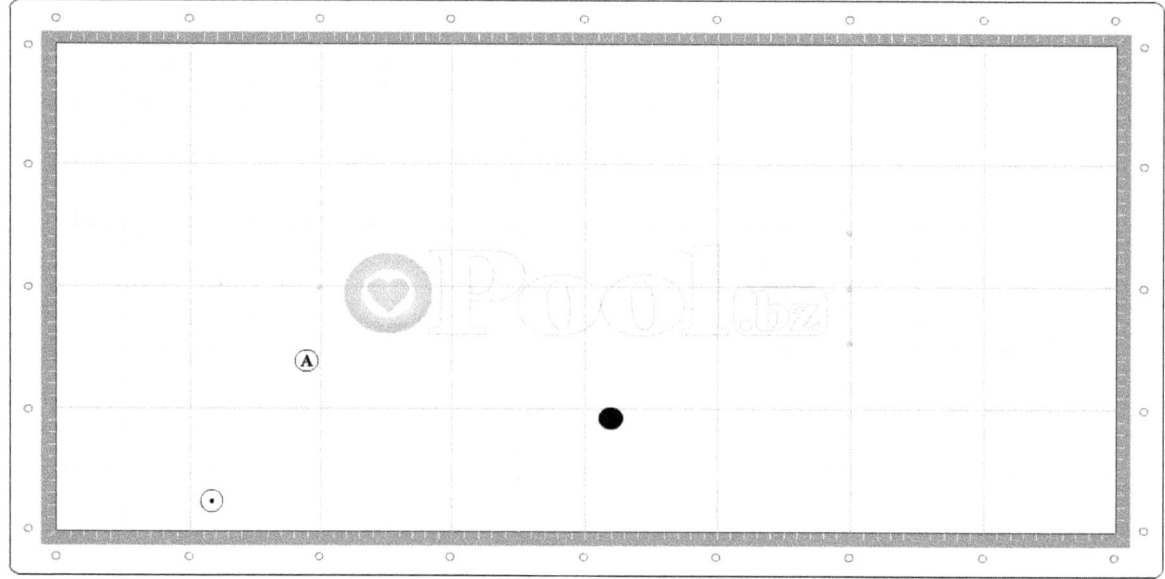

Notater og ideer:

Skudd mønster

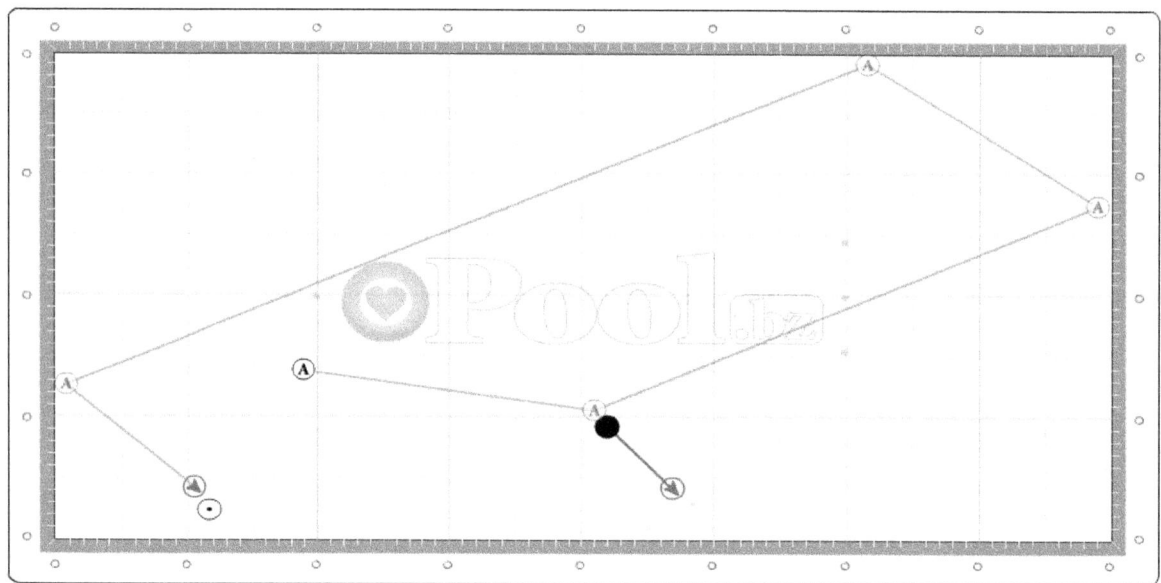

E:3c – Setup

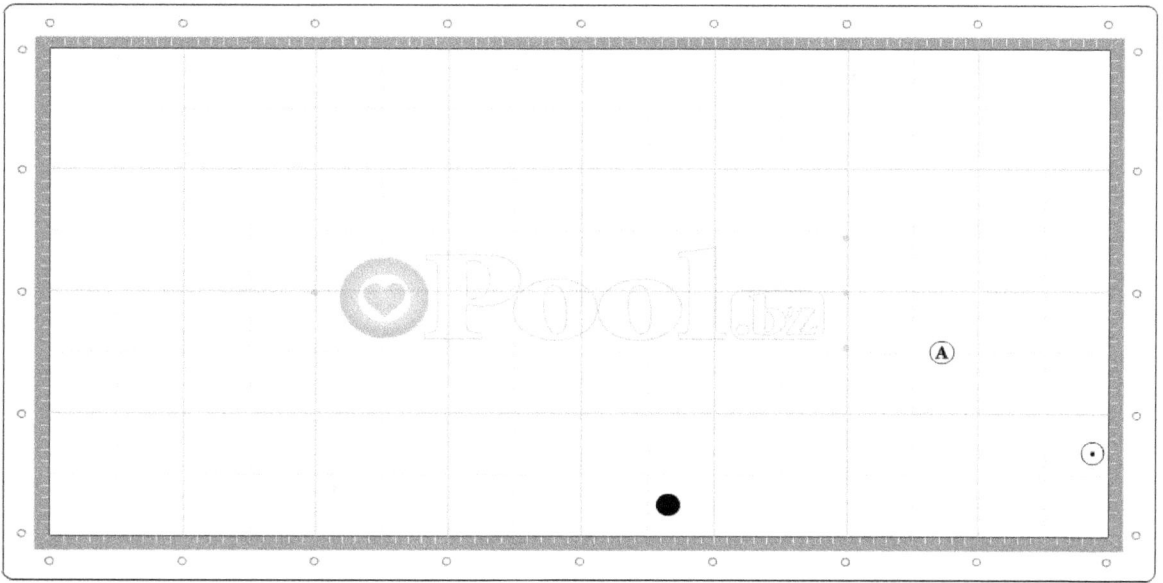

Notater og ideer:

Skudd mønster

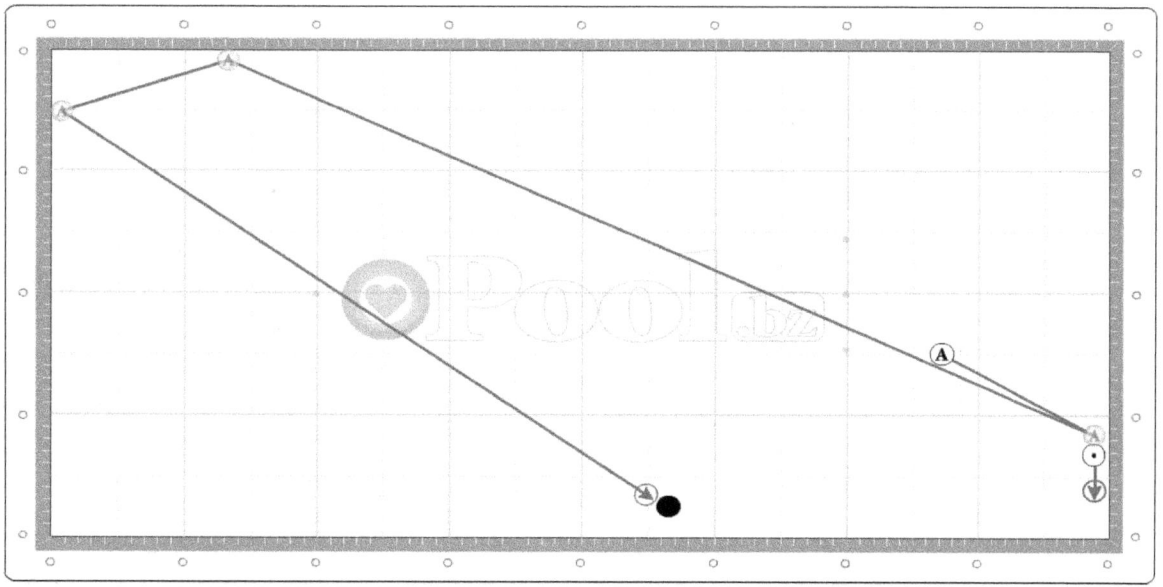

E:3d – Setup

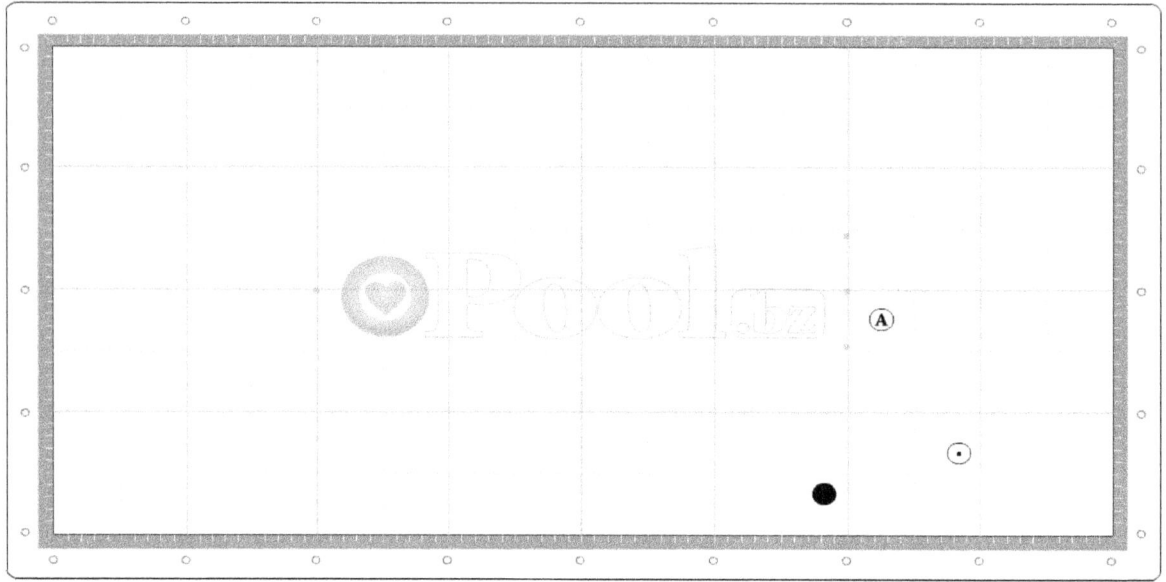

Notater og ideer:

Skudd mønster

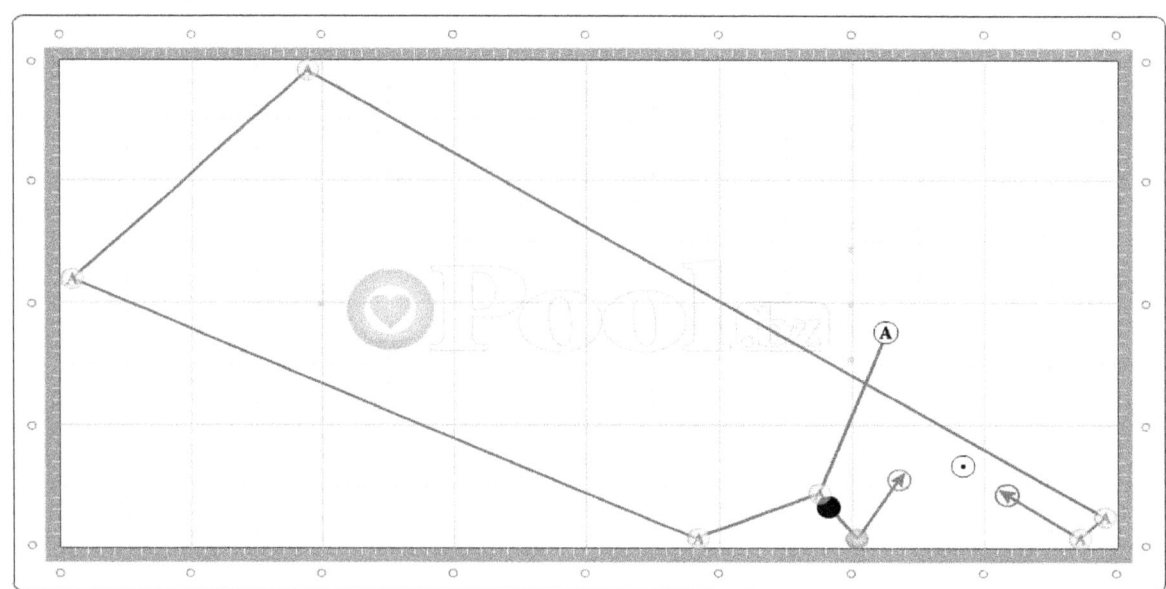

E: Gruppe 4

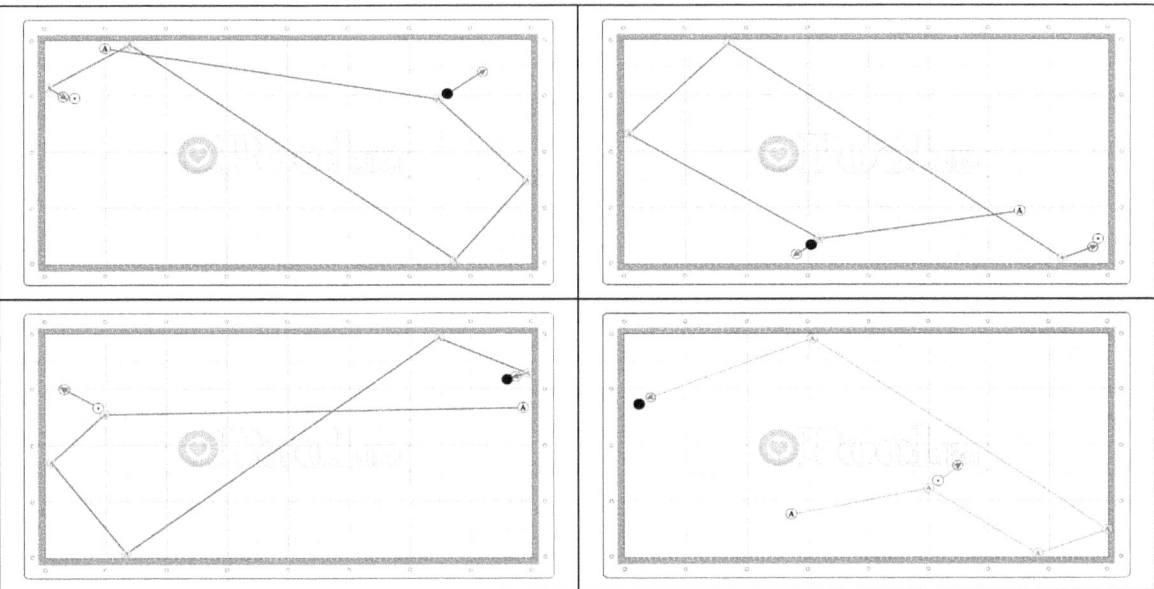

Analyse:

E:4a. _____

E:4b. _____

E:4c. _____

E:4d. _____

E:4a – Setup

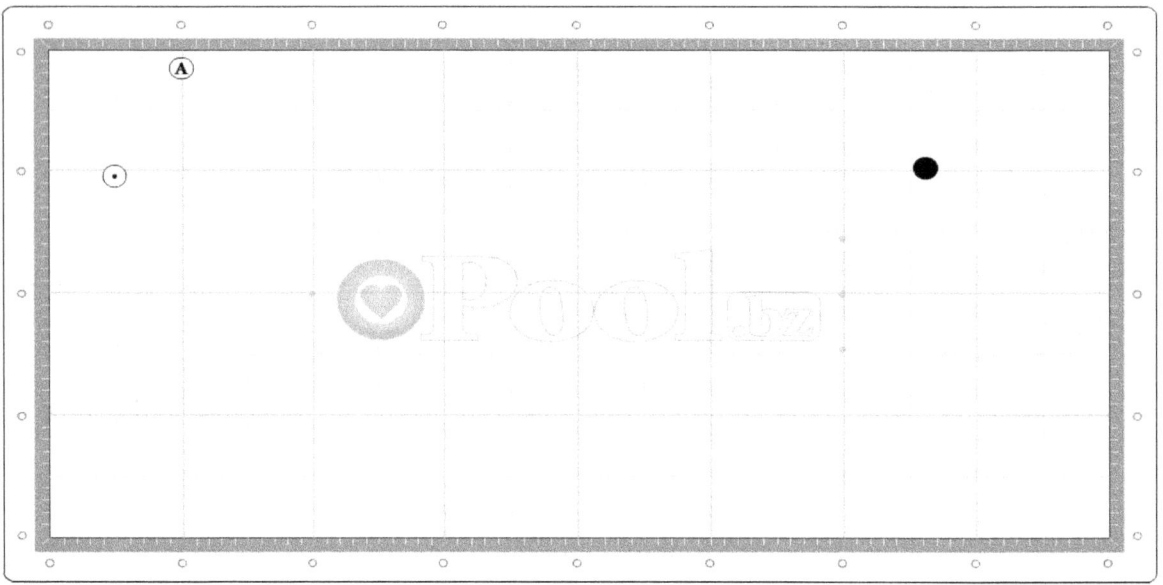

Notater og ideer:

Skudd mønster

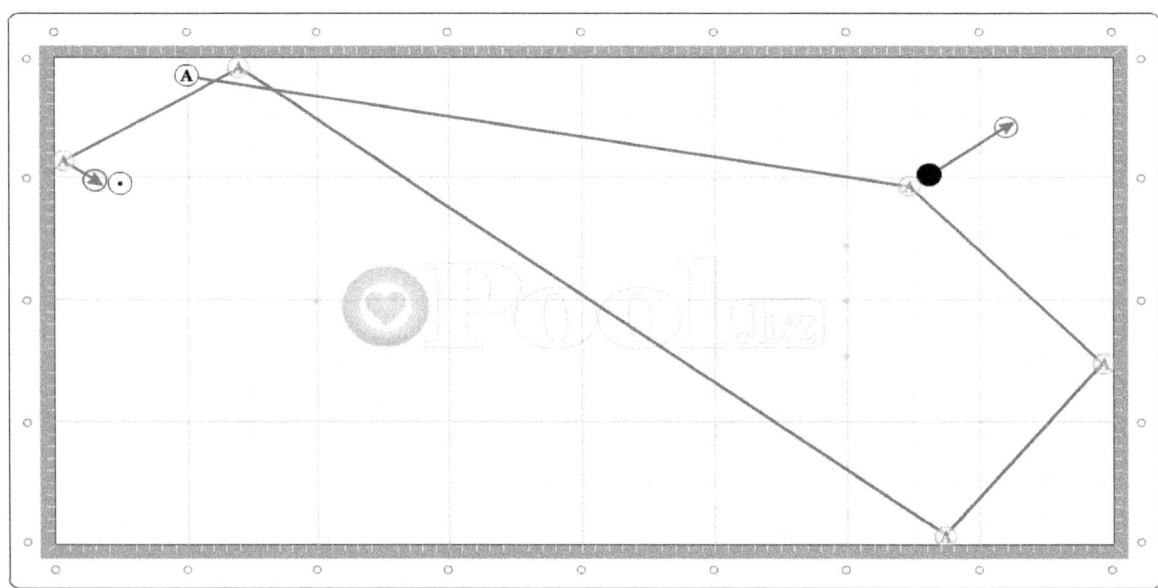

Tre vant carambole: Hjørne til hjørne diagonale mønstre

E:4b – Setup

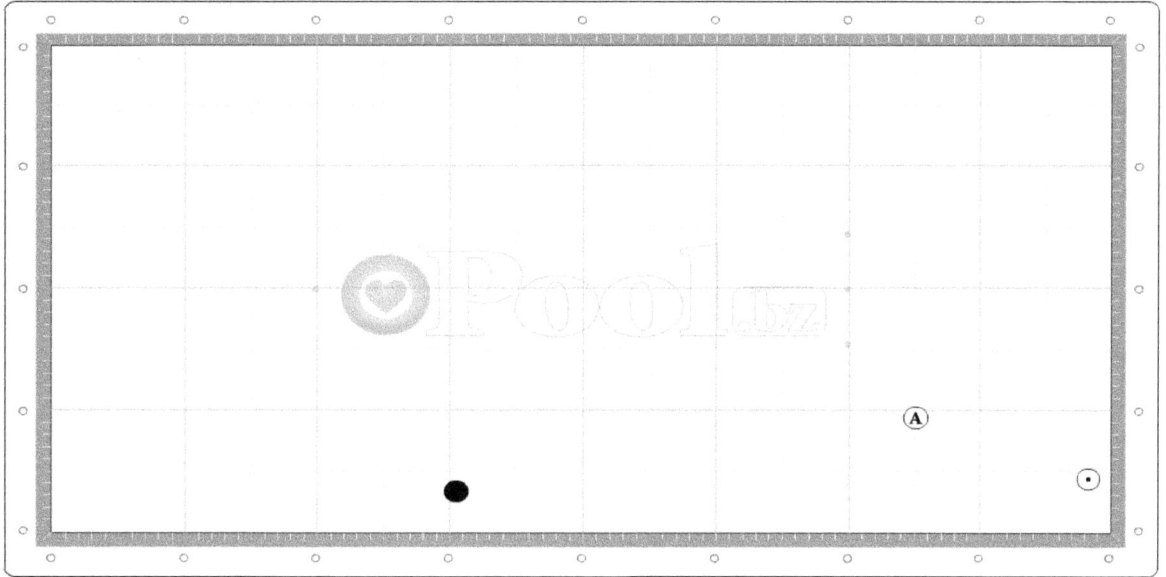

Notater og ideer:

Skudd mønster

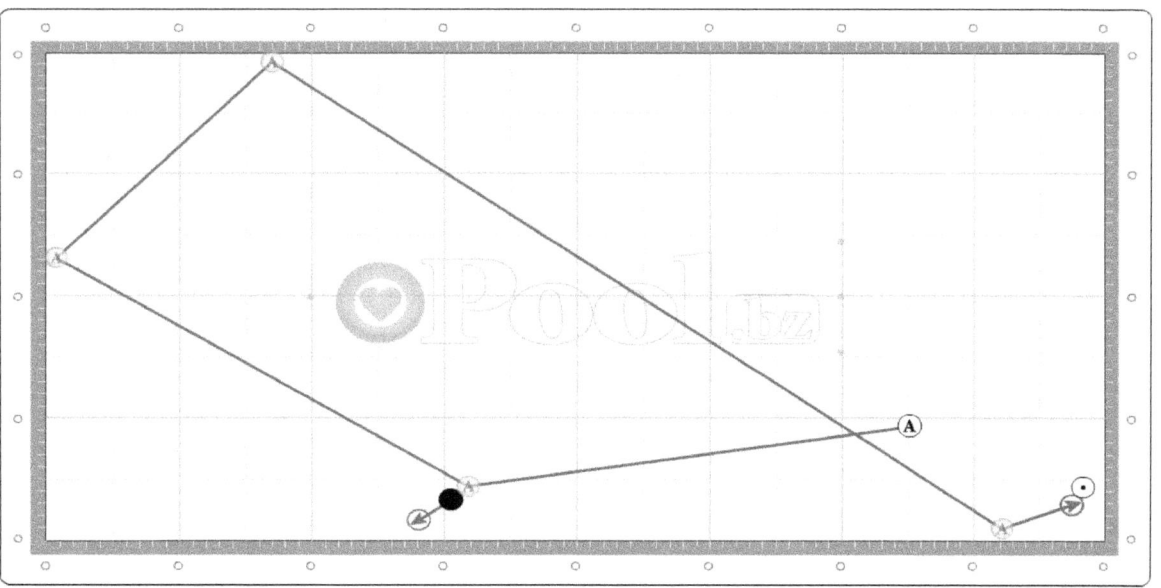

E:4c – Setup

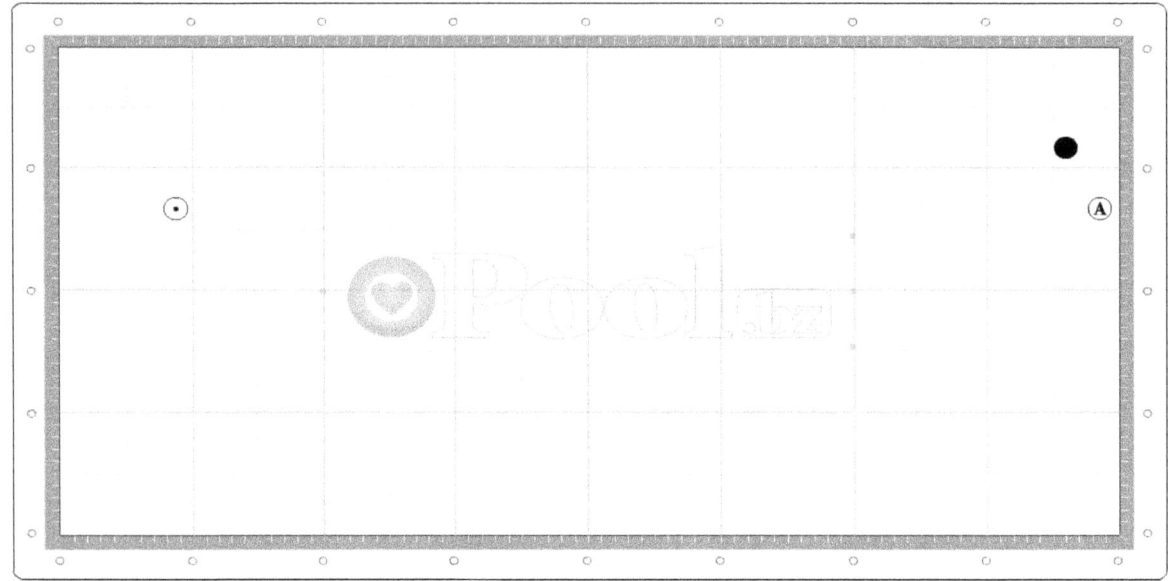

Notater og ideer:

Skudd mønster

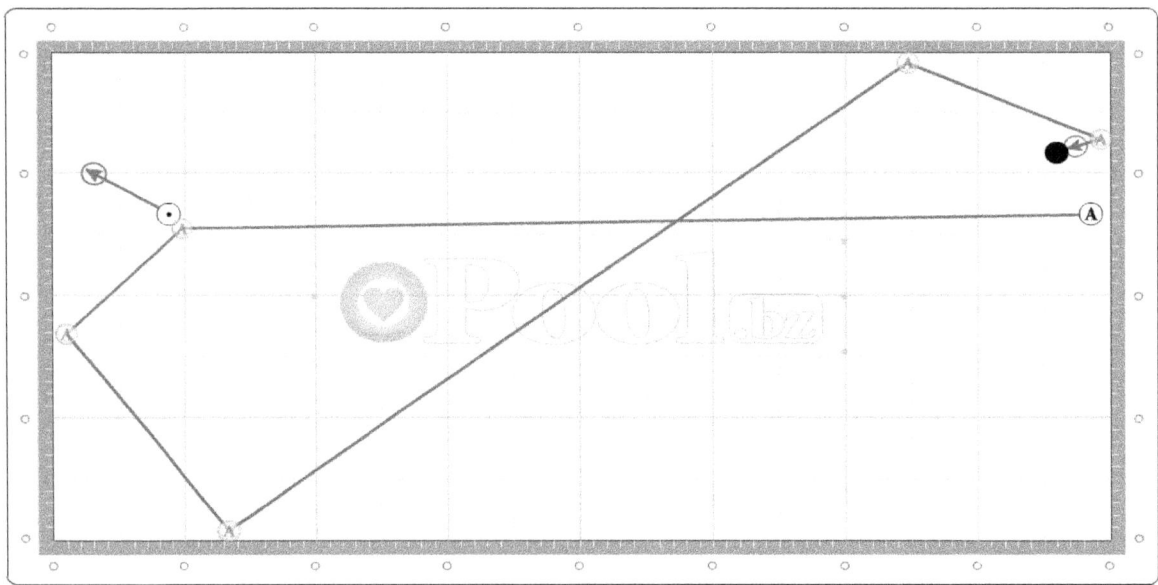

E:4d – Setup

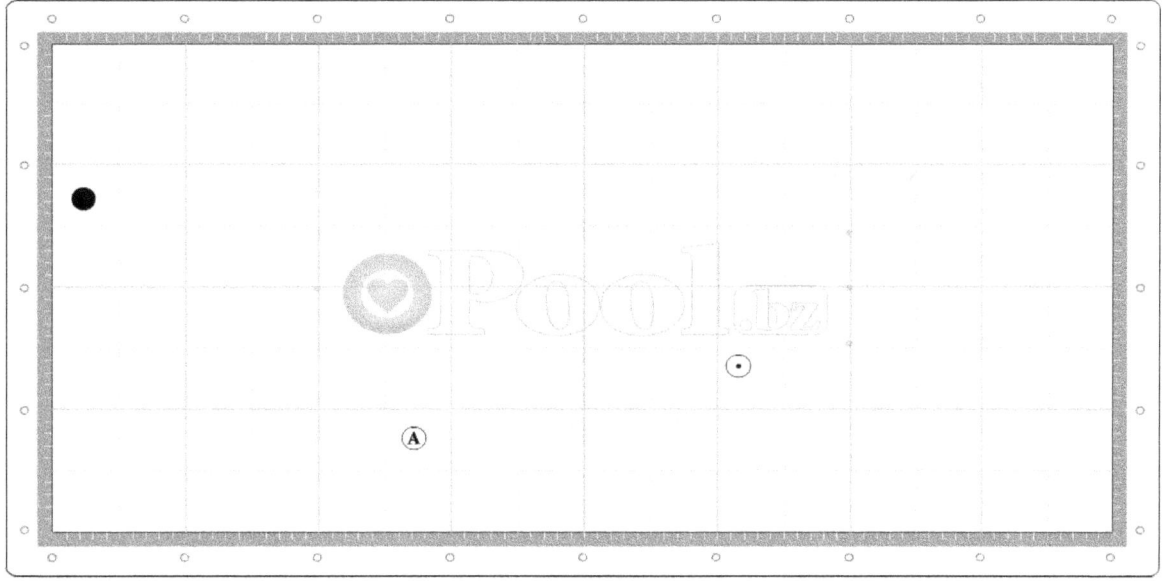

Notater og ideer:

Skudd mønster

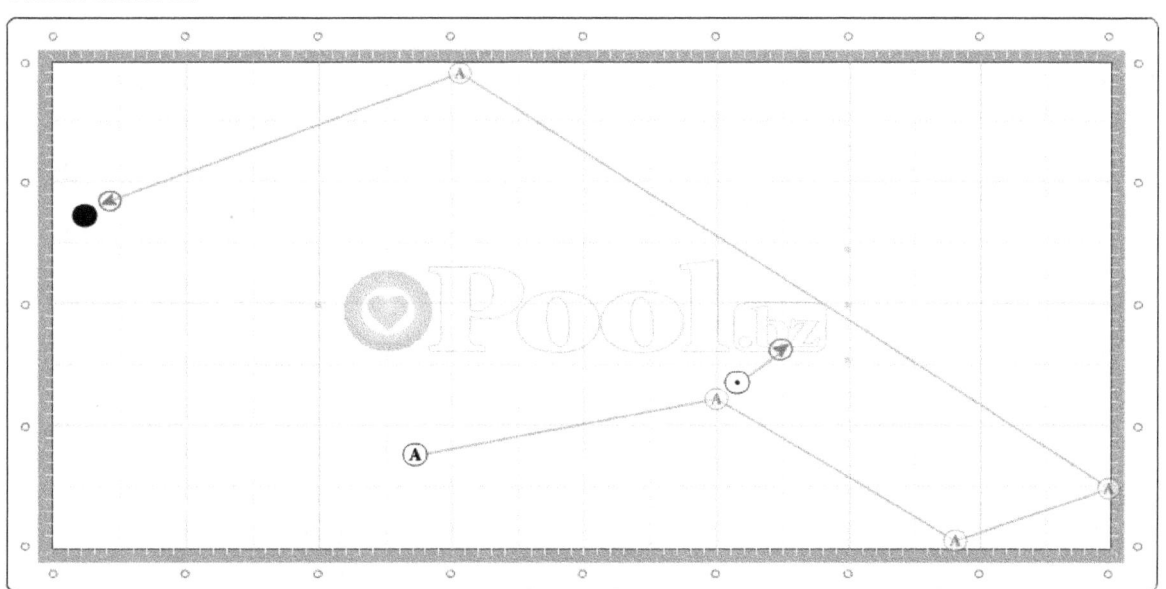

E: Gruppe 5

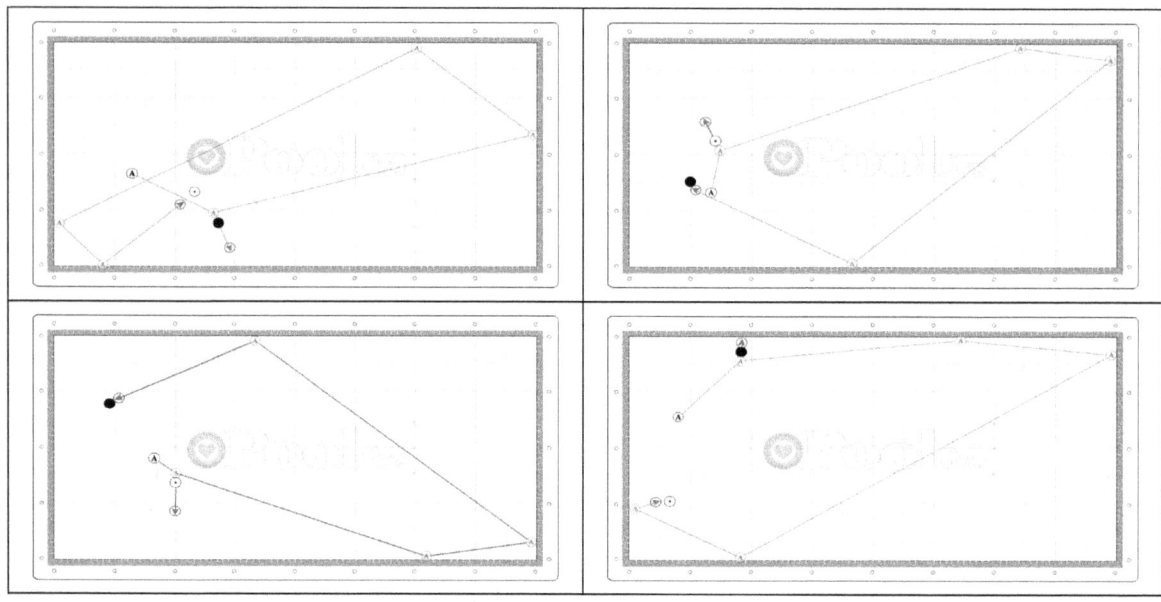

Analyse:

E:5a. _____

E:5b. _____

E:5c. _____

E:5d. _____

Tre vant carambole: Hjørne til hjørne diagonale mønstre

E:5a – Setup

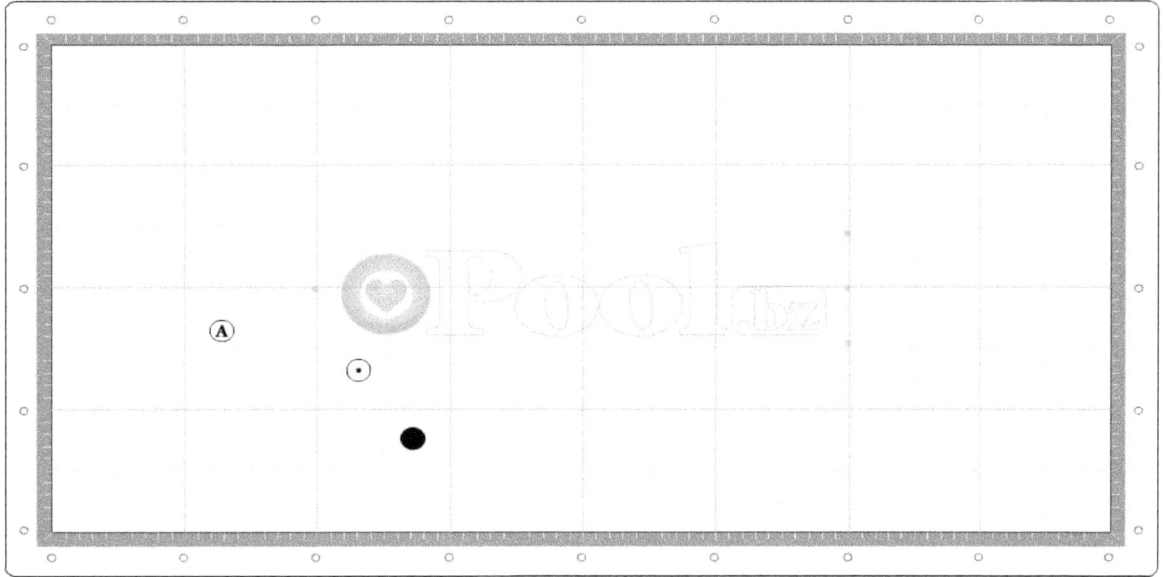

Notater og ideer:

Skudd mønster

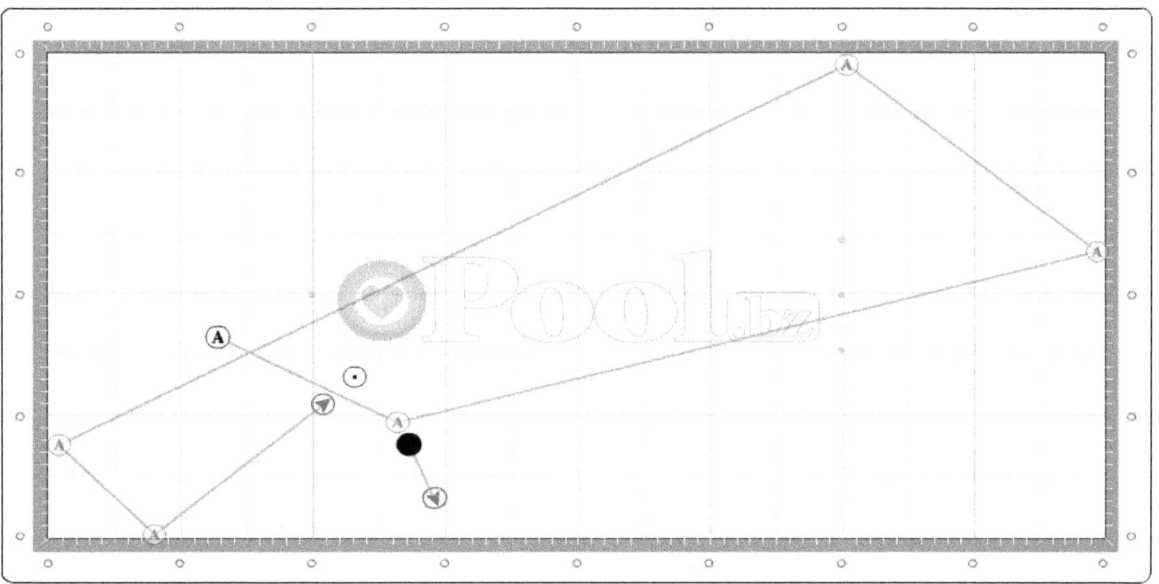

E:5b – Setup

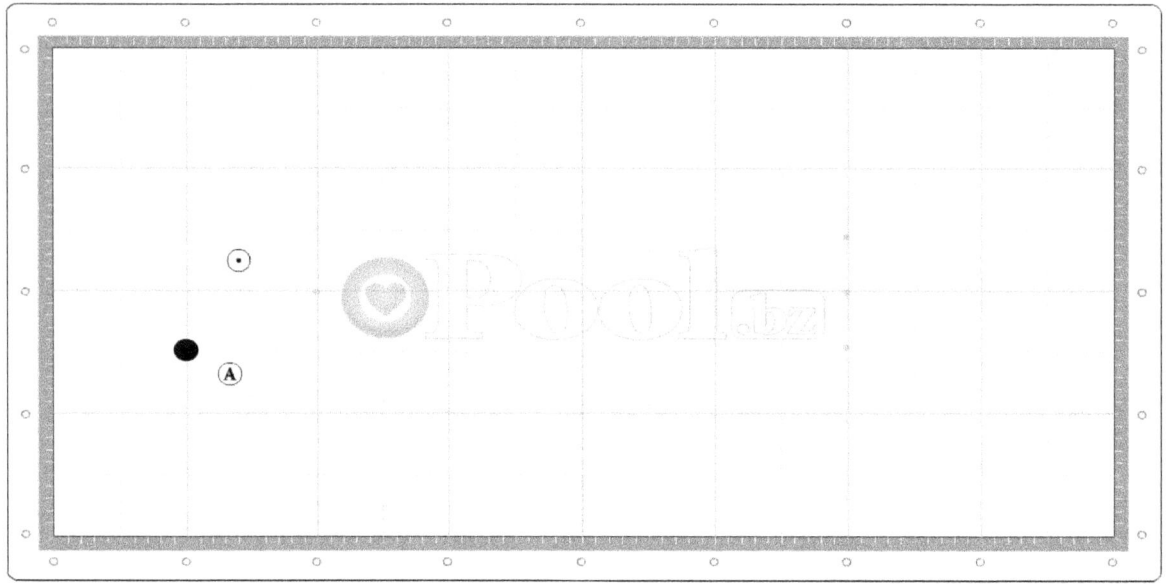

Notater og ideer:

Skudd mønster

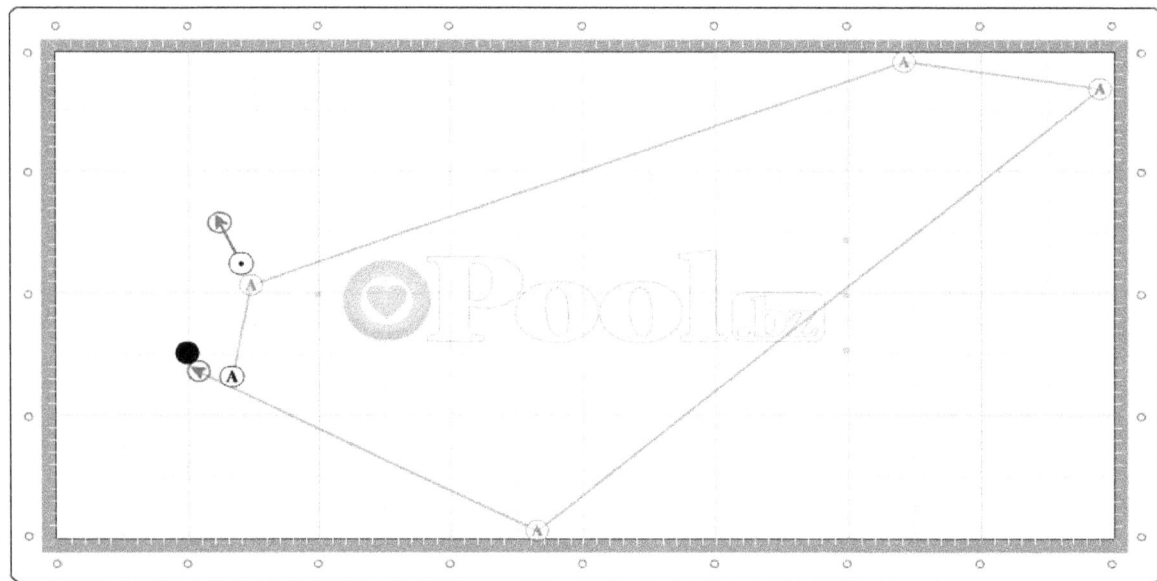

E:5c – Setup

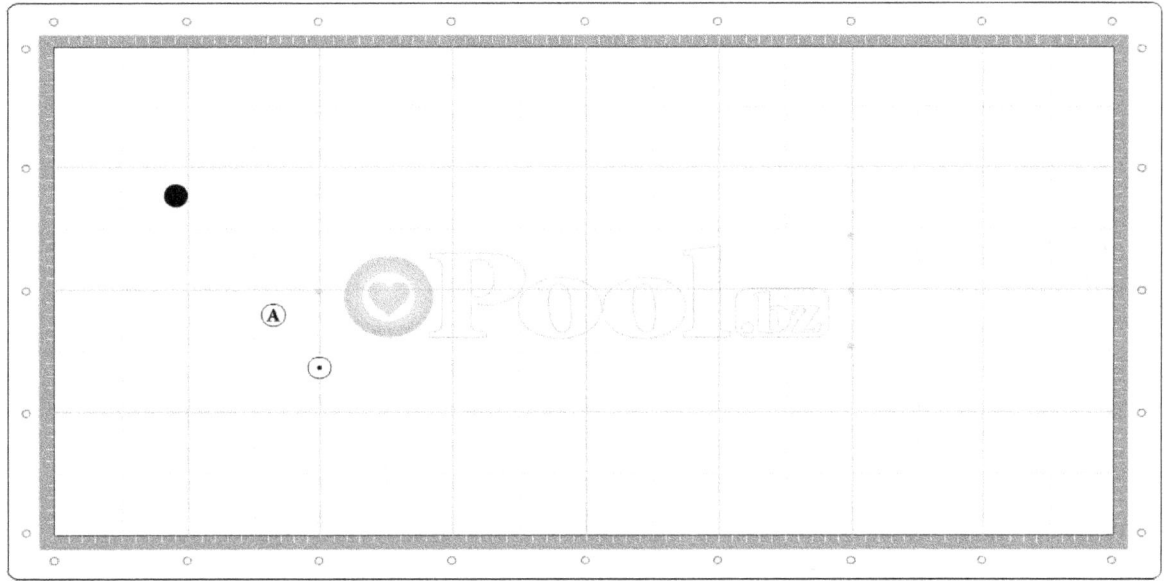

Notater og ideer:

Skudd mønster

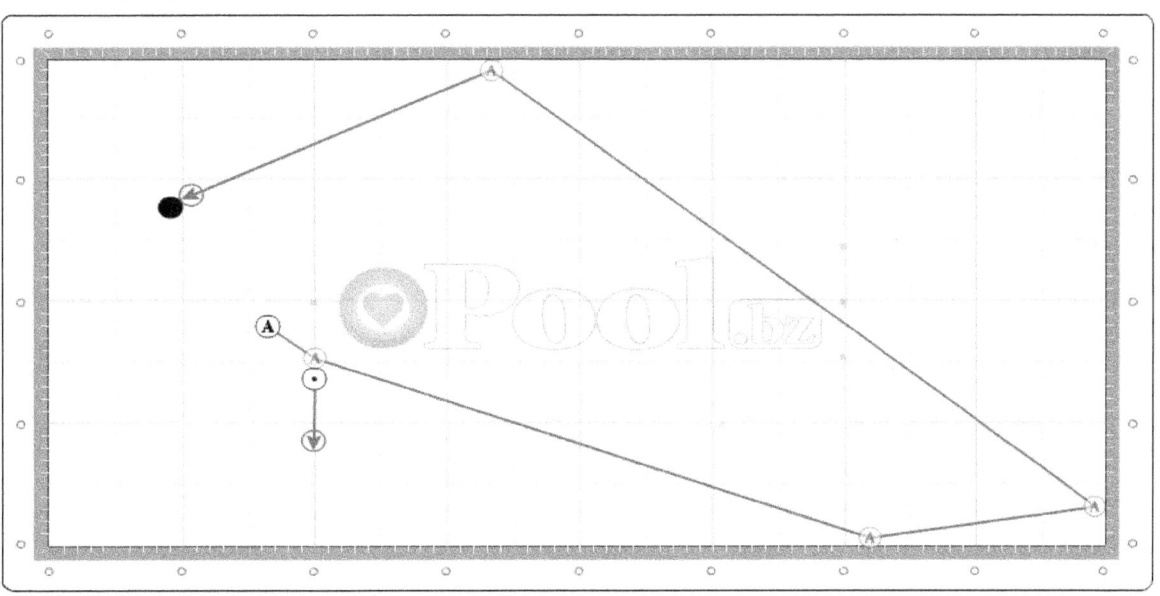

E:5d – Setup

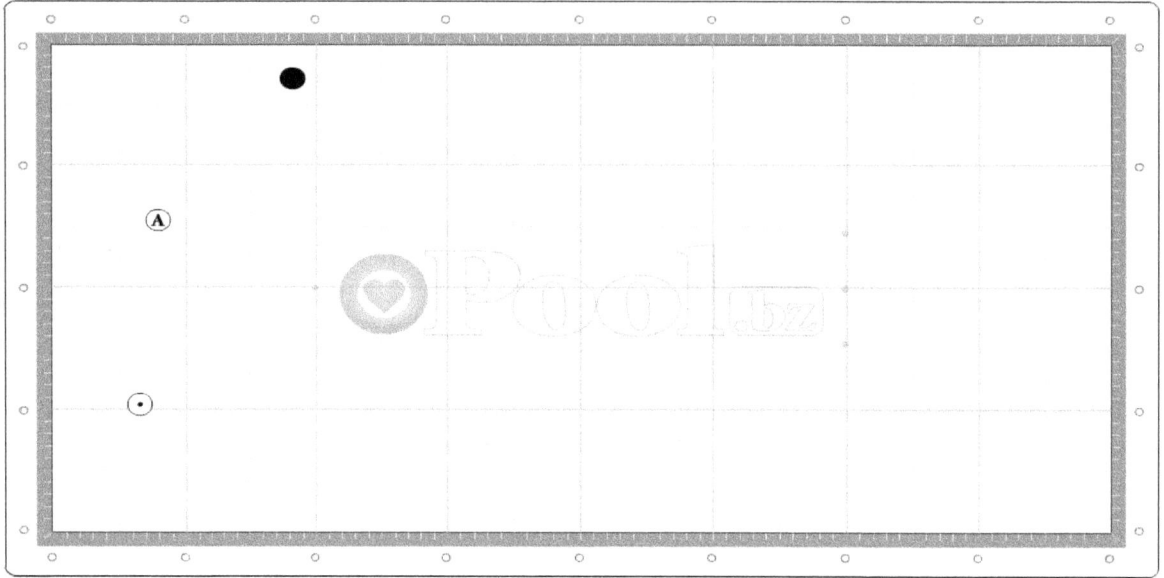

Notater og ideer:

Skudd mønster

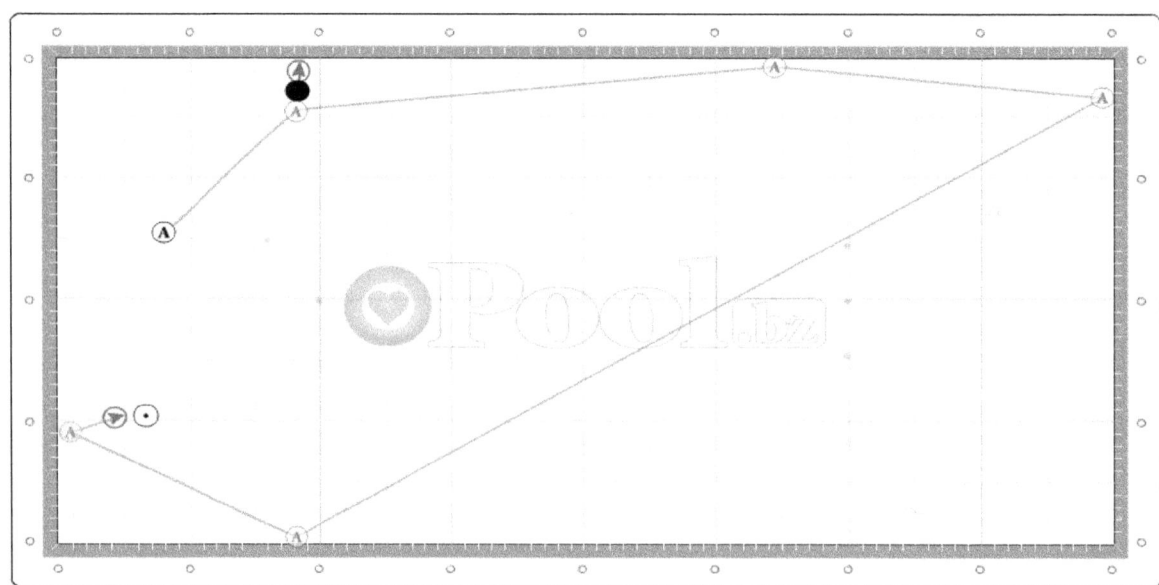

E: Gruppe 6

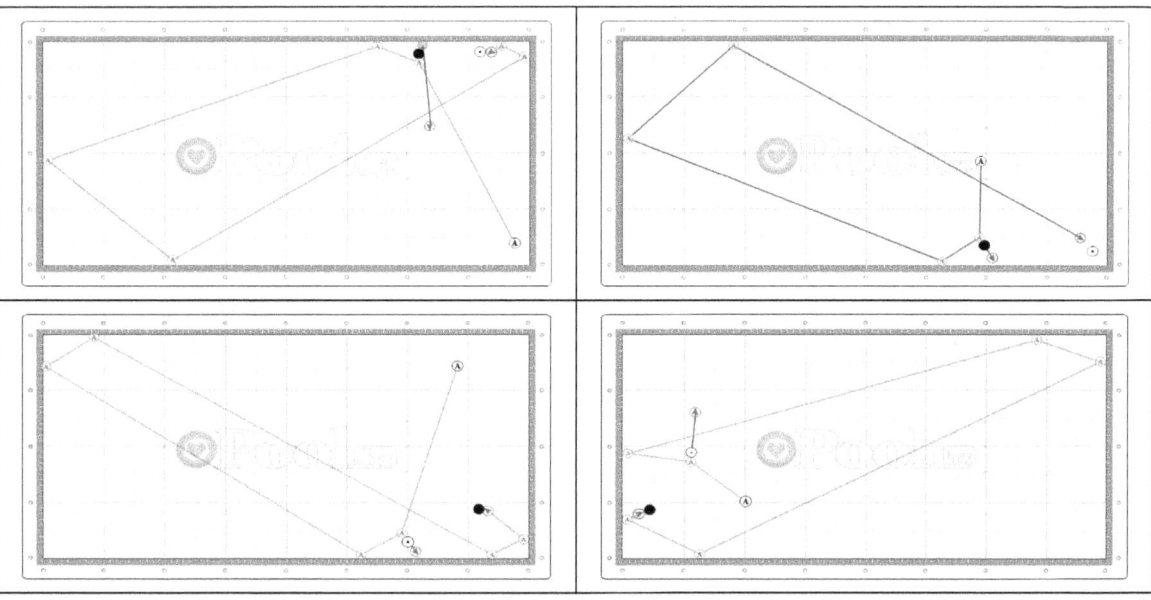

Analyse:

E:6a. _____

E:6b. _____

E:6c. _____

E:6d. _____

E:6a – Setup

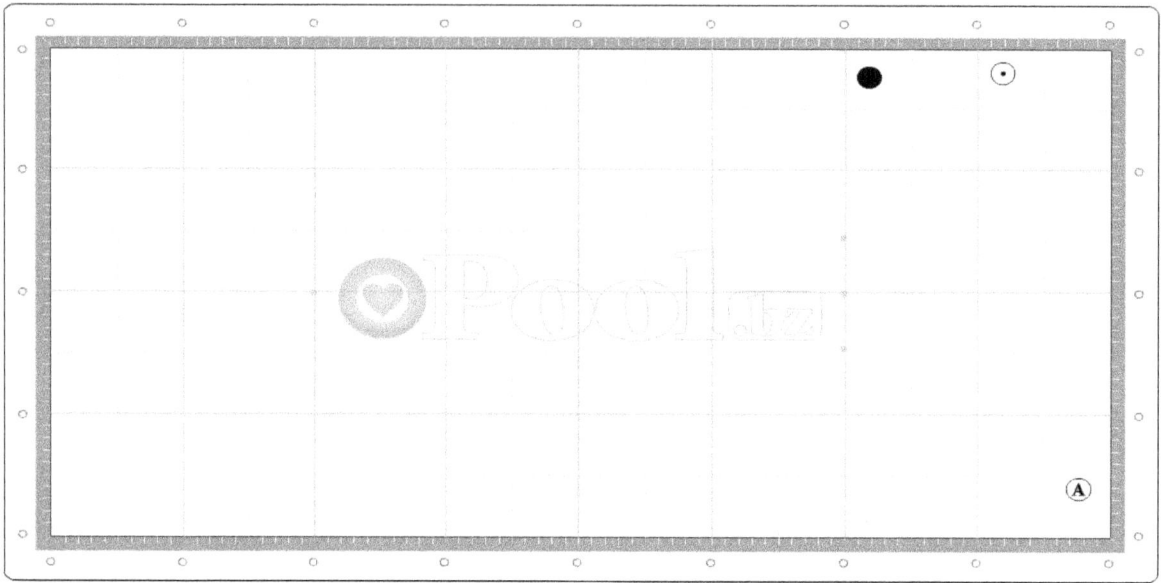

Notater og ideer:

Skudd mønster

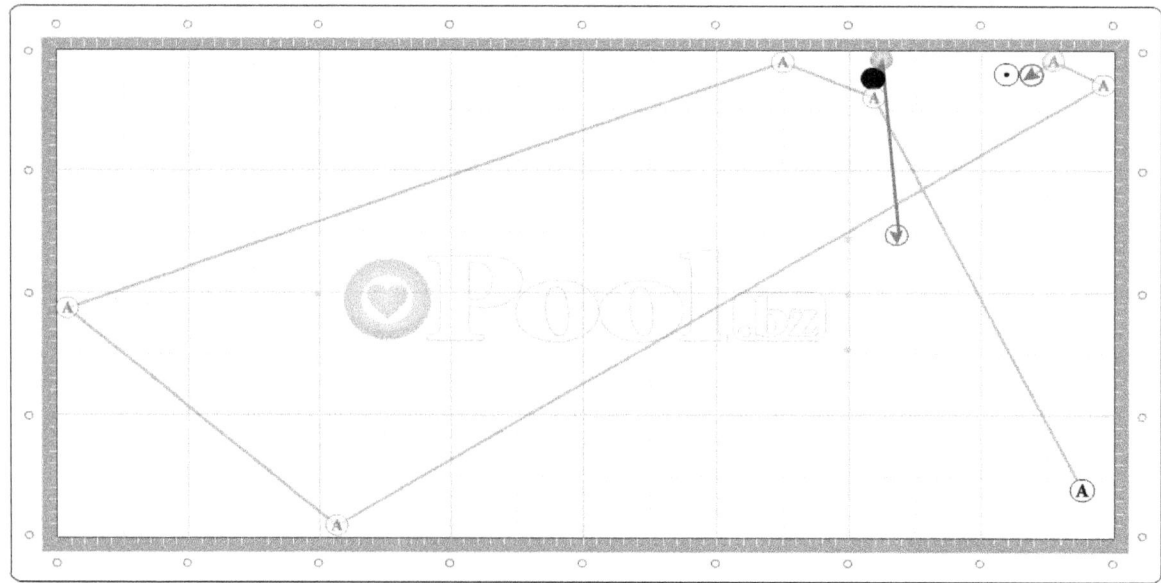

Tre vant carambole: Hjørne til hjørne diagonale mønstre

E:6b – Setup

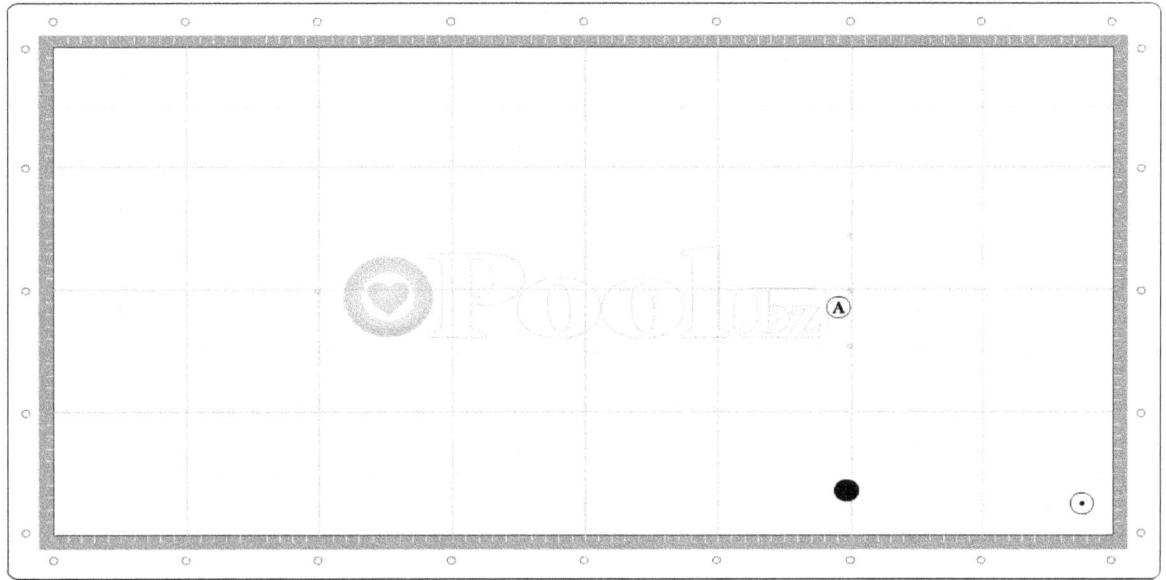

Notater og ideer:

Skudd mønster

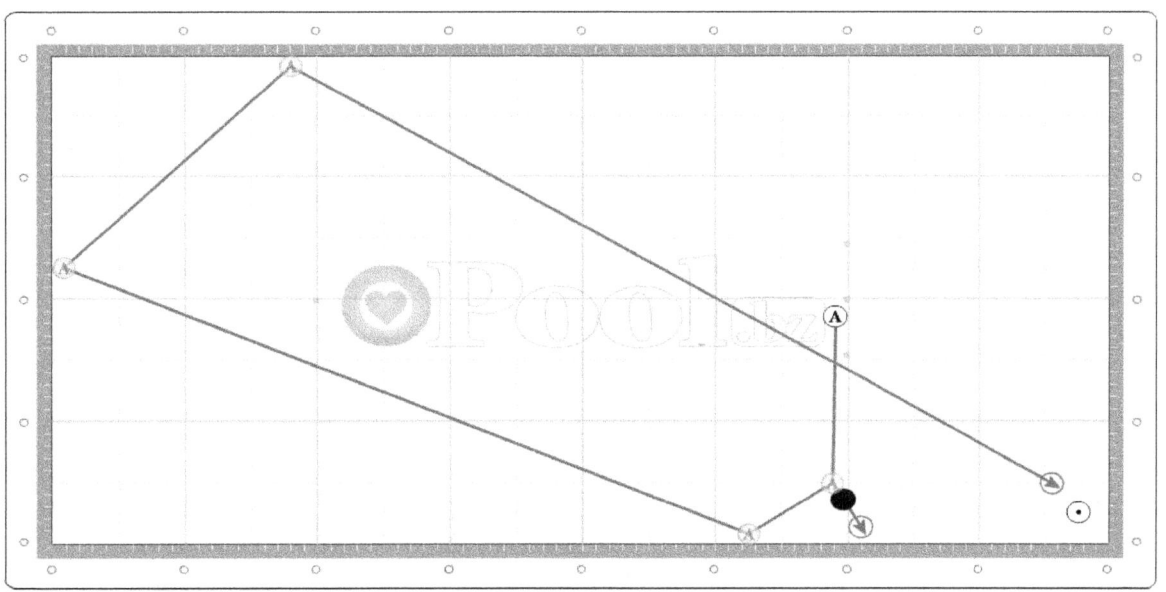

E:6c – Setup

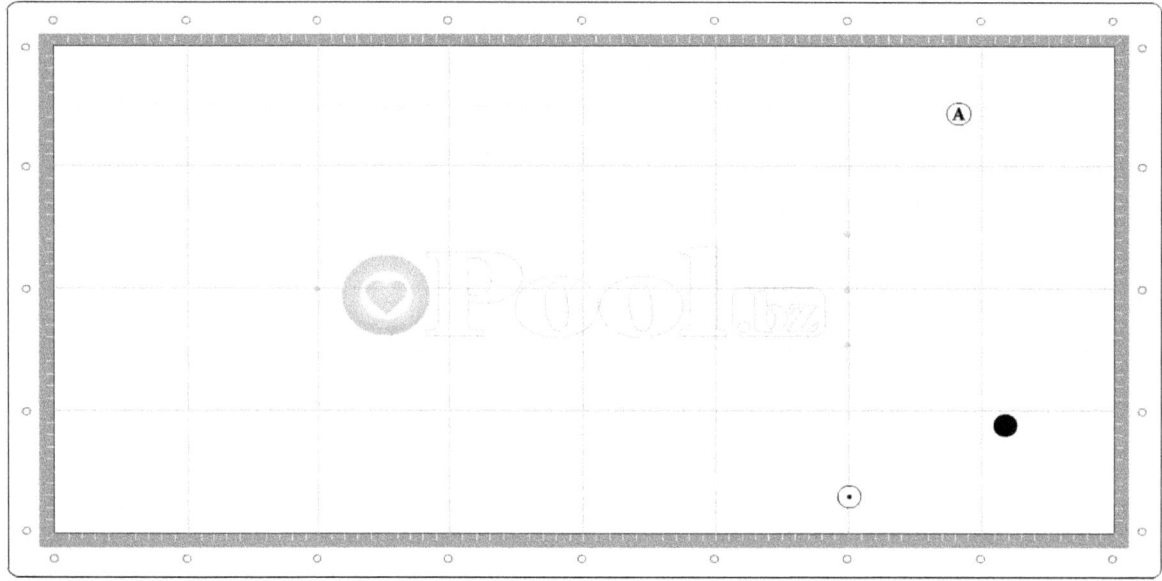

Notater og ideer:

Skudd mønster

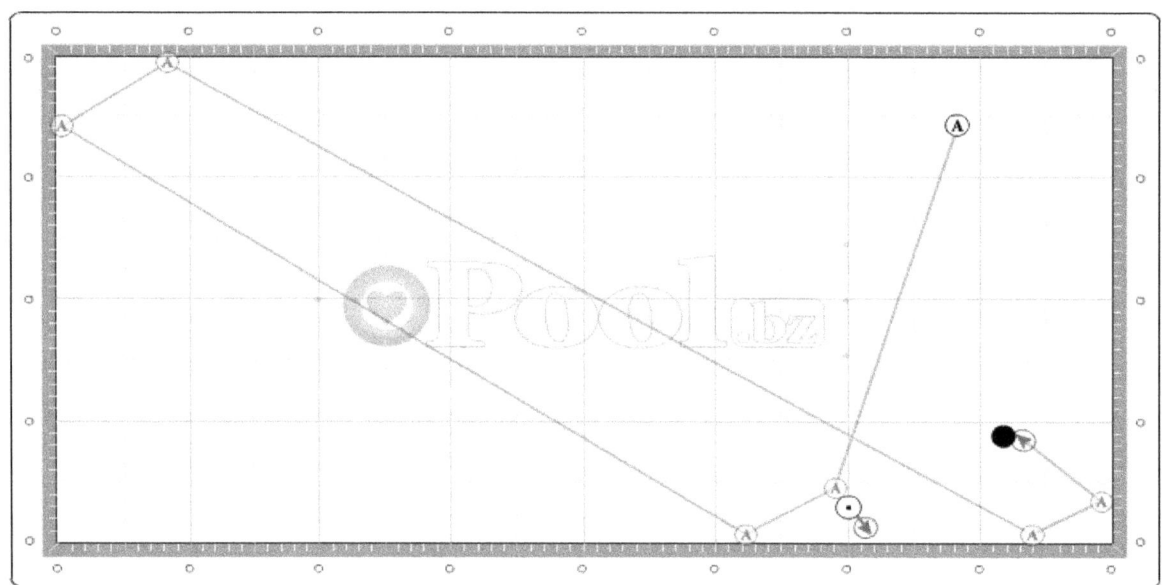

E:6d – Setup

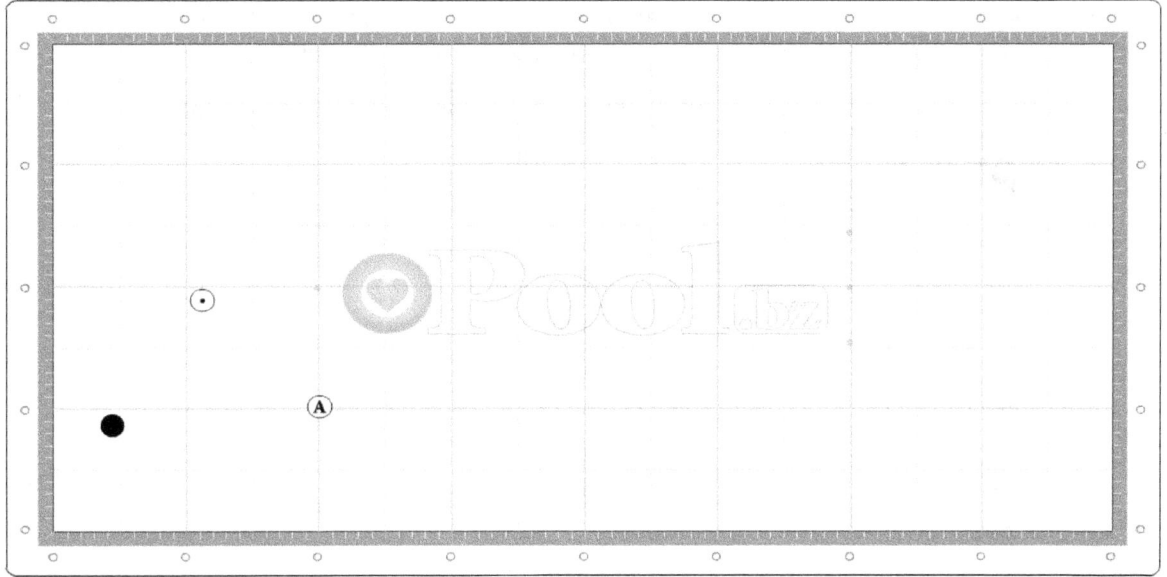

Notater og ideer:

Skudd mønster

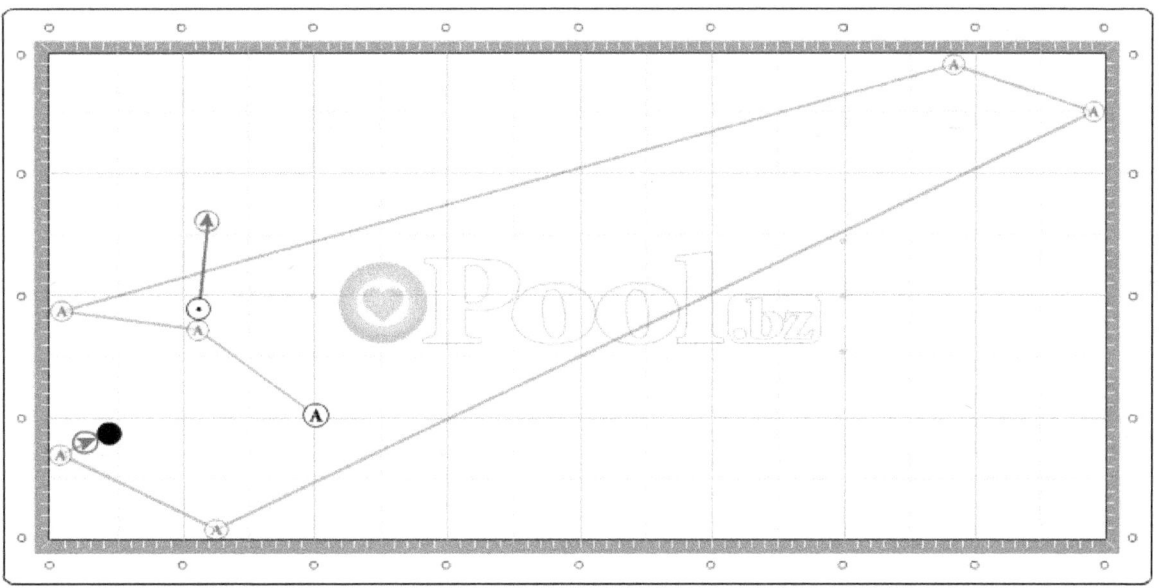

F: Trippel diagonal

Den (CB) kommer av den første (OB) og går deretter inn i diagonalmønsteret. Dette er interessante løsninger fordi (CB) beveger seg opp og ned i bordet tre ganger.

Ⓐ (CB) (biljardkule) - ⊙ (OB) (motstander billiardball) - ● (OB) (rød biljardball)

F: Gruppe 1

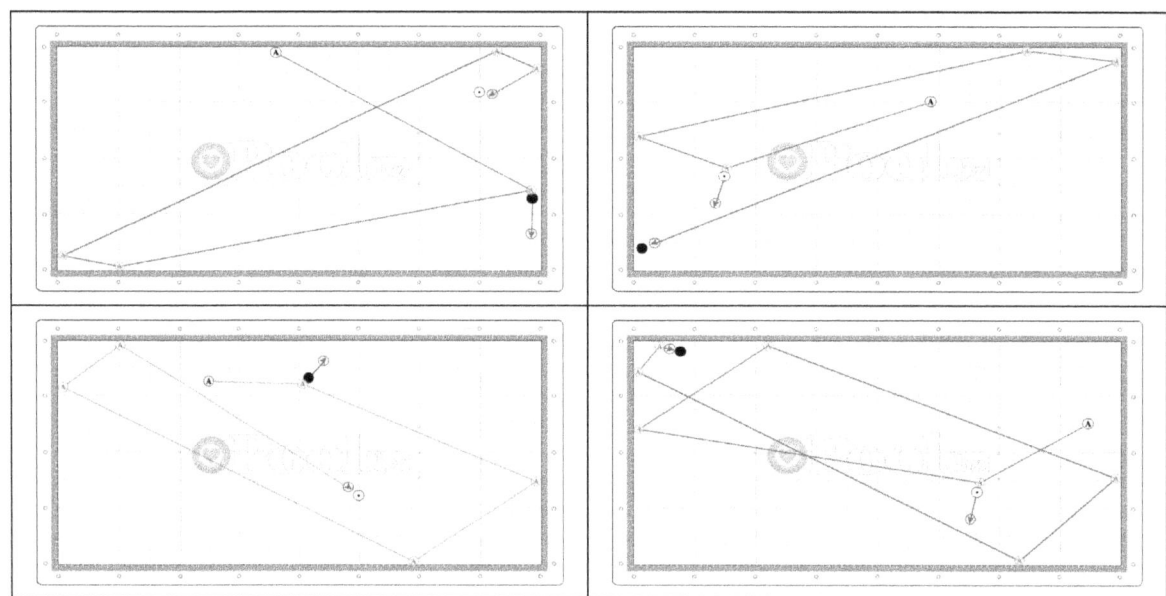

Analyse:

F:1a. _____

F:1b. _____

F:1c. _____

F:1d. _____

Tre vant carambole: Hjørne til hjørne diagonale mønstre

F:1a – Setup

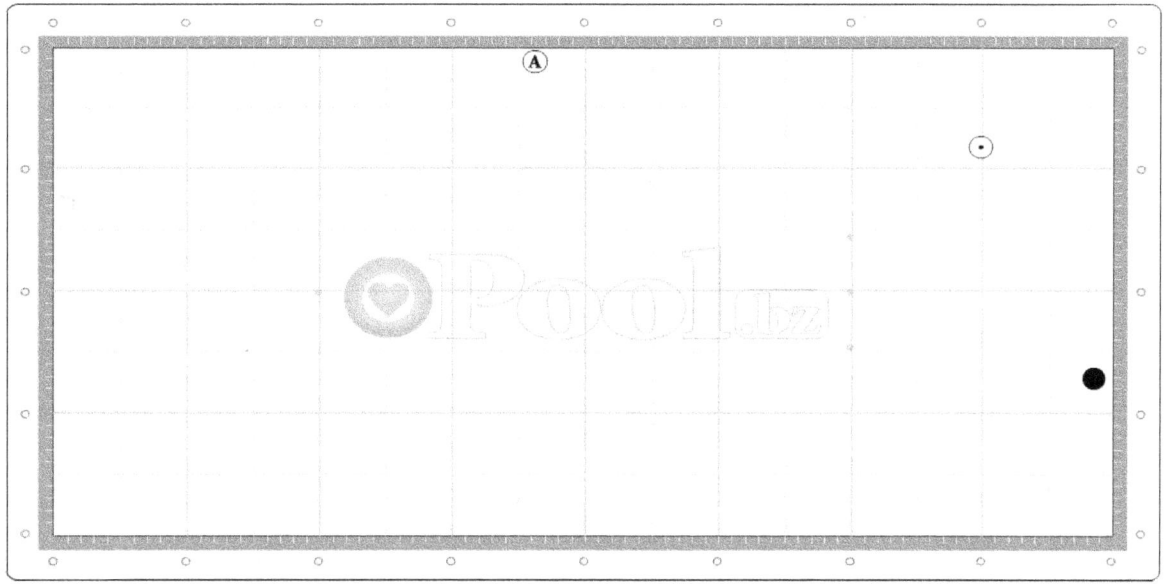

Notater og ideer:

Skudd mønster

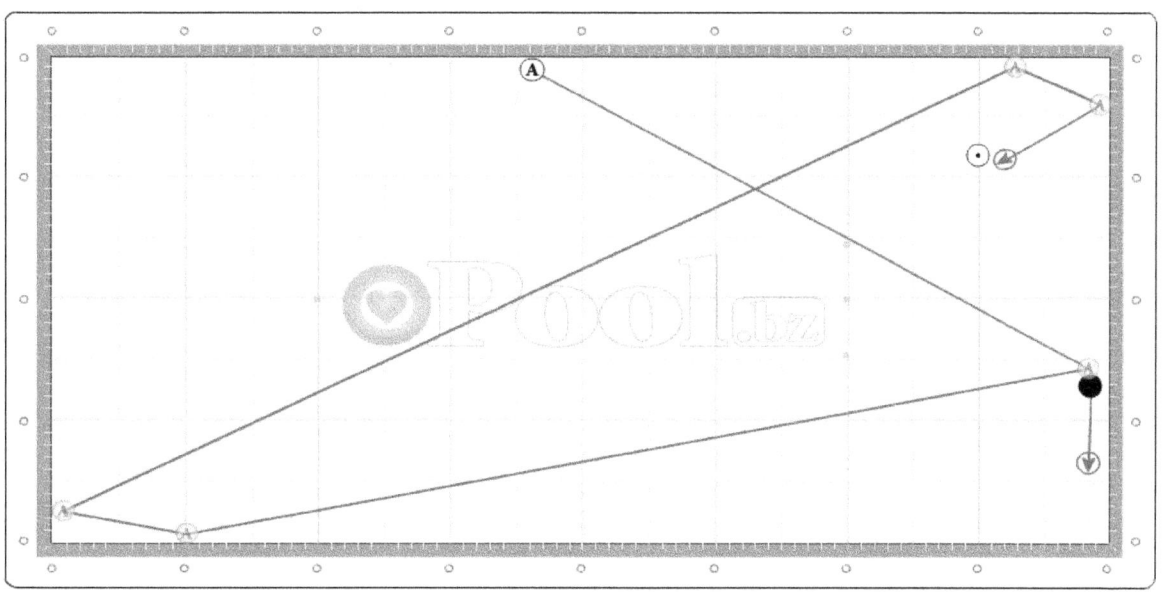

Tre vant carambole: Hjørne til hjørne diagonale mønstre

F:1b – Setup

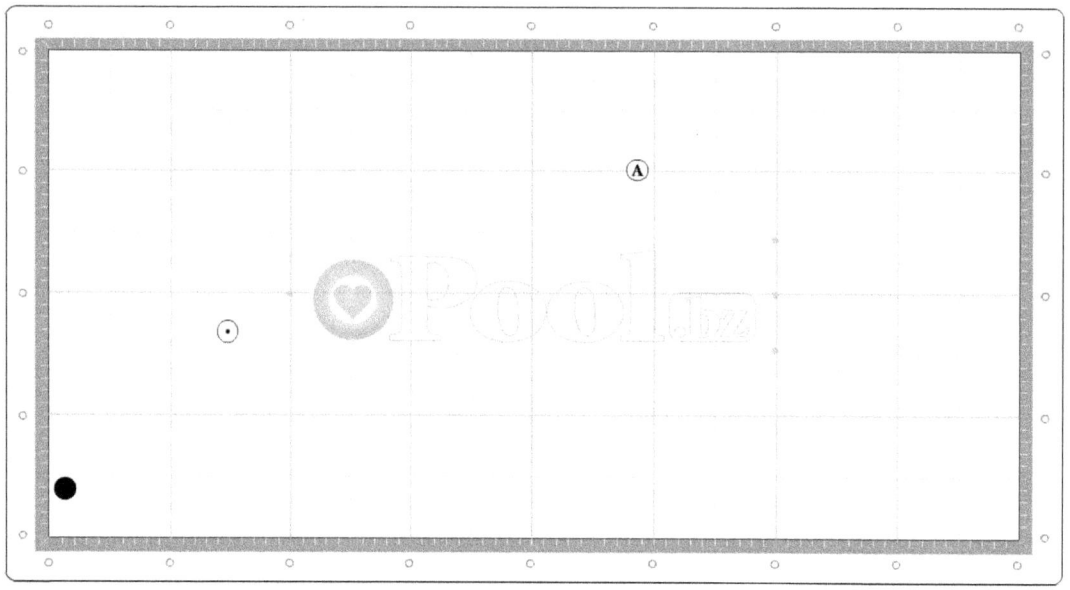

Notater og ideer:

Skudd mønster

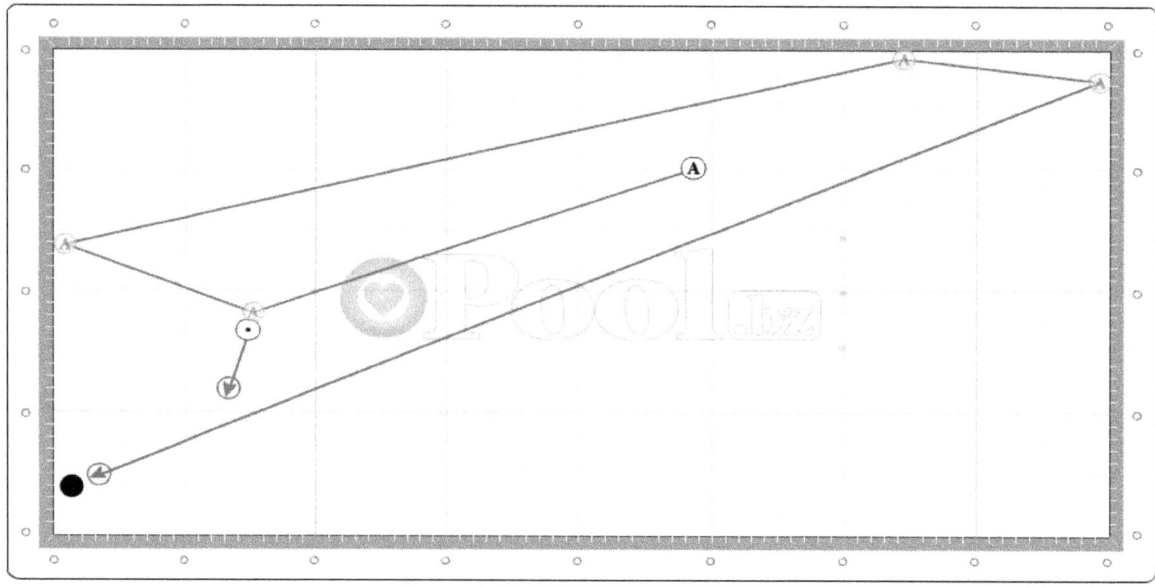

F:1c – Setup

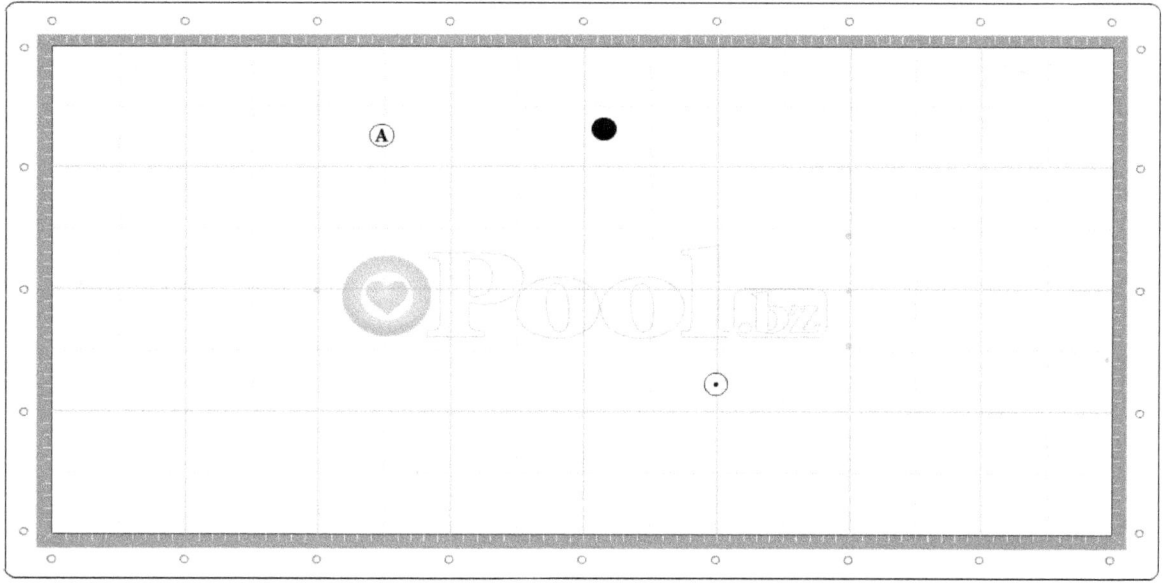

Notater og ideer:

Skudd mønster

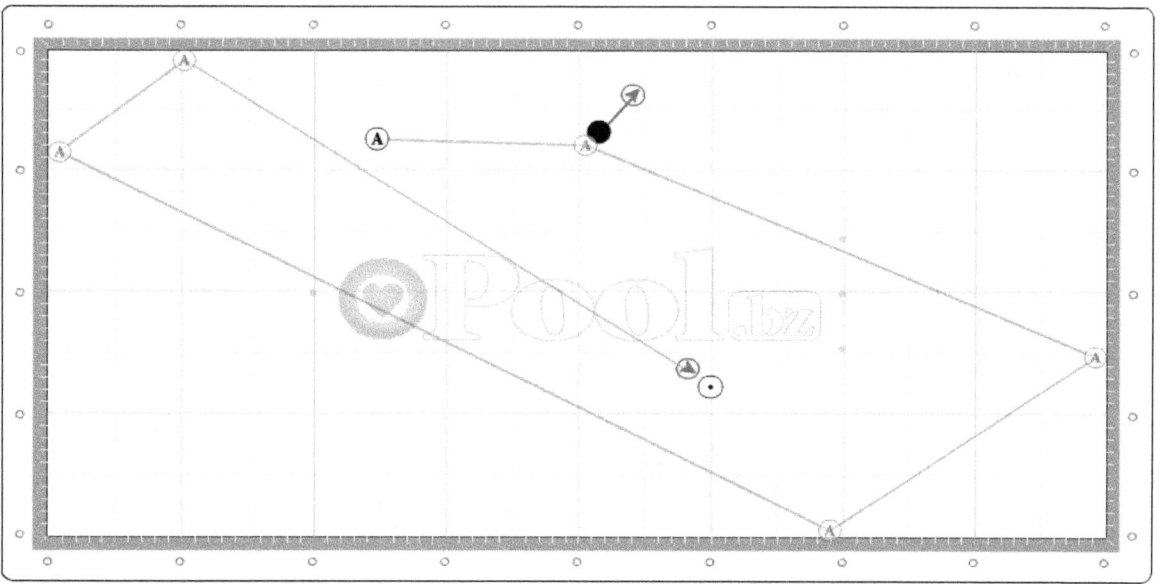

F:1d – Setup

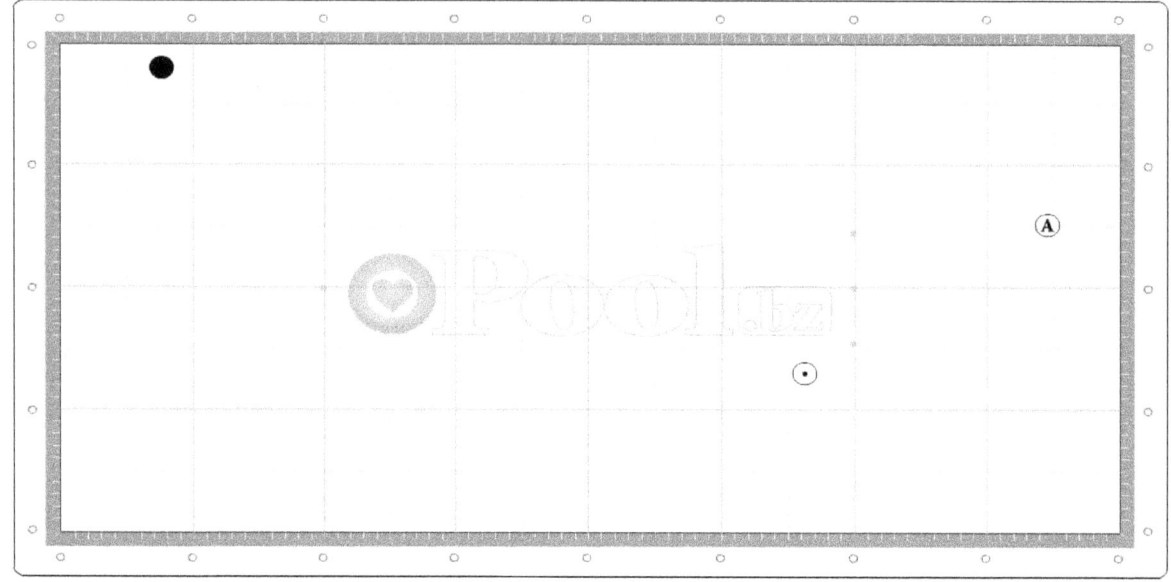

Notater og ideer:

Skudd mønster

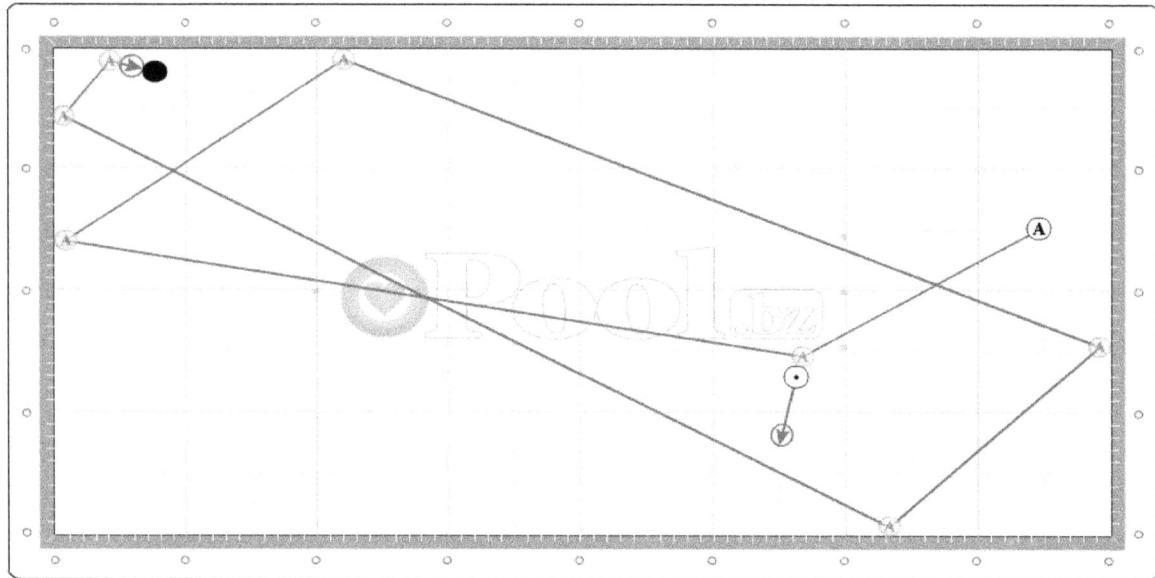

F: Gruppe 2

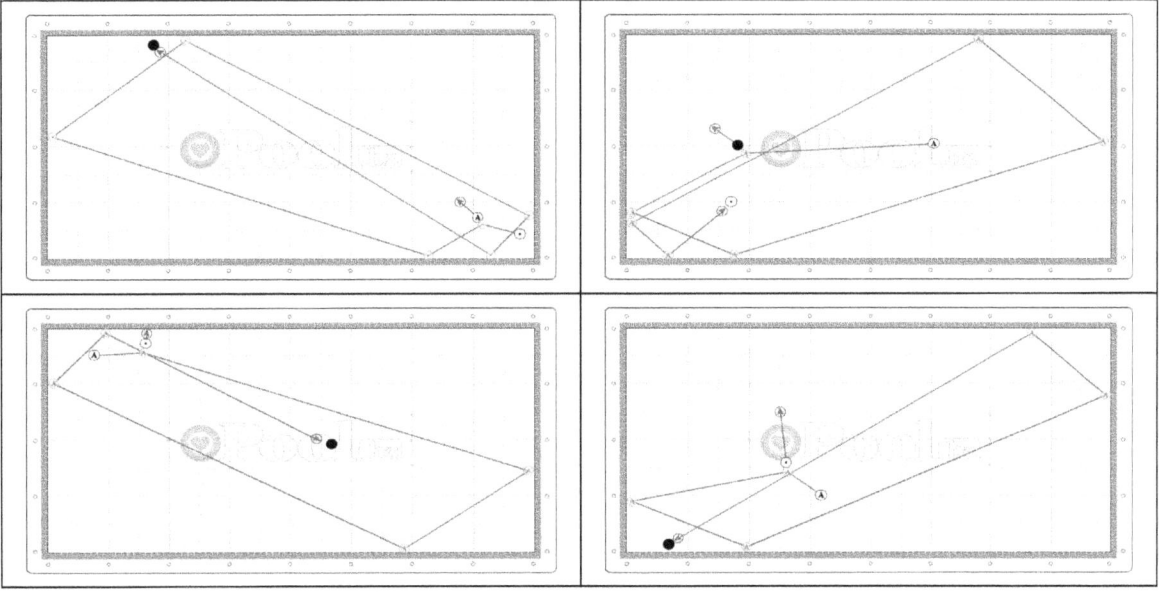

Analyse:

F:2a. _____

F:2b. _____

F:2c. _____

F:2d. _____

F:2a – Setup

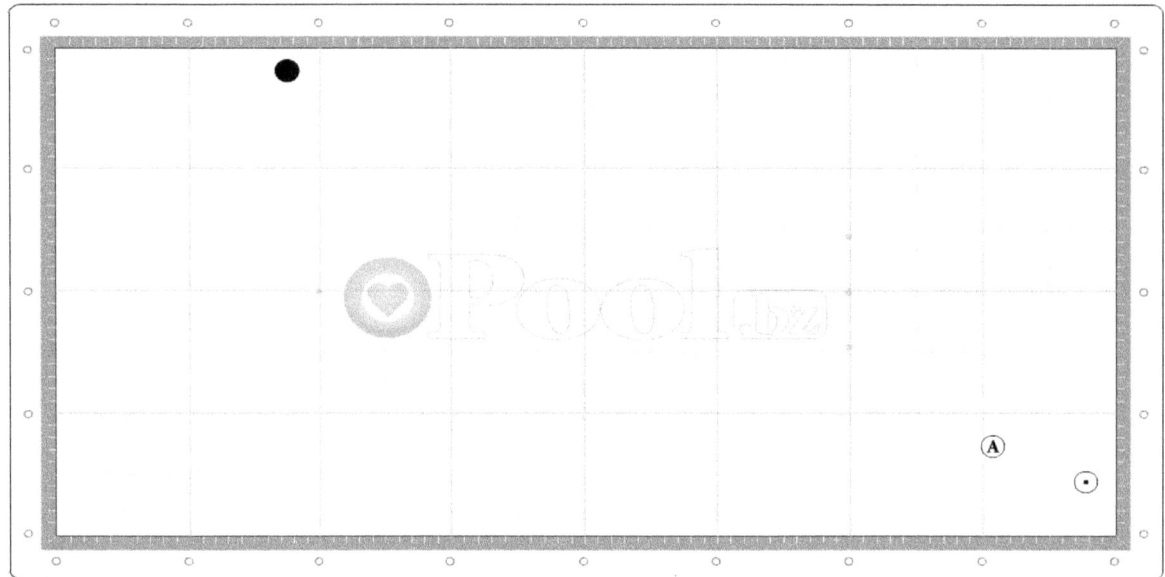

Notater og ideer:

Skudd mønster

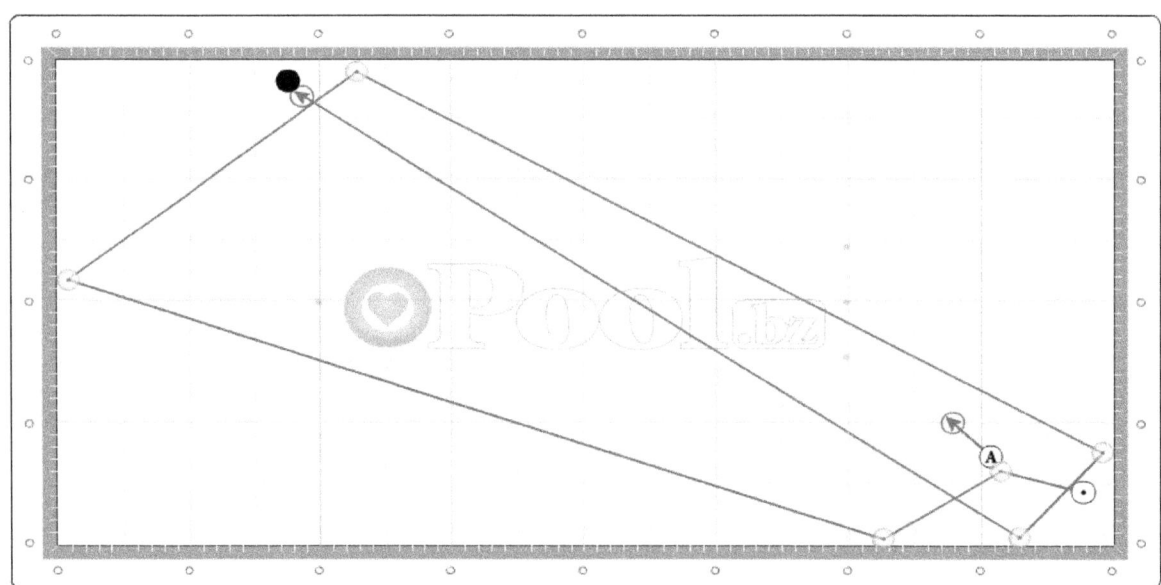

F:2b – Setup

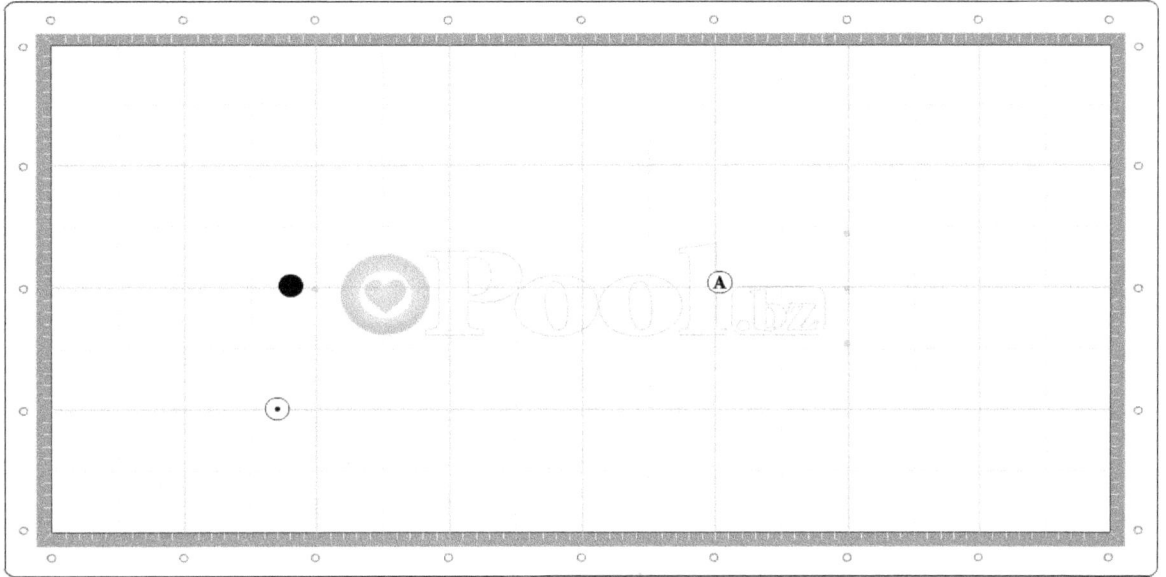

Notater og ideer:

Skudd mønster

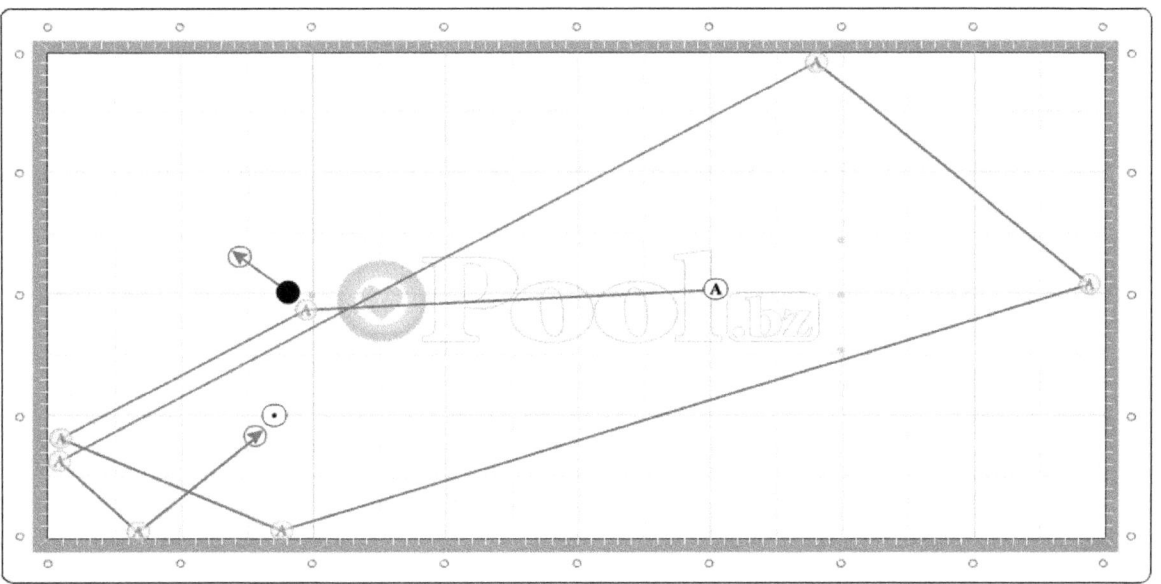

F:2c – Setup

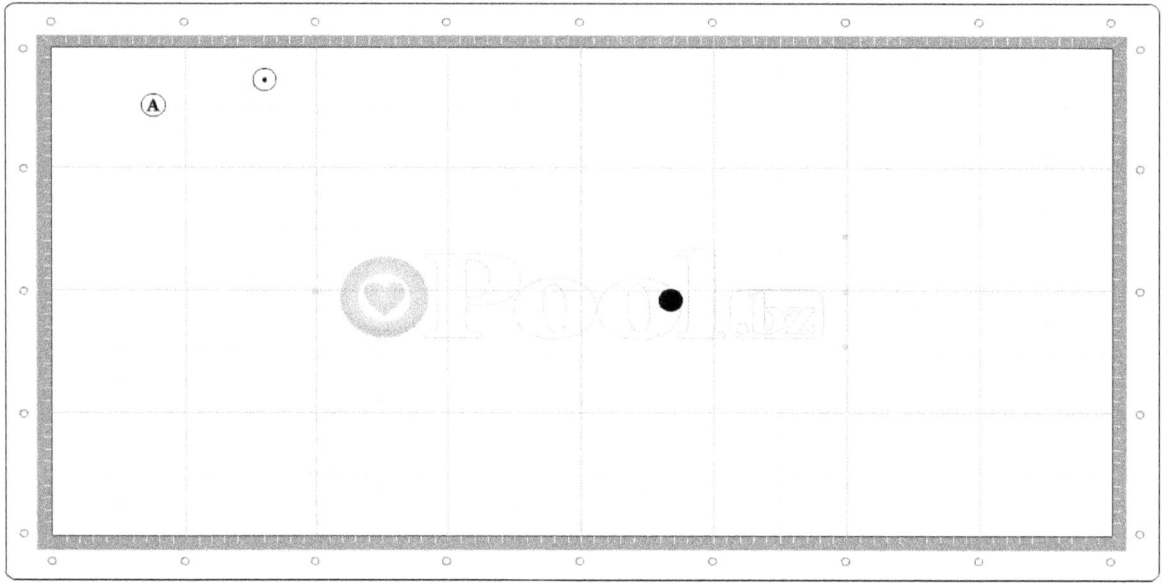

Notater og ideer:

Skudd mønster

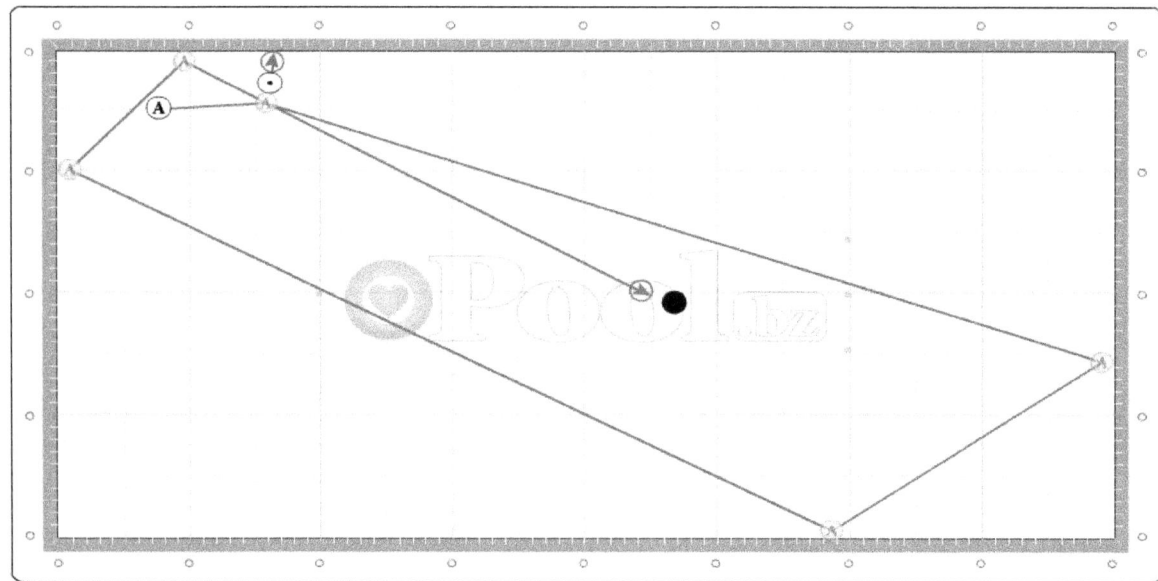

F:2d – Setup

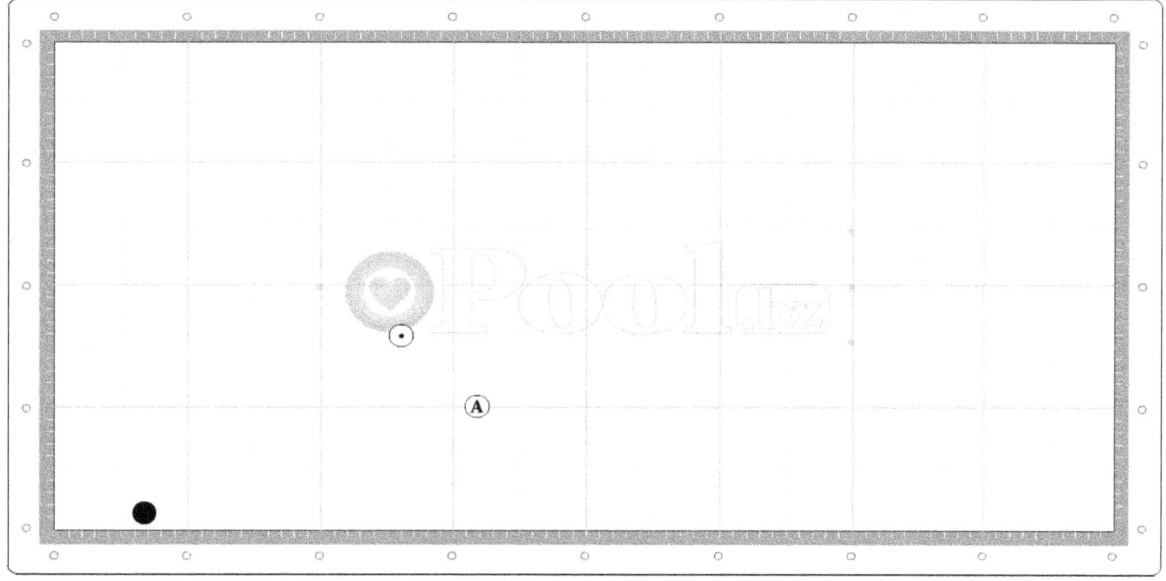

Notater og ideer:

Skudd mønster

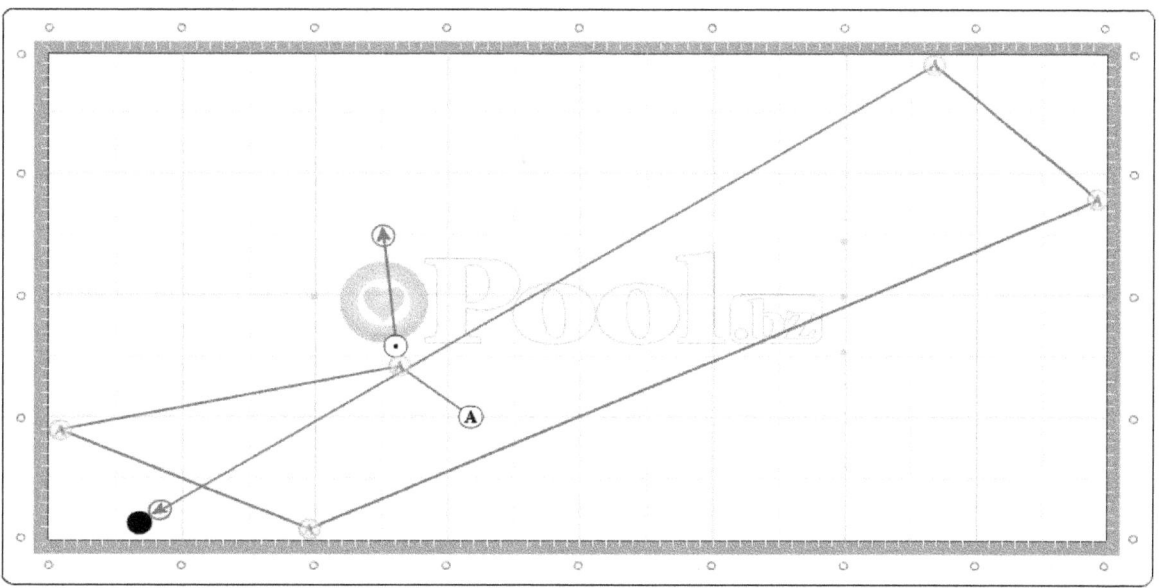

F: Gruppe 3

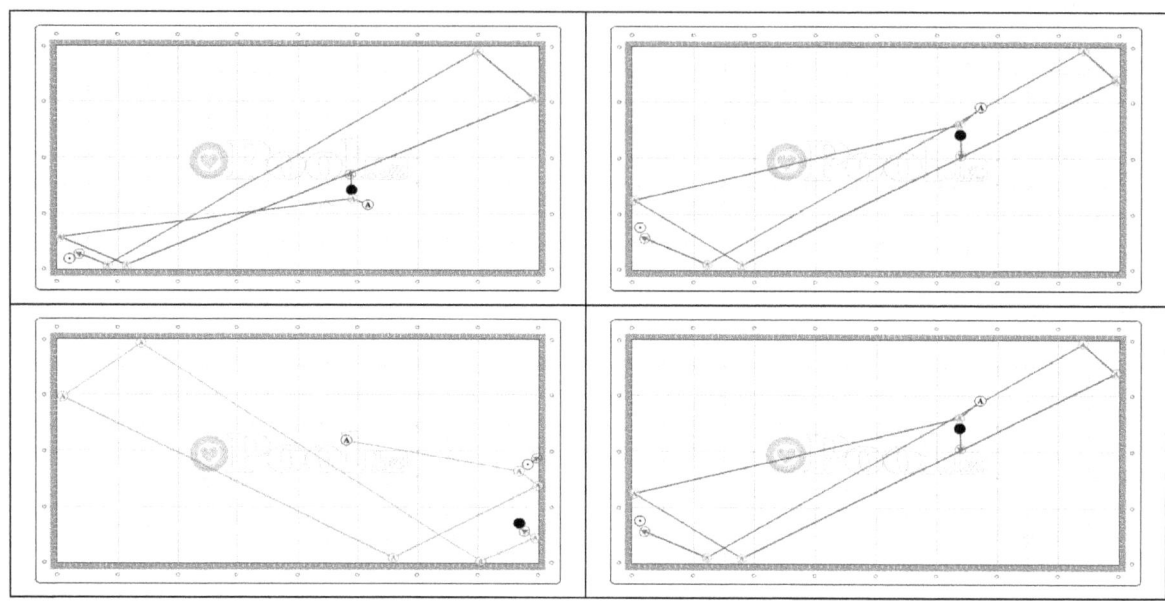

Analyse:

F:3a. _____

F:3b. _____

F:3c. _____

F:3d. _____

f:3a – Setup

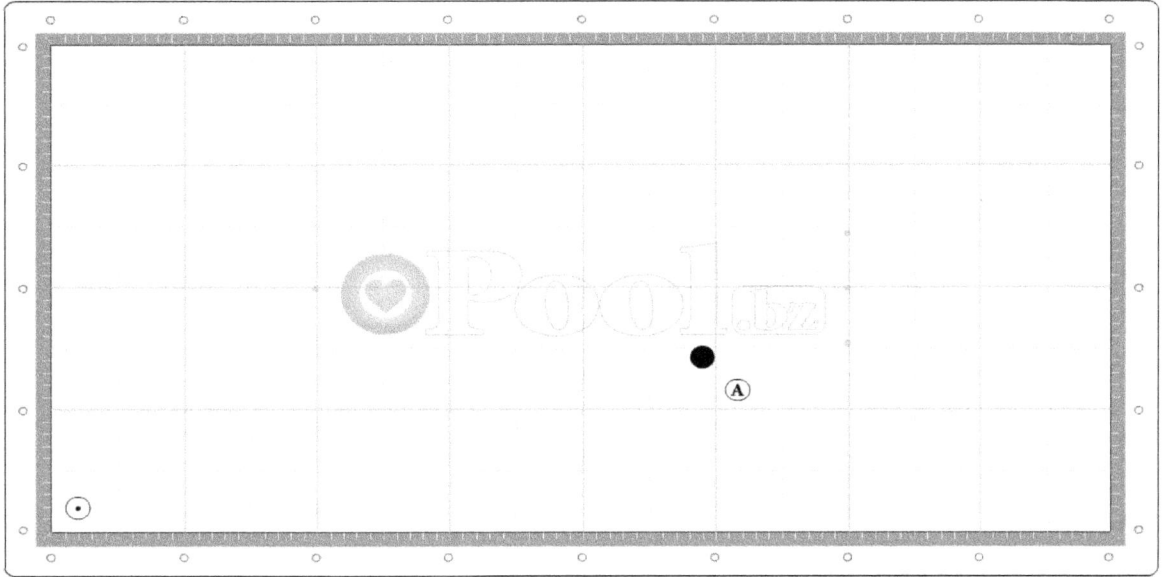

Notater og ideer:

Skudd mønster

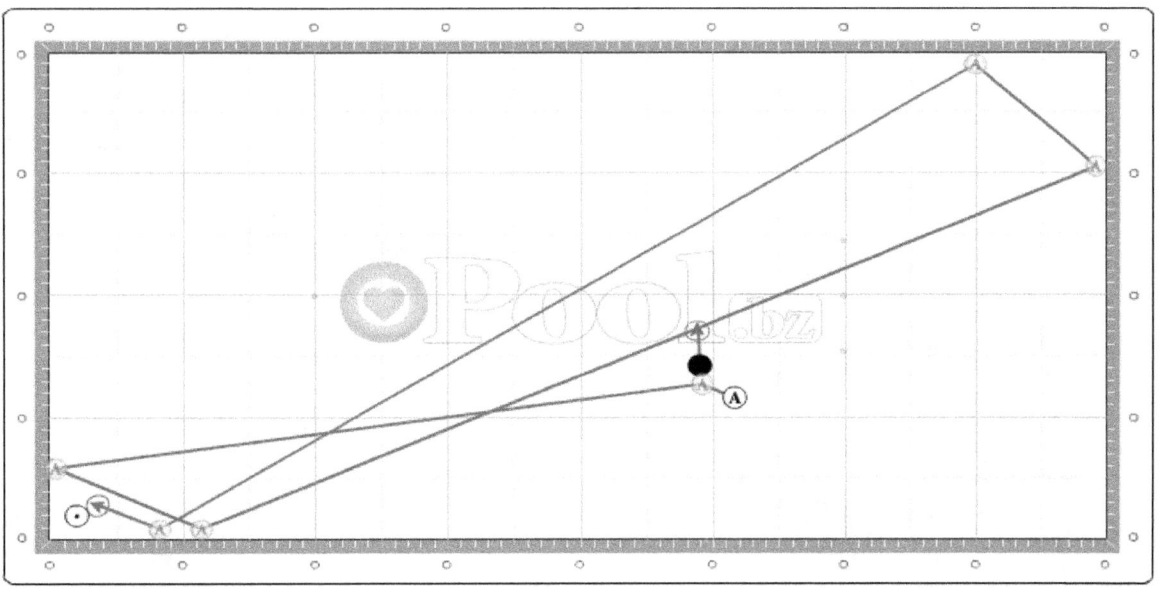

F31b – Setup

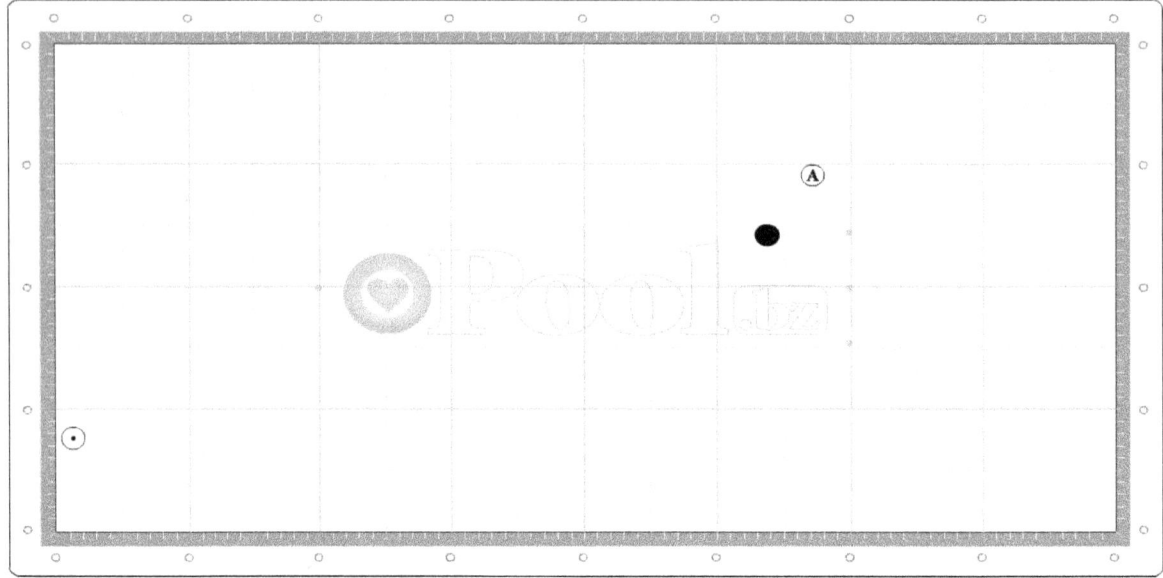

Notater og ideer:

Skudd mønster

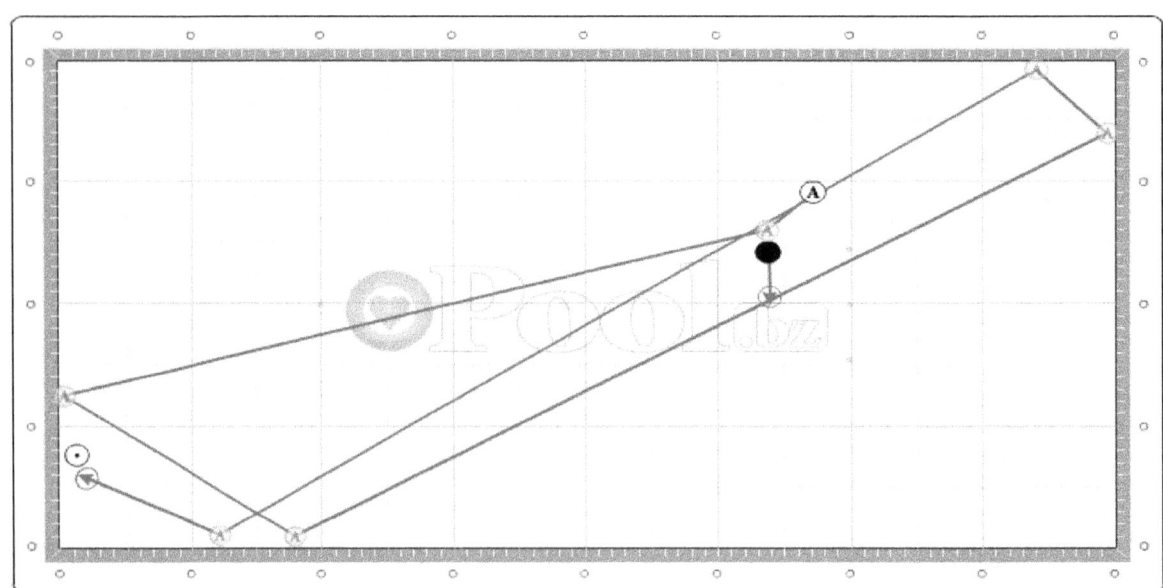

F:3c – Setup

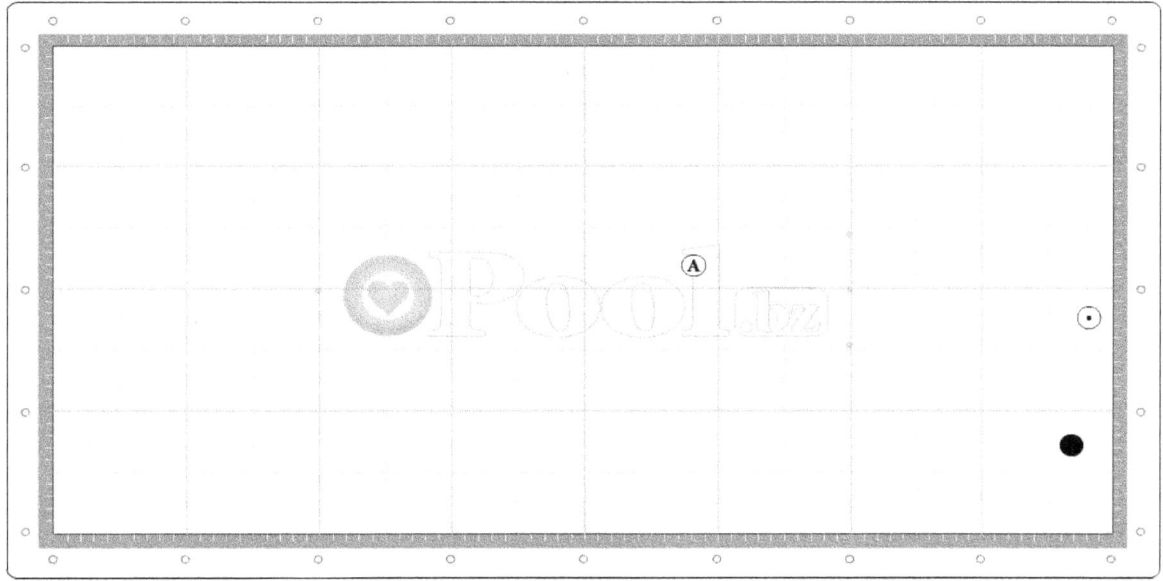

Notater og ideer:

Skudd mønster

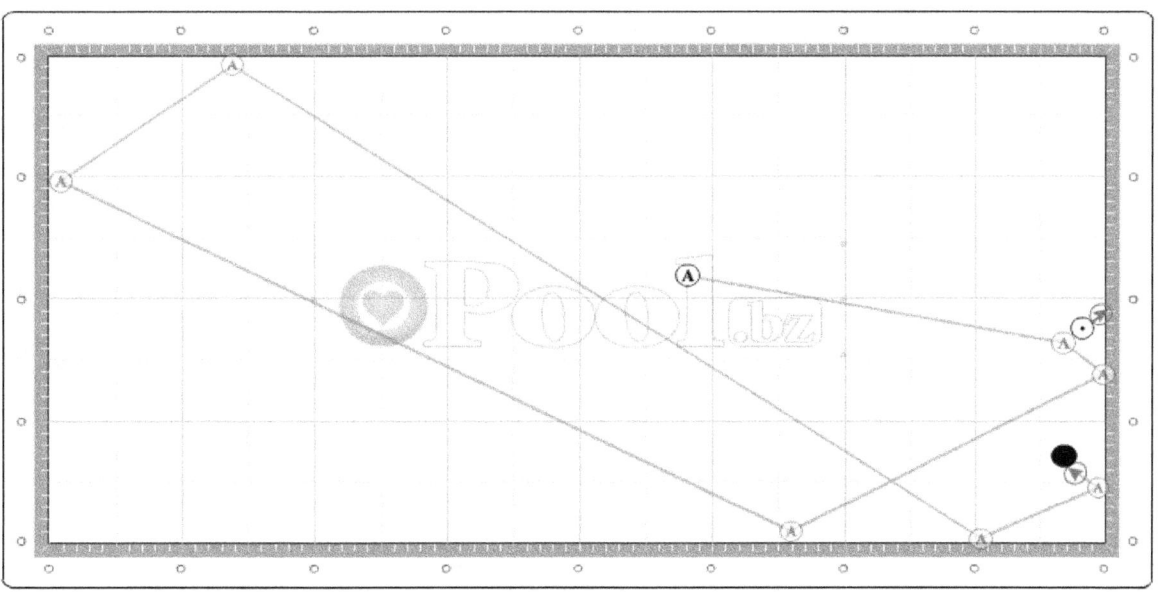

F:3d – Setup

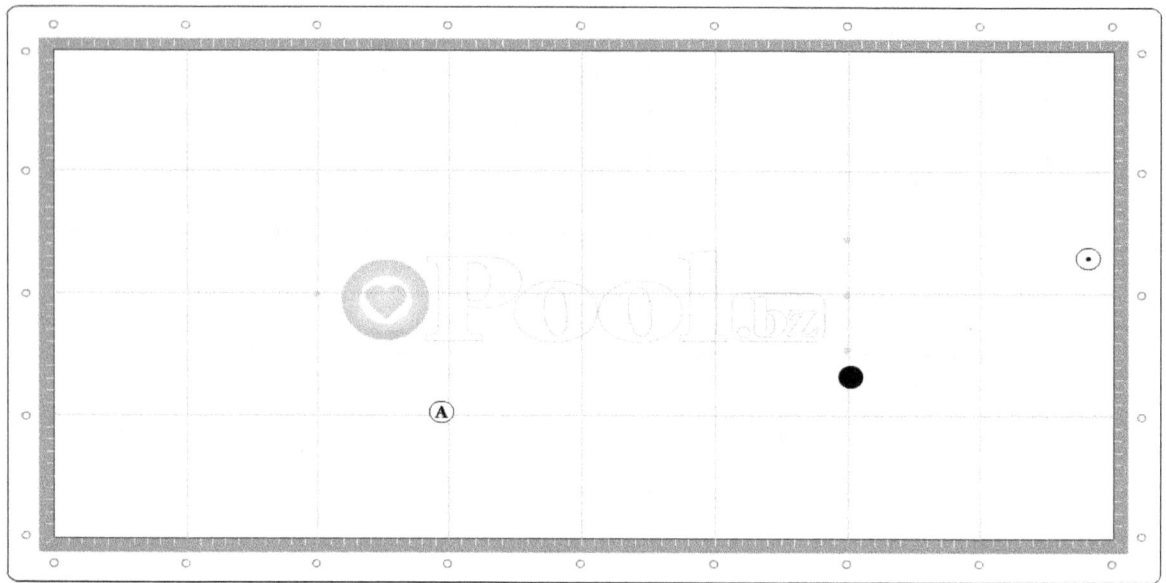

Notater og ideer:

Skudd mønster

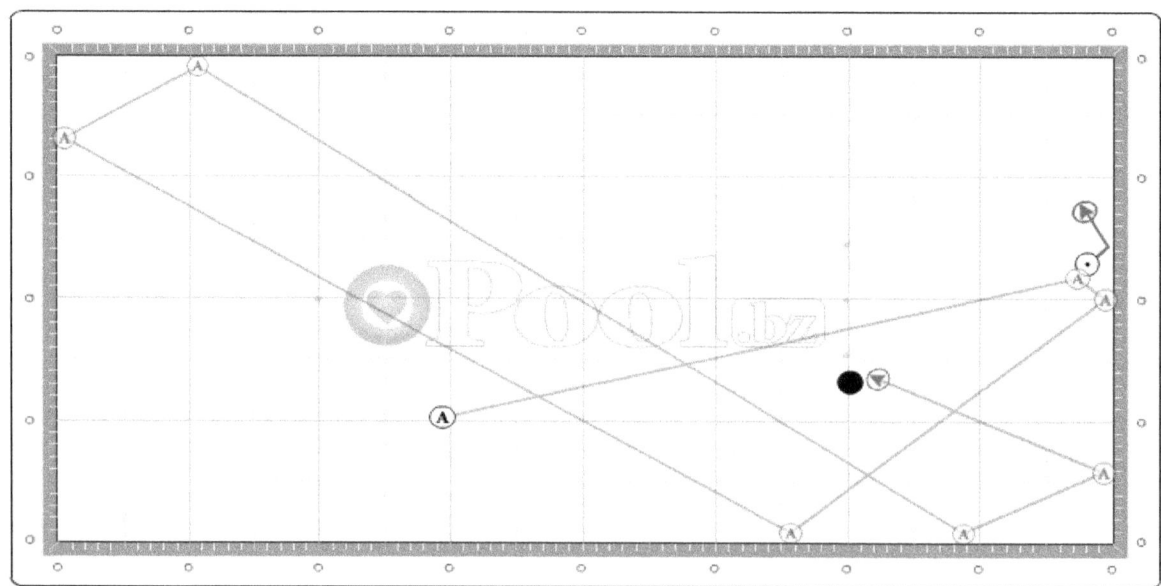

www.ingramcontent.com/pod-product-compliance
Lightning Source LLC
Chambersburg PA
CBHW080921170426
43201CB00016B/2225